本书是 2022 年度陕西省教师教育改革与教师发展研究项目"高校思政教师科研反哺教学的实现机制与路径"的阶段性成果，出版得到 2019 年度国家社会科学基金高校思政课研究专项课题"以'三理贯通'提升思政课教学科学化水平研究"（项目编号：19VSZ063）经费资助。

走进乡村振兴

杜晓燕　王　刚　著

中国纺织出版社有限公司

图书在版编目（CIP）数据

走进乡村振兴 / 杜晓燕，王刚著. --北京：中国纺织出版社有限公司，2022.10
ISBN 978-7-5180-9840-8

Ⅰ.①走… Ⅱ.①杜… ②王… Ⅲ.①农村－社会主义建设－研究－中国 Ⅳ.①F320.3

中国版本图书馆CIP数据核字（2022）第165666号

责任编辑：郭 婷　　责任校对：楼旭红　　责任印制：储志伟

中国纺织出版社有限公司出版发行
地址：北京市朝阳区百子湾东里A407号楼　邮政编码：100124
销售电话：010—67004422　传真：010—87155801
http://www.c-textilep.com
中国纺织出版社天猫旗舰店
官方微博 http://weibo.com/2119887771
三河市延风印装有限公司印刷　各地新华书店经销
2022年10月第1版第1次印刷
开本：710×1000　1/16　印张：13.75
字数：230千字　定价：58.00元

凡购本书，如有缺页、倒页、脱页，由本社图书营销中心调换

前　言

农业是安天下、稳民心的战略产业，没有农业现代化就没有国家现代化，没有农村繁荣稳定就没有全国繁荣稳定，没有农民的富裕就没有全国人民的共同富裕。改革开放以来，我们党始终把解决好"三农"问题作为全党工作重中之重，努力顺应亿万农民对过上美好生活的期待与要求，相继实施新农村建设工程、脱贫攻坚工程、乡村振兴战略，使农业、农村、农民面貌发生了翻天覆地的变化，也形成了一条富有中国特色的农业现代化新道路。特别是党的十八大以来，我们党和国家组织实施了人类历史上规模最大、力度最强的脱贫攻坚战，全国832个贫困县全部摘帽，128000个贫困村全部出列，近1亿农村贫困人口实现脱贫，提前10年实现联合国2030年可持续发展议程减贫目标，历史性地解决了中国几千年以来的绝对贫困问题，创造了人类减贫史上的奇迹，也形成了精准扶贫中国新模式。这些成绩的取得意味着中国农业发展步入新阶段。

中国共产党是具有战略远见与强大执行能力的政党，也是富有使命感与战斗精神的政党。早在2017年党的十九大报告中，我们党就擘画了乡村振兴新蓝图，做好了新阶段农村发展谋篇新布局。在我们党隆重庆祝一百周年华诞之时，习近平总书记代表中国共产党庄严地向全世界宣布，我们如期完成全面建成小康社会，我国农业、农村、农民发展也步入历史最好时期。据国家统计局显示，2021年，全国农村居民人均可支配收入达到18931元，比上年增长10.5%，扣除价格因素，实际增长9.7%。农民收入的增速不仅跑过了城镇居民7.1%的增速，而且高于全国8.1%的增速，城乡居民人均可支配收入比值进一步缩小，下降为2.50。❶ 我国乡村振兴打好了"当头炮"。

回首2017年以来我国的乡村振兴实践，党和国家以"产业兴旺、生态宜居、乡风文明、治理有效、生活富裕"总要求为统领，进行系统有序推进，已积累

---

❶ 国家统计局：《中华人民共和国2021年国民经济和社会发展统计公报》，《人民日报》2022年3月1日第10版。

了一些宝贵的经验。在党的十九大发出乡村振兴行军令后，2018年2月5日，中共中央、国务院印发《中共中央 国务院关于实施乡村振兴战略的意见》（以下简称《意见》）。《意见》提出乡村振兴"三步走"战略步骤，即"到2020年，乡村振兴取得重要进展，制度框架和政策体系基本形成""到2035年，乡村振兴取得决定性进展，农业农村现代化基本实现""到2050年，乡村全面振兴，农业强、农村美、农民富全面实现"。❶《意见》确立起乡村振兴战略的"四梁八柱"。同年9月，中共中央政治局就实施乡村振兴战略进行集体学习，习近平总书记在主持学习时强调，要坚持农业农村优先发展的总方针，始终把解决好"三农"问题作为全党工作重中之重，促进农业全面升级、农村全面进步、农民全面发展。随后，中共中央 国务院发布了《乡村振兴战略规划（2018—2022年）》（以下简称《规划》）。《规划》分别明确了2018年至2020年全面建成小康社会和2020年至2022年召开党的二十大时的目标任务，确保乡村振兴战略落实落地，为指导各地区各部门分类有序推进乡村振兴提供了重要依据。❷

2019年2月20日，21世纪以来第16个指导"三农"工作的"一号文件"如期而至，《中共中央 国务院关于坚持农业农村优先发展做好"三农"工作的若干意见》强调要牢固树立农业农村优先发展的政策导向，瞄准制约深度贫困地区精准脱贫的重点难点问题，主攻深度贫困地区，不折不扣完成脱贫攻坚任务，把优秀干部充实到"三农"战线，把精锐力量充实到基层一线，保证不折不扣完成脱贫攻坚任务。❸习近平总书记在《把乡村振兴战略作为新时代"三农"工作总抓手》一文中明确指出："要坚持农业现代化和农村现代化一体设计、一并推进，实现农业大国向农业强国跨越……要把好乡村振兴战略的政治方向，坚持农村土地集体所有制性质，发展新型集体经济，走共同富裕道路。"❹习总书记的文章，从全面建设社会主义现代化国家的总布局和历史高度，对实施乡村振兴战略做出了系统论述，为乡村振兴战略实施定基调、明方向。

2020年是全面建成小康社会目标实现之年，是全面打赢脱贫攻坚战收官之

---

❶《中共中央 国务院关于实施乡村振兴战略的意见》，《人民日报》2018年2月5日第1版。
❷《中共中央 国务院印发〈乡村振兴战略规划（2018-2022年）〉》，《人民日报》2018年9月27日第1版。
❸《中共中央 国务院关于坚持农业农村优先发展做好"三农"工作的若干意见》，《人民日报》2019年2月20日第1版。
❹ 习近平：《把乡村振兴战略作为新时代"三农"工作总抓手》，《求是》2019年第11期。

年，2月6日中共中央 国务院发布"一号文件"——《关于抓好"三农"领域重点工作确保如期实现全面小康的意见》，要求"集中力量完成打赢脱贫攻坚战和补上全面小康'三农'领域突出短板两大重点任务，持续抓好农业稳产保供和农民增收，推进农业高质量发展"❶。同年10月，党的十九届五中全会讨论通过《中共中央关于制定国民经济和社会发展第十四个五年规划和二〇三五年远景目标的建议》（以下简称《建议》）。《建议》提出，要把乡村建设摆在社会主义现代化建设的重要位置，进一步深化农村改革，实现巩固拓展脱贫攻坚成果同乡村振兴有效衔接。同年12月，中央农村工作会议召开，习近平总书记在会上强调："全面推进乡村振兴，加快农业农村现代化，是需要全党高度重视的一个关系大局的重大问题"，并要求做好一二三产业融合，继续发挥好基层党组织的战斗堡垒作用，加快构建党组织领导的乡村治理体系，接续推进农村人居环境整治提升行动，推动形成文明乡风、良好家风和淳朴民风。❷

2021年是"十四五"开局之年，是建党一百周年，做好农业农村农民工作具有特殊重要的意义。2月22日，"中央一号文件"发布，《中共中央 国务院关于全面推进乡村振兴 加快农业农村现代化的意见》侧重于以乡村振兴为重点推动农业"十四五"规划落实。《意见》提出要巩固脱贫攻坚成果，健全防止返贫动态监测和帮扶机制，对摆脱贫困的县设立五年过渡期，做到扶上马送一程。《意见》还强调要全面实施乡村振兴战略，强化五级书记抓乡村振兴的工作机制，以绿色发展理念作指导，持续推进农村一二三产业融合，组织开展"万企兴万村"行动，大力发展示范园和科技示范园区建设，加快构建现代乡村产业体系、现代农业经营体系。❸在同年12月召开的中央农村工作会议上，习近平总书记强调，在全球遭遇新冠疫情情况下，要贯彻"藏粮于地，藏粮于技"战略，优先发展农业，确保粮食稳产、农民增收。

2022年2月23日，中共中央 国务院下发《关于做好2022年全面推进乡村振兴重点工作的意见》，"一号文件"要求夯实基层党组织战斗堡垒作用，积极发挥驻村第一书记和工作队抓党建促乡村振兴作用，大力推进数字乡村建

---

❶ 《中共中央 国务院关于抓好"三农"领域重点工作确保如期实现全面小康的意见》，《人民日报》2020年2月6日第1版。
❷ 《坚持把解决好"三农"问题作为全党工作重中之重 促进农业高质高效乡村宜居宜业农民富裕富足》，《人民日报》2020年12月30日第1版。
❸ 《中共中央 国务院关于全面推进乡村振兴 加快农业农村现代化的意见》，《人民日报》2021年2月22日第1版。

设,加强农村信息基础设施建设与农民数字素养技能培训,以"数商兴农"工程和"快递进村"工程为抓手加快发展农村电子商务,助力农民增收、农村集体经济壮大。❶

从2017年乡村振兴战略的首倡到现在的全面实施,从2018年到2022年接续五年出台的"一号文件",党和国家在"三农"问题上的工作思路和工作重点不断发生变化,逐渐走向成熟。习近平总书记强调,中国要强,农业必须强;中国要美,农村必须美;中国要富,农民必须富。全面建设社会主义现代化国家,实现中华民族伟大复兴,最艰巨最繁重的任务依然是"三农"问题,最广泛最深厚的基础依然在农村。

正如毛泽东所言,"认清国情乃是革命的首要问题",认清乡村振兴的最新形势也是我们当前有效开展乡村振兴工作的重要前提。近年来,我国农业连年增产,农村社会和谐稳定,农民收入连年递增,特别是脱贫攻坚任务的圆满完成,使我国农业现代化步入新阶段。农村改革如何继续纵深推进?如何在第二个百年征程中实现我们的农业强国之梦?如何切实实现城乡协调发展与共同富裕?从目前来看,农业农村发展还存在一定的滞后性,我国发展最大的不平衡仍然是城乡发展的不平衡,共同富裕的短板仍然是农村经济发展的不充分。

"盘清家底,理清思路",才能抓准抓对乡村振兴工作中的难点与重点工作。这也给了身处这个时代的我们提供了难得的际遇,扎根农村一线,思考"国之大者",为乡村振兴进言献策。本书以深入乡村调研为基础,总结各地乡村振兴实践中的鲜活案例与经验,设置"精准扶贫与乡村振兴战略的有效衔接研究""乡村振兴的社会力量参与研究""乡村振兴典型案例分析""信息化助力乡村振兴研究""驻村干部参与乡村振兴战略研究""乡村振兴人才队伍建设研究"六个专题12篇文章,系统展示近年来我们乡村振兴的多维画卷,希望对进一步推动乡村振兴战略实施带来一定的思考和借鉴。

杜晓燕

2022年5月于西安交通大学兴庆校区

---

❶《中共中央 国务院关于做好二〇二二年全面推进乡村振兴重点工作的意见》,《人民日报》2022年2月23日第1版。

目 录

专题一 精准扶贫与乡村振兴战略的有效衔接研究 ·················· 1

  第一篇 脱贫攻坚与乡村振兴战略的有效衔接研究 ·················· 1
  第二篇 精准扶贫与乡村教育振兴的有效衔接研究 ·················· 18

专题二 乡村振兴的社会力量参与研究 ································ 35

  第一篇 破解"三农"融资难题的多元联动机制分析 ················ 35
  第二篇 乡村振兴的社会力量参与研究——以助农直播带货为例 ···· 44

专题三 乡村振兴典型案例分析 ·· 56

  第一篇 乡村产业振兴中的典型案例分析 ···························· 56
  第二篇 多元协同乡村振兴的典型案例分析 ·························· 81

专题四 信息化助力乡村振兴研究 ····································· 96

  第一篇 信息化在乡村振兴中的多维运用案例分析 ·················· 96
  第二篇 信息化与乡村振兴战略的有机融合研究 ···················· 120

专题五 驻村干部参与乡村振兴战略研究 ··························· 139

  第一篇 驻村第一书记对乡村振兴战略引领作用研究 ·············· 139
  第二篇 驻村第一书记助力乡村振兴的内在逻辑与优化路径 ········ 155

专题六　乡村振兴人才队伍建设研究 ·· 177

　　第一篇　新型"三农"工作队伍助推乡村振兴战略研究 ··············· 177

　　第二篇　新型职业农民培养政策解读与典型案例分析 ················ 193

后　记 ··· 210

专题一

精准扶贫与乡村振兴战略的有效衔接研究

第一篇　脱贫攻坚与乡村振兴战略的有效衔接研究

2021年春季《中国特色社会主义理论与实践》课程40班第10小组

组长：张子叶

组员：高哲、张杰、王莹、王思琪、卫元珂、杨彤曦、杨文旭、赵婧涵、牛烁智

一、脱贫攻坚战与乡村振兴战略的区别和联系

2015年11月27日至28日，中央扶贫开发工作会议在北京召开。中共中央总书记、国家主席、中央军委主席习近平强调，消除贫困、改善民生、逐步实现共同富裕，是社会主义的本质要求，是中国共产党的重要使命。全面建成小康社会，是中国共产党对中国人民的庄严承诺。脱贫攻坚战的冲锋号已经吹响。立下愚公移山志，咬定目标、苦干实干，坚决打赢脱贫攻坚战，确保到2020年所有贫困地区和贫困人口一道迈入全面小康社会。

2017年10月18日，习近平同志在党的十九大报告中提出乡村振兴战略。党的十九大报告指出，农业农村农民问题是关系国计民生的根本性问题，必须始终把解决好"三农"问题作为全党工作的重中之重，实施乡村振兴战略。2017年12月29日，中央农村工作会议首次提出走中国特色社会主义乡村振兴道路，让农业成为有奔头的产业，让农民成为有吸引力的职业，让农村成为安居乐业的美丽家园。2021年2月21日，中央一号文件正式出炉，主题是"全面

推进乡村振兴加快农业农村现代化"。把乡村建设摆在社会主义现代化建设的重要位置，全面推进乡村产业、人才、文化、生态、组织振兴，走中国特色社会主义乡村振兴道路，促进农业高质高效、乡村宜居宜业、农民富裕富足，全面推进乡村振兴的号角已经吹响。2021年2月25日，全国脱贫攻坚总结表彰大会在京隆重举行，习近平同志庄严宣告：我国脱贫攻坚战取得了全面胜利。

(一) 脱贫攻坚战与乡村振兴战略的区别

脱贫攻坚与乡村振兴是我国两大国家战略，具有基本目标的统一性和战略举措的互补性。这两件事在总体上是一致的，都是要人民富裕。但是不同阶段不同工作的特点是不一样的。

在战略期限和性质上，脱贫攻坚战是一场攻坚战，讲求集中作战，已经取得了全面胜利。而乡村振兴战略是一场持久战，讲求常态推进，分三步走：到2020年，乡村振兴取得重要进展，制度框架和政策体系基本形成；到2035年，乡村振兴取得决定性进展，农业农村现代化基本实现；到2050年，乡村全面振兴，农业强、农村美、农民富全面实现。

在立足于着眼点上，脱贫攻坚立足国内，以消除绝对贫困为瞄准目标，对标解决绝对贫困。乡村振兴战略着眼国际，以实现农业农村现代化为目标，对标解决相对贫困。

在工作的要求上，脱贫攻坚重点是要解决好"两不愁、三保障"的问题，乡村振兴战略按照产业兴旺、生态宜居、乡风文明、治理有效、生活富裕的总要求，既要补齐基础设施和基本公共服务短板以巩固脱贫成果，也要着力缩小城市与农村的差距、缩小我国农业与世界发达农业的差距，承上启下，承前启后。

在工作对象上，脱贫攻坚以户为基本单位、县为抓手、中央统筹，强调精准，做到真脱贫、脱真贫。主要是要瞄准贫困县、贫困乡、贫困村，特别是贫困户，要精准到户。精确识别是前提，精确帮扶是关键，精确管理是保证，脱贫攻坚的对象是农村贫困人口，以贫困户是中心、农村是依托、农业是手段为特点。而乡村振兴战略以村为基本单位、乡镇为抓手、国家统筹，强调整体、融合、联动。突出强调农村在农业供给侧结构性改革与农业现代化、美化人居环境与建设美丽中国、传承中华优秀传统文化与道德思想、现代化社会治理等环节的重要作用。覆盖全部农村地区与农村人口，强调覆盖面广、协调性强，农业、农村、农民三管齐下、联动发展，是以往"三农"工作一系列方针政策的继承和发展。

在考核标准上，脱贫攻坚有明确的考核评估方法，属于底线约束类考核，有明确统一的最低标准。乡村振兴战略目前没有明确的考核评估方法，属于成绩预期类考核，没有明确统一的标准。

此外在战略方针上，脱贫攻坚以政府为主导：政府通过提供扶贫资金、技术、优惠政策等方式，帮助建档立卡贫困户摆脱贫困。乡村振兴战略以市场为主导：更强调建设好村庄发展的外部环境，强调发挥市场在资源配置中的决定性作用，强调农牧民的主体作用，激发乡村发展的内生动力，实现其自力更生，更有利于乡村的长远发展。

(二) 脱贫攻坚战与乡村振兴战略的联系

从脱贫攻坚与乡村振兴两者的关系来看，脱贫攻坚是乡村振兴的重要前提和优先任务；没有脱贫，全面小康也好，农业农村现代化也好，就失去了前提；乡村振兴是巩固脱贫成果继续向前发展，最终实现共同富裕的必然要求。

两大战略的期限交叉重叠性：首先，脱贫攻坚战期间，国家通过出台专项扶贫、产业精准扶贫等一系列政策，改善了贫困地区的基础设施和公共服务条件，提升了贫困地区的发展能力，为贫困地区的长远发展打下基础。乡村振兴战略的实施，有利于巩固提升贫困地区的脱贫质量，建立稳定脱贫的长效机制，实现可持续脱贫。两者一前一后，互相作用。其次，打赢脱贫攻坚战是短期目标，是全面建成小康社会的内在要求，实施乡村振兴战略是长期目标，是实现农业农村现代化的总抓手，两者相辅相成。最后，在时间安排上一前一后，一短一长，相互交汇，保证了两大战略的无缝对接，进而确保了在战略实施各要素上的连续性。

两大战略的思想一致性：两大战略都体现了党对"三农"工作的重视和关怀，体现了中央让广大农村与全国人民同步实现"两个一百年"目标的决心，体现了中国共产党为民族谋复兴、为人民谋幸福的使命担当。

两大战略的目标联动性：脱贫攻坚战旨在规定的期限内实现脱贫。然而脱贫攻坚结束后，贫困地区仍可能出现有些脱贫户返贫的现象。所以需要乡村振兴战略在保障贫困地区基本生存需要的基础上，对农村生产、生活、生态、文化等方面进行全面升级，为增强农村人口的可持续发展的能力、建立稳定脱贫的长效机制提供有效的保障，有效避免返贫现象的发生。

两大战略的工作机制同一性：脱贫攻坚战与乡村振兴战略的工作机制均强调党的领导，坚持中央统筹、省负总责、市县抓落实的工作机制，要求党政"一把手"为第一负责人，五级书记齐抓工作。领导体制的同一性确保了政治保障的一致性，确保了乡村振兴与脱贫攻坚"一盘棋、一体化"式推进，对推动脱贫攻坚一整套有效机制办法与乡村振兴"打包配套"使用，探索建立脱贫攻坚与乡村振兴有机衔接的决策议事机制、统筹协调机制、项目推进机制、事项跟踪办理机制等提供了保障。

在脱贫攻坚的基础上接续乡村振兴战略不仅是我国高质量稳定脱贫的重要路径，更是贫困地区全面实现乡村振兴目标的重要制度保障。乡村振兴以脱贫攻坚成果为基础，脱贫攻坚成果通过乡村振兴进一步巩固升华，从脱贫攻坚到乡村振兴战略，既是扶贫事业从消除绝对贫困到解决相对贫困的一脉相承，也是从国内民生到国际竞争的跨越转型。

二、实现脱贫攻坚与乡村振兴战略有效衔接的必要性分析

(一) 巩固脱贫攻坚成果的现实需要

习近平总书记指出，打好脱贫攻坚战是实施乡村振兴战略的优先任务。乡村振兴从来不是另起炉灶，而是在脱贫攻坚的基础上推进。在脱贫攻坚的基础上接续乡村振兴战略已经成为越来越紧迫的任务，要清醒认识其重要意义。

脱贫攻坚和乡村振兴根本上都是为了解决城乡发展不平衡这个最大的不平衡和农村发展不充分这个最大的不充分问题，都是为了满足农民日益增长的美好生活需要。两者有效衔接的直接目的是巩固拓展脱贫攻坚的成果，根本目的是乡村振兴战略的成功实施。脱贫攻坚是乡村振兴的基础和前提，乡村振兴是脱贫攻坚的巩固和深化，两者既相互独立又紧密联系，做好两者的统筹衔接，是确保如期实现脱贫攻坚目标、顺利实施乡村振兴战略的关键。

在脱贫攻坚任务圆满完成、乡村振兴全面实施之际，做好两者的有效衔接具有重要的现实意义和深远的历史意义。在新发展阶段，要坚决守住脱贫攻坚成果，做好巩固拓展脱贫攻坚成果同乡村振兴有效衔接，工作不留空档，政策不留空白。

(二) 为治理贫困问题提供可持续性动力的内在需要

2020年我国脱贫攻坚取得了决定性成就，随着90%以上的贫困县退出摘

帽和贫困人口脱贫，我国区域性整体贫困问题和农村人口的绝对贫困问题已经基本解决，余下的深度贫困地区"三区两州"贫困问题也即将解决，工作重点转向全面巩固来之不易的脱贫攻坚成果，提升脱贫质量，增强脱贫的稳定性和可持续性。巩固脱贫攻坚成果，需要认真总结脱贫攻坚所取得的成就，提炼各地好的做法和成功经验，把行之有效的扶贫制度安排和政策措施全面推广并进行延伸，特别是将一些业已成型的做法制度化、规范化，为乡村振兴战略实施提供可借鉴的经验，也为后精准扶贫时代的贫困治理提供可持续动力。

(三) 解决农村发展突出问题的迫切需要

农业、农村、农民始终是中国这样一个农业大国面临的恒久话题，中国还有近6亿人口生活在农村，贫困人口也主要集中在农村，生产力落后、生态环境恶化、治理效率低、人口过度流失、老龄化加剧等问题仍然存在。所以习近平总书记指出，农业农村农民问题是关系国计民生的根本性问题，必须始终把解决好"三农"问题作为全党工作重中之重。中国城镇化率从1995年的29%飙升至2019年的60.60%，而农村人口从1995年的8.6亿下降到2019年的5.5亿，整整3亿人离开农村，农村人口愈发凋零。失去青壮年支撑的农村，只留下不愿离开的老人、不忍离开的妇女、不能离开的儿童，农村被"留守老人""留守妇女"和"留守儿童"占领着。实现脱贫攻坚和乡村振兴两大战略的有效衔接，成为有效解决"三农"问题的需要。

(四) 实现全体人民共同富裕的历史需要

中国共产党的宗旨是全心全意为人民服务，初心和使命是为中国人民谋幸福、为中华民族谋复兴。早在1979年，邓小平就制定了"三步走"的战略部署和"让一部分人先富起来，最终实现共同富裕"的发展路径。党的十八大以来，以习近平同志为核心的党中央，进一步细化了"三步走"的战略部署，强化了"两个一百年"的战略安排，明确到2020年要"全面建成小康社会"的奋斗目标，"小康不小康，关键看老乡"。脱贫攻坚消除了绝对贫困，但离富裕还有很长的距离，实现脱贫攻坚与乡村振兴的有效衔接，就是使近六亿农民通向富裕之路的一个有效措施。精准扶贫与乡村振兴所对应的时间段不同、侧重点不同、机制不同，但二者的根本目标一致，即实现"两个一百年"奋斗目标，推进农村农业农民现代化。只有二者有机衔接，才能不断巩固脱贫攻坚的成果，实现全体人民共同富裕。

三、如何确保脱贫攻坚与乡村振兴的有效衔接

(一) 坚持两者有效衔接的四条原则

坚持党的全面领导。坚持中央统筹、省负总责、市县乡抓落实的工作机制，充分发挥各级党委总揽全局、协调各方的领导作用，省市县乡村五级书记抓巩固拓展脱贫攻坚成果和乡村振兴。总结脱贫攻坚经验，发挥脱贫攻坚体制机制作用。

坚持有序调整、平稳过渡。过渡期内在巩固拓展脱贫攻坚成果上下更大功夫、想更多办法、给予更多后续帮扶支持，对脱贫县、脱贫村、脱贫人口扶上马送一程，确保脱贫群众不返贫。在主要帮扶政策保持总体稳定的基础上，分类优化调整，合理把握调整节奏、力度和时限，增强脱贫稳定性。

坚持群众主体、激发内生动力。坚持扶志扶智相结合，防止政策养懒汉和泛福利化倾向，发挥奋进致富典型示范引领作用，激励有劳动能力的低收入人口勤劳致富。

坚持政府推动引导、社会市场协同发力。坚持行政推动与市场机制有机结合，发挥集中力量办大事的优势，广泛动员社会力量参与，形成巩固拓展脱贫攻坚成果、全面推进乡村振兴的强大合力。

(二) 从脱贫攻坚到乡村振兴应做好"五个衔接"

脱贫攻坚取得胜利后，要全面推进乡村振兴，首先要搞好脱贫攻坚和乡村振兴的有效衔接。这既是巩固脱贫攻坚成果的必然要求，也是实施乡村振兴战略的应有之义。当下还是要通过内容和方式的调整，做好机制、产业、项目、政策和规划五个方面的衔接。

1. 做好机制衔接

脱贫攻坚工作中，形成了一整套行之有效的领导体制和工作机制。要总结脱贫攻坚经验，发挥脱贫攻坚体制作用，接续推进脱贫地区乡村全面脱贫。一是做好领导体制衔接；二是做好工作体系衔接；三是做好规划实施和项目建设衔接；四是做好考核机制衔接；五是做好农村低收入人口常态化帮扶机制。

(1) 做好领导体制衔接。明确健全中央统筹、省负总责、市县乡抓落实的工作机制，构建责任清晰、各负其责、执行有力的乡村振兴领导体制，层层压实责任。充分发挥中央和地方各级党委农村工作领导小组作用，建立统一高效

地实现巩固拓展脱贫攻坚成果同乡村振兴有效衔接的决策议事协调工作机制。

（2）做好工作体系衔接。脱贫攻坚任务完成后，要及时做好巩固拓展脱贫攻坚成果同全面推进乡村振兴在工作力量、组织保障、规划实施、项目建设、要素保障方面的有机结合，做到一盘棋、一体化推进。持续加强脱贫村党组织建设，选好用好管好乡村振兴带头人。对巩固拓展脱贫攻坚成果和乡村振兴任务重的村，继续选派驻村第一书记和工作队，健全常态化驻村工作机制。

（3）做好规划实施和项目建设衔接。将实现巩固拓展脱贫攻坚成果同乡村振兴有效衔接的重大举措纳入"十四五"规划。将脱贫地区巩固拓展脱贫攻坚成果和乡村振兴重大工程项目纳入"十四五"相关规划。科学编制"十四五"时期巩固拓展脱贫攻坚成果同乡村振兴有效衔接规划。

（4）做好考核机制衔接。脱贫攻坚任务完成后，脱贫地区开展乡村振兴考核时要把巩固拓展脱贫攻坚成果纳入市县党政领导班子和领导干部推进乡村振兴战略实绩考核范围。与高质量发展综合绩效评价做好衔接，科学设置考核指标，切实减轻基层负担。强化考核结果运用，将考核结果作为干部选拔任用、评先奖优、问责追责的重要参考。

（5）做好农村低收入人口常态化帮扶机制。首先，要加强农村低收入人口监测，以现有社会保障体系为基础，对农村低保对象、农村特困人员、农村易返贫致贫人口，以及因病因灾因意外事故等刚性支出较大或收入大幅缩减导致基本生活出现严重困难人员等农村低收入人口展开动态监测。其次，要分层分类实施社会救助，完善最低生活保障制度，科学认定农村低保对象，提高政策精准性。鼓励有劳动能力的农村低保对象参与就业，在计算家庭收入时扣减必要的就业成本，对于农村特困人员，要完善救助供养制度，合理提高救助供养水平和服务质量，对于家庭中生活不能自理的老年人、未成年人、残疾人等，要鼓励通过政府购买服务对他们提供必要的访视、照料服务。

2. 做好产业衔接

产业发展既是实现减贫目标的重要手段，又是乡村振兴战略的核心要求。构建产业衔接，是实现脱贫攻坚与乡村振兴有效衔接的必然要求。

（1）坚持农业特色产业发展。在产业发展布局方面，要坚持农业特色产业发展，既要摒弃、淘汰对农村生态环境、对农民身心健康发展有害的落后产业，又要综合平衡脱贫产业存量与振兴产业增量的需求。一方面，客观权衡地区的地理、自然条件的利弊，结合本土农业生产传统，明确优势主导产业方向，避免盲目照搬、跟风不适合自身条件的产业布局；另一方面，借力科学技术的条件优势，夯实本土产业的质量基础、提升本土产业的综合效益，打造出"特色产业＋科技"的可持续发展模式。

（2）实现产业的多元化发展。在产业发展结构方面，可基于前期产业精准扶贫成效，打通一二三产业的融合发展路径，实现产业的多元化发展，从而延长农业产业链、价值链，让农民享受增值收益。例如以西藏滴新村为典型的民族地区，以"农牧、农林、牧草"产业融合为导向，基于生态、民俗等天然优势，运用互联网的平台优势，在加快发展绿色农业的同时，通过发展农业生产性服务业延伸产业链，促进农业结构优化。

（3）注重培育新型农业产业化联合体。在产业发展的经营模式方面，既要注重培育新型农业产业化联合体、增强产业市场竞争力，又要注重创新利益联结机制、促进农民增收。新型农业产业化联合体主要由龙头企业、农村合作社、个体农户构成。其中，龙头企业作为经营管理主体，将生产、服务外包给农村合作社以及个体农户，不仅有助于扩大经营组织、规模，将小农生产纳入农业现代化的发展轨道；还有利于增强乡村产业的市场竞争力和抵御市场风险的能力，促进乡村产业可持续发展。关于利益联结机制，应基于利益分配的公平原则，切合农村相对贫困群体的实际，成立集体所有制合作社或股份公司。农民集体作为劳动力、资本提供者、土地所有者，在具体的收益分配环节中可以获得相应的产业经营收益，从而进一步促进农村集体经济、乡村产业的可持续发展。

3. 做好项目衔接

要集中解决贫困地区基础设施和公共服务短板问题，转向系统治理山、水、林、田、湖、草，实现农村生态治理，大力发展循环农业模式，因地制宜发展生态旅游等新产业新业态，积极探索适合贫困地区的人居环境治理方式，全面建设贫困地区的生态宜居乡村。要稳步提升水、电、路、气、信等基础设施支撑能力，让下乡创业的人才留下来、待得住。

4. 做好政策衔接

在保持主要政策总体稳定的基础上，对一些重大政策的调整优化提出了方向性、原则性要求。一是做好财政投入政策衔接。二是做好金融服务政策衔接。

三是做好土地支持政策衔接。四是做好人才智力支持政策衔接。

（1）做好财政投入政策衔接。过渡期内在保持财政支持政策总体稳定的前提下，根据巩固拓展脱贫攻坚成果同乡村振兴有效衔接的需要和财力状况，合理安排财政投入规模，优化支出结构，调整支持重点；保留并调整优化原财政专项扶贫资金，聚焦支持脱贫地区巩固拓展脱贫攻坚成果和乡村振兴，适当向国家乡村振兴重点帮扶县倾斜，并逐步提高用于产业发展的比例；各地要用好城乡建设用地增减挂钩政策，统筹地方可支配财力，支持"十三五"易地扶贫搬迁融资资金偿还；通过现有资金支出渠道支持，对农村低收入人口的救助帮扶；过渡期前3年脱贫县继续实行涉农资金统筹整合试点政策，此后调整至国家乡村振兴重点帮扶县实施，其他地区探索建立涉农资金整合长效机制；确保以工代赈中央预算内投资落实到项目，及时足额发放劳务报酬；将现有财政相关转移支付继续倾斜支持脱贫地区，对支持脱贫地区产业发展效果明显的贷款贴息、政府采购等政策，在调整优化基础上继续实施，过渡期内延续脱贫攻坚相关税收优惠政策。

（2）做好金融服务政策衔接。继续发挥再贷款作用，现有再贷款帮扶政策保持不变，进一步完善针对脱贫人口的小额信贷政策，对有较大贷款资金需求、符合贷款条件的对象，鼓励其申请创业担保贷款政策支持；加大对脱贫地区优势特色产业信贷和保险支持力度，鼓励各地因地制宜开发优势特色农产品保险，对脱贫地区继续实施企业上市"绿色通道"政策，探索农产品期货期权和农业保险联动。

（3）做好土地支持政策衔接。坚持最严格耕地保护制度，强化耕地保护主体责任，严格控制非农建设占用耕地，坚决守住18亿亩耕地红线。以国土空间规划为依据，按照应保尽保原则，新增建设用地计划指标优先保障巩固拓展脱贫攻坚成果和乡村振兴用地需要，过渡期内专项安排脱贫县年度新增建设用地计划指标，专项指标不得挪用。原深度贫困地区计划指标不足的，由所在省份协调解决。过渡期内，对脱贫地区继续实施城乡建设用地增减挂钩节余指标省内交易政策；在东西部协作和对口支援框架下，对现行政策进行调整完善，继续开展增减挂钩结余指标跨省域调剂。

（4）做好人才智力支持政策衔接。延续脱贫攻坚期间各项人才智力支持政策，建立健全引导各类人才服务乡村振兴长效机制。继续实施农村义务教育阶段教师特岗计划、中小学幼儿园教师国家级培训计划、银龄讲学计划、乡村教师生活补助政策，优先满足脱贫地区对高素质教师的补充需求；要继续实施高校毕业生"三支一扶"计划，继续实施重点高校定向招生专项计划；全科医生特岗和农村订单定向医学生免费培养计划优先向中西部地区倾斜；在国家乡村振兴重点帮扶县对农业科技推广人员探索"县管乡用、下沉到村"的新机制；继续支持脱贫户"两后生"接受职业教育，并按规定给予相应资助。鼓励和引导各方面人才向国家乡村振兴重点帮扶县基层流动。

5. 做好规划衔接

将脱贫攻坚与乡村振兴总体规划对接，在新形势下要合理统筹扶贫与发展工作。特别是在打赢脱贫攻坚战之后，将我国的贫困治理框架纳入乡村振兴的框架下统筹推进，可以构建更加稳定持久、以城乡融合为导向的发展机制。许多地方在设计框架时把它与美丽乡村建设统一起来，综合土地资源、产业培育、居民点建设、人居环境整治、生态保护和历史文化传承等要素，科学编制"十四五"规划，形成城乡融合、区域一体、多规合一的规划体系，做到一张蓝图绘到底、巩固脱贫成果再加力。

（三）推进乡村振兴的"五个着力点"

乡村振兴就是要抓重点、补短板。农民富，产业兴，农村有人气，要实现这样美丽的图景，五大振兴需要共同作用，即产业振兴、人才振兴、文化振兴、生态振兴、组织振兴，推动农业全面升级、农村全面进步、农民全面发展。乡村"五大振兴"是一个有机整体，必须统筹谋划、协调推进。

1. 产业振兴：夯实物质基础

在产业振兴过程中，既要用好政府这只"看得见的手"，进行宏观调控，又要用好市场这只"看不见的手"，掌握市场规律，优化资源配置，实现一二三产业的融合发展。有了产业，乡村才有活力。产业兴旺是乡村振兴的物质基础。农村产业不振兴，其他方面的振兴都无从谈起。要紧紧围绕发展现代农业，围绕农村一二三产业融合发展，构建乡村产业体系。要形成绿色安全、优质高效的乡村产业体系，为农民持续增收提供坚实的产业支撑。推动实施质量兴农、绿色兴农、品牌兴农战略，大力发展现代高效绿色农业，加快转变农业生产方式，提高农业供给体系的质量和效益，全面推进农业农村现代化。

2. 人才振兴：确保后继有人

乡村振兴，人才是关键，农村一定要后继有人。乡村振兴，关键在人。人才振兴不意味着让各类人群都回到乡村，而是把乡村振兴中的中坚力量识别出来。乡村振兴需要有技术、懂生产、懂市场、会经营、爱农业的新型职业人，让他们成为带动农村发展和农民增收的领头羊、领路人，推动人才振兴。

大力培育新型职业农民，是实施乡村振兴战略、发展农村经济、增加农民收入、实现农业和农村现代化的基础，各级政府要健全新型职业农民培训机构，加大对新型职业农民培训的宣传力度。同时要让更多优秀人才愿意来农村并且能够留得住、干得好，人才数量、结构和质量能够满足乡村振兴的需要。要创造有利于各类人才成长和发挥作用的良好环境，把现有农村各类人才稳定好、利用好，充分发挥现有人才的作用。

3. 文化振兴：焕发文明新风

乡村振兴，文化振兴是关键。要加强农村文化领域治理，净化农村精神文明建设环境。取其精华去其糟粕，传播群众喜闻乐见、通俗易懂、贴近百姓的优秀文化艺术形式，以社会主义核心价值观为引领，加强村风民俗和乡村道德建设，倡导科学文明健康的生活方式，传承发展农村优秀传统文化，健全农村公共文化服务体系。使农村让人记得住乡愁，留得住乡情。

文化是软实力，它可以有效地改善农村风貌，有效地延续中华文明，重构乡村的社会秩序，提升现代化的治理水平。文化振兴，就是提升乡村的气质。我们今天强调的文化自信，在乡村振兴中，文化引领是相当重要的一个方面。

4. 生态振兴：建设美丽家园

乡村生态振兴，就是要实现农业农村绿色发展，打造山清水秀的乡村风光，建设生态宜居的农村环境，让农村更像农村。良好的生态环境是乡村发展的得天独厚的优势条件，乡村振兴既要满足人民日益增长的物质文化需要，更要满足人民日益增长的美好生态环境需要，让农村能成为既有气质又有颜值的地方。

当前，农村的生态环境依然很差，农村废弃物随处投放、垃圾不能及时清运和进行无害化处理的现象还十分严重。将农村环境污染防治列入当地干部绩效考核，长期坚持下去，形成长效机制。同时，对农村垃圾的污染防治需要进行培训，建立长效监督检查管理机制。推进农村"厕所革命"，努力推进美丽乡村的可持续发展。

5. 组织振兴：保障安定有序

推动组织振兴。农村基层党组织关系着乡村振兴战略实施效果的好坏。乡村振兴，离不开农村基层党组织的引领。通过强有力的制度安排，保障安定有序。基层党组织要提升组织力，尤其是在扫黑除恶治乱的关键时刻，能够为民"站得出来、豁得出去"。只有基层党组织在乡村治理和文化引领上凝聚民心，赢得民众的支持，他才更有组织力量。要持续整顿软弱涣散村党组织，着力引导农村党员发挥先锋模范作用；培养造就一批坚强的农村基层党组织和优秀的农村基层党组织书记，建立更加有效、充满活力的乡村治理新机制。

四、脱贫攻坚与乡村振兴衔接过程中应重视的一些问题

（一）农村发展四角度

为了促进脱贫攻坚与乡村振兴战略的有效衔接、当前及今后时期全面推进乡村振兴，主要在于抓好四方面工作：提升粮食等重要农产品供给保障水平、大力发展乡村特色产业、实施乡村建设行动以及加强和改进乡村治理。

1. 提升粮食等重要农产品供给保障水平

守住18亿亩耕地红线，加强高标准农田建设，建设国家粮食安全产业带，加强粮食生产功能区和重要农产品生产保护区建设，确保粮食面积稳定、产能稳步提升。

2. 大力发展乡村特色产业

增加绿色优质农产品供给，发展乡村旅游、休闲康养、电子商务等新产业新业态，拓展农民就业增收空间；推进农村创业创新，培育返乡农民工、入乡科技人员、在乡能人等创业主体，增强乡村产业发展动能。

3. 实施乡村建设行动

实施村庄道路、农村供水安全、新一轮农村电网升级改造、乡村物流体系建设、农村住房质量提升等一批工程项目，改善乡村基础设施条件；持续推进县乡村基本公共服务一体化，推动教育、医疗、文化等公共资源在县域内优化配置；实施农村人居环境整治提升五年行动，建设美丽宜居乡村。

4. 加强和改进乡村治理

加强农村基层党组织建设，创新乡村治理方式，加强社会主义精神文明建

设；大力弘扬和践行社会主义核心价值观，提高农民科技文化素质，推动形成文明乡风、良好家风、淳朴民风。打赢脱贫攻坚战之后，三农工作的重心历史性转向了全面推进乡村振兴，全面推进乡村振兴涉及三农的方方面面。

(二) 需要重点解决的五大问题——以陕西省为例

2021年3月2日，陕西省政府新闻办召开新闻发布会，介绍解读了《中共陕西省委陕西省人民政府关于全面推进乡村振兴加快农业农村现代化的实施意见》。首先要以增加农民收入为出发点和落脚点，实现巩固拓展脱贫攻坚成果同乡村振兴有效衔接，并且要加快提高农业质量效益和竞争力，大力实施乡村建设行动，持续深化农村改革，实现可持续发展。

1. 以增加农民收入为出发点和落脚点

政府部门应秉承着以增加农民收入为出发点和落脚点的原则，做到以下几点：

（1）促进就业创业，提高工资性收入。政府要推动发展县域经济、群众参与度高的劳动密集型产业，强化职业技术教育与技能培训。并且在基础设施建设等项目中推广以工代赈方式来吸纳农民就地就业。

（2）发展特色产业，提高经营性收入。政府要持续深化"3+X"特色现代农业工程，强化延链、补链、强链，促进一二三产业的融合。与此同时要对农业品牌进行提升，并且广泛开展产销对接。通过支持新型经营主体与农民建立紧密的利益联结机制来促进农业发展。

（3）深化农村改革，提高财产性收入。政府部门应该鼓励社会资本下乡，与农村集体、农村群众合作开发闲置土地和房屋资源。

（4）促进政策落实，提高转移性收入。相关部门应落实好民生保障普惠性和兜底救助类政策，不断探索建立普惠性农民补贴长效机制，通过扩大农业保险的覆盖面来增强农业的抗风险能力。

2. 实现巩固拓展脱贫攻坚成果同乡村振兴有效衔接

要想持续巩固拓展脱贫攻坚成果，就要对摆脱贫困的县，从脱贫之日起，设立长达5年的过渡期。对推进脱贫地区产业提档升级，做好易地扶贫搬迁后续帮扶，并且完善农村低收入人口常态化的帮扶状态。然后接续推进脱贫地区乡村振兴，要对脱贫地区实施特色产业提升行动，从多渠道促进脱贫地区劳动力的就业问题。确定并支持一批国家级、省级乡村振兴重点帮扶县，抓好定点帮扶、对口支援、社会帮扶等问题。

3. 加快提高农业质量效益和竞争力

提高农业质量和竞争力有三点需要落实：保总量，保多样，保质量。

首先，保总量就是保证刚性需求，实施藏粮于地、藏粮于技的战略，抓好种子和耕地两个要害。同时开展种源的"卡脖子"技术攻关，打赢种业翻身仗。陕西省2021年要达到建设290万亩高标准农田的目标。

其次，就是保多样，满足多元消费。陕西省要持续发展特色产业，深化"3+X"工程，加快构建具有陕西特色的全产业链现代农业产业体系，并且同时发展休闲农业、订单农业和乡村体育旅游等新业态新产业。

还有很重要的一点就是要保证质量来实现安全供给，在提升农业科技和物质装备水平的同时推进农业农村绿色发展，推进化肥农药减量增效和耕地土壤污染防治分类管控等重大行动，并严格落实长江"十年禁渔令"。

4. 大力实施乡村建设行动

农村建设就是要编好规划、建好硬件、抓好软件。要科学布局乡村生产生活生态空间，保留乡村特色，不搞大拆大建。实施乡村振兴"十百千"工程：创建10个示范县、100个示范镇、1000个示范村，并且全面改善路、水、电、气等设施条件。实施农村人居环境整治提升五年行动，统筹推进农村改厕、生活污水垃圾治理和改善村容村貌。实施数字乡村建设行动，支持5G、物联网等新基建向农村覆盖延伸，重点改善冷链物流等既能方便生活又促进生产的基础设施。聚焦教育、医疗、社会保障等问题，持续推进城乡基本公共服务均等化。

5. 持续深化农村改革

习近平总书记强调，"大国小农"是我国的基本国情农情，要处理好培育新型农业经营主体和扶持小农生产的关系，农业生产经营规模宜大则大、宜小则小。以家庭承包经营为基础、统分结合的双层经营体制是党的农村政策的基石。要推进以人为核心的新型城镇化，强化县城的综合服务能力，实现县乡村功能衔接的互补，同时抓好家庭农场和农民合作社两类新型经营主体，要开展第二轮土地承包到期后再延长30年的试点，并且积极开展农村闲置宅基地和闲置住宅盘活的利用工作，探索"三权分置"的有效实现形式，将用3年时间打造100个省级示范村，推进"空壳村"的全面清零，加大省级预算并向农业农村倾斜力度，还有稳步提高土地出让收入用于农业农村比例等措施，这些措施都必须长期坚持、毫不动摇，才能实现全面乡村振兴。

参考文献

[1] 牟宗琮，陈效卫，林雪丹，等. 中国扶贫经验具有重要借鉴意义 [N]. 人民日报，2015-11-30(021).

[2] 邓建胜，郭舒然，常钦，等. 播撒全面小康的金色种子 [N]. 人民日报，2017-10-22(008).

[3] 董峻，王立彬. 中央农村工作会议在北京举行 [N]. 人民日报，2017-12-30(001).

[4] 高云才，常钦，李晓晴. 全面推进乡村振兴 加快农业农村现代化 [N]. 人民日报，2021-02-22(003).

[5] 习近平. 在全国脱贫攻坚总结表彰大会上的讲话 [N]. 人民日报，2021-02-26(001).

[6] 钟宇，陈世伟. 脱贫攻坚与乡村振兴的差异和内在联系 [J]. 农经，2020(03): 94-96.

[7] 姜列友. 正确理解和把握支持脱贫攻坚与服务乡村振兴战略的关系 [J]. 农业发展与金融，2018(6):107-108.

[8] 新发展阶段如何实现脱贫攻坚与乡村振兴有效衔接 [EB/OL]. 光明网-理论频道，[2020-12-23]. https://topics.gmw.cn/2020-12/23/content_34520484.htm.

[9] 做好脱贫攻坚与乡村振兴有效衔接 [EB/OL]. 学习时报，2021-01-15 http://paper.cntheory.com/html/2021-01/15/nw.D110000xxsb_20210115_1-A6.htm.

[10] 聚力脱贫攻坚和乡村振兴的统筹衔接 [EB/OL]. 光明网-《光明日报》，[2019-08-22]. https://news.gmw.cn/2019-08/22/content_33097041.htm.

[11] 做好全面脱贫与乡村振兴"五个衔接 [J]. 理论导报，2020(6):46.

[12] 孙永胜. 全力抓好"五个统筹"实现脱贫攻坚与乡村振兴有机衔接 [N]. 人民日报，2020-12-11.

[13] 史家亮，吴文慧. 有效衔接脱贫攻坚与乡村振兴的五个着力点 [J]. 山东

干部函授大学学报（理论学习），2021(1): 38-41.

[14] 《中共中央 国务院关于实现巩固拓展脱贫攻坚成果同乡村振兴有效衔接的意见》[EB/OL]. 中央广电总台, [2021-03-22]. http://news.cri.cn/20210322/6671f40c-4dc6-c5ac-706c-d6b1549c72cd.html.

[15] 广西在脱贫攻坚中做到五个"实现"和三个"率先"[J]. 中国民政, 2018(20):30.

[16] 岳国芳. 脱贫攻坚与乡村振兴的衔接机制构建[J]. 经济问题, 2020(8): 107-13.

[17] 从脱贫攻坚到乡村振兴应做好"五个衔接"[EB/OL]. 光明网-《光明日报》, [2021-01-12]. https://news.gmw.cn/2021-01/12/content_34534767.htm.

[18] 贾琰钦. 陕西省脱贫攻坚与乡村振兴有效衔接的路径研究[D]. 西安：西安建筑科技大学, 2021.

[19] 牛震. 一张五年蓝图 开创新时代乡村振兴新局面——国务院新闻办就乡村振兴战略规划出台召开新闻发布会并答记者问[J]. 农村工作通讯, 2018(19):7-12.

[20] 实施乡村振兴战略的总蓝图、总路线图——国家发改委副主任张勇、农业农村部副部长余欣荣解读《乡村振兴战略规划（2018-2022年）》[J]. 农村经营管理, 2018(10):7-13.

[21] 田野. 改革开放以来乡村治理的工程逻辑研究[D]. 北京：中共中央党校, 2019.

[22] 张亦贤. 准确把握"四期"形势，切实增强粮食工作的精准度[J]. 粮食科技与经济, 2019(3):18-19.

[23] 张殿宫. 吉林省乡村特色产业发展研究[D]. 长春：吉林大学, 2010.

[24] 赖崇瑜. 乡村振兴背景下基于乡村特色旅游的农村区域经济发展路径探究[J]. 现代农业研究, 2019(7):8-9.

[25] 郑辽吉. 乡村生态体验旅游开发研究[D]. 长春：东北师范大学, 2013.

[26] 崔花蕾. "美丽乡村"建设的路径选择[D]. 武汉：华中师范大学, 2015.

[27] 陈永蓉. 国家治理现代化背景下的村规民约研究[D]. 武汉：华中师范大学, 2017.

[28] 高强. 健全现代乡村治理体系的实践探索与路径选择[J]. 改革, 2019(12):

26-36.

[29] 关于全面推进乡村振兴加快农业农村现代化的实施意见 [EB/OL]. 人民网, [2021-02-22]. http://xj.people.com.cn/n2/2021/0222/c186332-34587312.html.

[30] 我省出台《实施意见》全面推进乡村振兴加快农业农村现代化 [EB/OL]. 陕西日报, [2021-03-03]. https://esb.sxdaily.com.cn/pc/content/202103/03/content_749877.html.

[31] 全面推进乡村振兴. 增强农业竞争力 [EB/OL]. 陕西农村报, [2021-03-03]. http://sxncb.joyhua.cn/sxncb/20210303/html/page_01_content_000.htm.

[32] 毛亚社, 吴刚. 当好保障乡村振兴的金融主力军 [J]. 中国农村金融, 2021(7):28-30.

[33] 郑维国. 乡村振兴 为陕西发展增光添彩 [J]. 西部大开发, 2019(7):85-86.

第二篇　精准扶贫与乡村教育振兴的有效衔接研究

2021年春季《中国特色社会主义理论与实践》课程1班第2小组

组长：刘峰华

组员：陈若晨、何强锐、王昭、高昂、袁丹夫、郑莹莹、甘子涵、金梦婷、魏燕杰

一、巩固脱贫攻坚成果与乡村教育振兴的内在逻辑关系

（一）巩固脱贫攻坚成果需要教育振兴

2020年是决胜全面建成小康社会的一年，也是我国打赢脱贫攻坚战的收官之年，还是乡村振兴战略的开局之年。"十三五"期间，全国贫困人口每年净减少1000万以上，截至2020年年底，全国832个贫困县所有贫困人口全部实现脱贫摘帽。改革开放特别是党的十八大以来，我国减贫事业取得巨大成就，彰显了中国共产党领导和社会主义制度的政治优势，同时也为世界贫困治理贡献了中国方案，具有全球意义。

在告别绝对贫困之际，我们更应思考的是：如何让脱贫成果不断巩固，让已脱贫乡村持续发展。我们应该充分认识到影响脱贫成果的深层原因，进而实现可持续发展。巩固脱贫成果是指在一个相当长的时期内实现由定义为贫困的人口在较长时期内向非贫困人口发生转变的相对稳定状态，可分为绝对贫困（未解决温饱或初步解决温饱）、相对贫困（初步脱贫和彻底脱贫）和致富奔康三个阶段五个层次。结合我国当前所处的社会环境和脱贫成果，习近平总书记指出："脱贫摘帽不是终点，而是新生活、新奋斗的起点。"这意味着，从脱贫走向可持续发展，不仅需要关注农民"生活富裕"，更要实现"产业兴旺、生态宜居、乡风文明、治理有效"。通过精准扶贫和综合扶贫，我国已经由"输血式"扶贫步入"造血式"扶贫阶段，不再过分强调扶贫数据，而是转向可持续发展。而可持续发展的背后是要有一支高素质的农村人才队伍，这就需要教育跟上来。要以多种手段来培育新型职业农民，要把重点放在乡村振兴队伍产业发展能力的提升上来。

(二) 实现乡村教育振兴是巩固脱贫攻坚成果的重要保证

党的十九大之前,对于农村领域的研究主要集中在"三农",十九大习总书记提出"乡村振兴战略",并在2018年发表《中共中央 国务院关于实施乡村振兴战略的意见》,此后乡村振兴和农业农村现代化逐渐成为热点研究领域。叶兴庆(2020)提出,为了顺利实施乡村振兴战略,要从产业、人才、文化、生态和组织的角度提供制度保障。李月(2020)提出,要真正"拔穷根""扶志气",用好"教育"这把攻坚利剑是关键。通过教育增强贫困农民"造血""自生"功能与可持续脱贫能力,从而促进贫困农户精神文明与物质丰裕的共同发展。

乡村教育是一种意义和价值的存在,乡村教育问题不仅是乡村问题,也是新时代处理好可持续脱贫的重要因素。在乡村振兴战略的时代背景下,我国乡村教育历经发展变迁,大众也慢慢认识乡村教育发展的客观规律、社会价值和历史意义,渐渐明晰乡村教育的价值取向,提出乡村教育发展的思路和策略,许多学者在"教育生态平衡"的视域下提出乡村教育振兴的现实路径。

办好乡村教育有利于培养乡村产业人才,有利于留住乡村产业人才。我国各个地方纷纷出台政策助力乡村产业发展,贵州省提出要加快推进乡村学前教育、基础教育、职业教育、教师队伍、教育机制等"五项改革",要把改革体现到学科体系、教学体系、教材体系、管理体系建设各方面,服务、支撑和引领全省乡村振兴战略。甘肃省一乡村小学校长同时也是全国人大代表的董彩云提出:"近年来,乡村教育取得长足发展,但乡村教师素质仍需进一步提高,只有让更多教育资源向农村倾斜,推进城乡基本公共教育服务均等化才能真正实现。"构建优质均衡的基本公共教育服务体系对乡村振兴意义重大。

二、乡村教育振兴的必要性分析

过去我们多将贫困归结为一种物质匮乏状态,这种认识较为片面,也不利于实现乡村振兴。在我国不少地方将扶贫作为中心工作,形式多样,主要帮助贫困户易地搬迁、寻找工作、发展产业,乃至临时救助,却忽略了贫困的本质原因,比如贫困地区群众观念落后、教育缺乏等问题。事实上,不少地区物质贫困往往只是一种表征,其背后常伴随着教育落后等深层次原因。所以,习近平总书记强调,扶贫先扶智,振兴教育是基础。"治贫先治愚,扶贫先扶智",教育在乡村振兴过程中发挥着重要作用。

目前有两种主流看法——"扶教育之贫"与"依教育扶贫"。"扶教育之贫"是将乡村教育作为扶贫对象，考虑贫困地区在教育资源、硬件设施、人口素质等方面的缺失，在教育领域主张对贫困地区给予资金、人才、设备等方面的政策支持，以达到优化校园环境并提高学生文化素质的目的。"依教育扶贫"是将教育作为扶贫的基础或工具，通过提升教育质量、发展学生综合素质，提高劳动力技能等措施达到消除贫困的效果。我们在探讨教育的扶贫功效时，更加强调"依教育扶贫"，这就需要将教育扶贫提到重要战略位置上来，充分利用教育阻断贫困代际传递的巨大作用。

（1）教育振兴是提升村民综合素养的基地、培植村庄发展生长点的基础。以生态文明建设为例，在学生中树立良好的生态文明观，可以更好地教育和带动其家中长辈。村小学可以打造成生态校园，全体师生成为生态建设的模范。村小学和幼儿园在清洁家园行动中可以发挥表率、牵引作用。

（2）教育振兴是吸引村民返村创业、生活、生产的基础。许多村民带着适龄就学的孩子举家外出生活，有的村民宁愿承担昂贵的生活成本在县城、乡镇学校附近租房陪读，或让孩子全托寄宿，甚至顾不上维修坍塌的住宅。一个重要原因是村级教育水平和教育条件严重滞后。在村镇就读的学生多为父母双双外出的"双留"儿童，平时生活主要依靠爷爷奶奶等人或其他亲人，虽然温饱问题一般可以解决，但精神生活严重匮乏。学校教育一旦改善，可以吸引外出人口返乡，更有利于乡村的发展。对于那些人口相对集中、特色资源非常丰富的贫困村，只有首先通过教育扶贫改变落后教育水平现状，才能吸引和留住村庄发展的生力军。

（3）教育振兴是推动可持续减贫的不竭动力。孩子的未来就是乡村的未来，接受良好教育的下一代更容易获得更成功的人生。智力投资是其他投资升值的基础，投资打造良好的学校教育可以为全村实现可持续发展提供动力。教育扶贫具有先导作用、牵引作用，受益的是全村每家每个人，关系到村庄发展的整体利益、长远利益、根本利益。要使贫困村真正实现脱贫致富，必须把教育发展摆在首要位置。

三、当前乡村教育振兴中存在突出问题分析

1. 贫困问题总体得到有效解决但对教育关注度还不够

千百年来,贫困一直是困扰世界的历史顽疾,摆脱贫困,意味着告别"求生存"的发展阶段,迈向马克思所说的"人的全面发展"的历史新起点。改革开放后,我国确立以贫困地区为重点,实施有计划有针对性的扶贫开发政策,先后实施了"八七脱贫攻坚计划"和两个为期10年的"中国农村扶贫开发纲要",农村贫困程度进一步减轻,贫困人口大幅减少,绝对贫困问题在2020年得到了解决。2014年公布了全国832个贫困县名单,中西部22个省区市在列。从2016年开始,我国贫困县开始逐年脱贫摘帽,2019年底未摘帽贫困县减少至52个,2020年底所有贫困县已实现脱贫摘帽。连续7年,我国每年减贫人口都在1000万人以上,贫困地区、集中连片特困地区、国家扶贫开发工作重点县等贫困地区减贫成效尤为显著,区域性整体贫困状况已明显缓解。贫困地区居民生活条件和环境明显得到改善,公共服务水平不断提升,当地人民生活质量全面提高。

目前,我国在教育扶贫方面还没有与乡村振兴战略有效衔接起来。从乡村教育来说,城乡间在政策和投入上基本分割存在,农村教育资源极度匮乏,乡村教师的激励措施不够完善,碎片化的治理会导致资源使用的低效率,亟须建立多部门共同参与、协同治理的减贫体制机制。

2. 留守儿童居多,教育缺失,逆反情绪严重

家长与孩子对教育的认知影响他们在教育中的投入和付出。教育需要学校和家庭共同努力,但现在农村留守儿童居多,大多数孩子的父母长期在外务工,无法陪在孩子身边,家庭教育缺失。由于年代和观念的差异,爷爷奶奶、外公外婆的"隔代教育"存在着诸多弊端,也不能对其学习情况进行有效监督,老师无法与家长进行有效配合。很多孩子的行为习惯和心理健康存在着很大的问题,甚至有些孩子还产生了极强的逆反心理,形成了严重的叛逆性格。

3. 乡村师资力量薄弱,教育资源不均衡

教育的根本在于教师,教师的优劣直接关系到教育的质量。农村由于条件艰苦、地理位置偏僻、交通不便等因素,很难吸引到优秀的教师扎根于农村教育。所以农村学校很难留住教师,尤其是优秀的教师。在某些民族地区,学前

教育双语师资严重匮乏，学生在双语教育上处于弱势地位，幼儿大多在家庭中学习使用本民族语言，不懂普通话，不利于未来成才发展。这主要是因为学校缺乏合格的双语幼师，幼儿教育专业毕业的教师一般不懂民族语言，而懂民族语言的教师大多不具备幼儿教学资质。

4.乡村教师待遇普遍不高，教学动力不足

虽然现在国家在大力扶持乡村教育，努力提高偏远地区教师的待遇，但由于以前的待遇基数太低，所以即使多次增长工资，总体水平仍然相对不高，与城市教师的待遇相比差距较为明显。年轻教师还要面临如结婚、买房等各方面的经济压力。社会、政府和学校需要充分认识到教师在教育中的领航作用，建设好、发挥好教师队伍的作用，营造一个有利于教师教学、晋升和发展的环境和机制。比如配置平衡的师生比，注重效率的提升，组织多样的教职工培训活动，增强教师队伍的活力；尝试改变提升乡村教师的社会地位，完善工资激励、组织激励、考核激励等机制，激发教师教育教学的内生动力。此外要破解民族地区乡村教师的职业发展困境，建立教师提升专业素养的长效机制，帮助其适应民族地区民俗文化，协调民族传统与学校教育复合性的教育情境。

5.乡村教学条件有待改善、系统化

在国家政策的支持下，大部分乡镇学校的设施都有所改善，并对一些分散的学校进行了合并，整合了教育资源。但硬件设施、教师配备、兴趣发展等方面与城市尤其是大城市的学校存在一定差距。教室的设施设备，学校的办公用品，兴趣活动室等都需要大量资金投入与合理规划。教育教学条件与当前的素质教育要求还有一定的差距，还需要精细化系统化，专注于学生的全面发展。

现代教育技术等先进的教育教学工具手段的应用，本应是缩小城乡教育资源差距的重要载体保证，但由于受经费、师资、管理等因素制约，规模较小的学校现代教育技术装备数量不足或陈旧报废，加之缺少专业教师，根本谈不上普遍应用。即使规模稍大的学校购置了现代教育技术设备，建有微机室，教室也安装了电教设备，但因专业人才缺少，培养跟不上，教师的信息化能力普遍降低，使用效率不高。现代教育技术应用使用工作及功能发挥还处于半停滞状态。

6.民族地区教育问题突出

过往学者在对深度贫困民族地区的调研中发现，基本有超过一半的中青年

劳动力没有接受过高中及以上教育，还有一部分人群上完小学后就走入社会。低层次的就业结构严重制约了可持续脱贫的内生动力。并且受到民族语言文化差异的影响，少数民族受教育群体在传承原民族语言文化的同时不能完全掌握国家通用语言汉语、普通话，导致民族之间在信息、技术交流、文化上存在语言交流屏障。这就需要寻找一条适合个体发展的思维通道，实现以语言互通促进文化融合、以文化融合促进思想脱贫。

四、推动实施教育振兴的具体举措

党的十八大以来，以习近平同志为核心的党中央对我国扶贫工作作出重要部署，提出精准扶贫的理念，教育扶贫成为阻断贫困代际传递的重要途径，这也是教育扶贫首次被提出。随着国家战略部署的推进，教育扶贫政策逐渐形成了一个完整、科学的体系，在实践和理论层面都取得了历史性的突破，扶贫开发工作也上升到前所未有的战略高度。

2015年4月，中央全面深化改革领导小组在第十一次会议中提出"国家应当发展乡村教育，让每个乡村孩子都能接受公平的、有质量的教育"。由此，大力发展乡村教育，成为教育扶贫中重要的一环。同年11月，中央扶贫开发工作会议明确把"发展教育实现脱贫"列入"五个一批"脱贫举措中，将教育作为扶贫工作的重点来对待，提出"治贫先治愚，扶贫先扶智，国家教育经费要继续向贫困地区倾斜、向基础教育倾斜、向职业教育倾斜，帮助贫困地区改善办学条件，对农村贫困家庭幼儿特别是留守儿童给予特殊关爱"。此后，中央颁布《中共中央 国务院关于打赢脱贫攻坚战的决定》，再次肯定教育扶贫在阻断贫困代际传递中的重要使命，将其实现途径具体描述为"让贫困家庭子女都能接受公平、有质量的教育"。这一重要举措的实施，不仅标志着我国正式进入全面实现脱贫攻坚的决胜阶段，更明确了教育扶贫在精准扶贫战略中的根本性和重要性。

(一) 教育振兴的科学内涵

傅佑全指出，实施精准扶贫国家战略的根本保障在于教育扶贫，分析了教育扶贫的内涵、理论意义和现实意义，探讨了具体的实践路径；孟照海结合中国乡村实际情况，分析了教育扶贫的可行途径；王嘉毅等认为教育扶贫重点在于扩大农村教育资源，在贫困地区普及学前教育，推动普通高中教育特色发展以及义务教育优质均衡发展。教育扶贫是指国家在实施精准扶贫战略中，高度认识和重视教育事业的地位。贫困地区之所以贫穷，之所以不断返贫，根本还是在于思想贫穷、教育贫穷，教育扶贫正能切中要点。教育扶贫与开发，要求各级地方政府和参与帮扶的企业事业单位，把贫穷地区人才培养作为工作重点，在育人工作中下大功夫。从政策上鼓励提高贫困地区人口的思想素质、文化素质和科学素质，增强其综合素质，产生穷则思变的内生动力，引导贫困地区有能力的人去探索、利用环境资源优势，通过自身努力和政策支持走出贫困。

教育振兴的核心在于，从传统的扶贫思维中摆脱出来，调整扶贫方向和扶贫模式，把提高贫困地区人口的综合素质作为工作突破点。这就要求把教育作为扶贫规划和部署的重点，推进贫困地区的幼儿教育、基础教育、职业教育、继续教育和社会教育等多种教育协调稳步发展，以促使贫困地区人口素质的全面提升。从实现目标分析，教育扶贫旨在通过提高贫困群体的人力资本水平，降低他们所遭受的相对剥削程度。因此，实现教育扶贫，需要从人力资本的投入、生产和应用以及社会关系的重建等方面，提高贫困群体的求学意愿、教育质量和就业质量，增强社会主体对于贫困群体的认可，形成社会风气的良性循环，避免脱贫后返贫、时间成本过高等问题。

(二) 教育振兴的理论依据

贫困是存在于人类社会中个体的一种状态，是主体与客体相互作用的产物，致贫原因通常归结为三个方面，即个体、结构和关系。由于主体对致贫原因的不同认识，教育扶贫政策通常呈现出不同的特征。

个体主义贫困论将致贫原因归结为，贫困文化的代际传递或个体的能力缺陷。基于这种贫困理论，教育扶贫政策的目标是完善贫困学生的能力缺陷，通过社会主流文化和主体人群的带动，促使他们打破代际传递的恶性循环。

结构主义贫困论将致贫原因归结为，政治、经济和社会体制对获取资源和机会的限制。之前研究大多关注经济竞争中哪些个体被淘汰，但是没有关注到是社会的竞争规则导致了个体的淘汰。由于教育资源和教育体制的制约，贫困学生的学业进展非常困难，就读的学校不仅缺乏教育资源，同时由于地域偏远、环境落后等原因，导致教师的流失比例较高，这无疑是对于贫困学生的另一限制。

依照关系主义理论，贫困学生的处境是他们在与社会其他个体的互动过程中主动构建的结果。在现实的社会环境中，贫困学生由于教育资源的限制，无法在学业上有所成就，往往被贴上不受管教、成绩低下的标签，因此导致了社会其他群体对于贫困学生的隔离。教育扶贫政策不仅要改变贫困学生的个体特征和不合理的教育结构，同时需要改变社会群体对于贫困学生的固有印象和期望，避免因为社会的歧视和贬低给学生带来的限制和伤害。

(三) 教育振兴的政策解析

随着国家"四个全面"战略和"五大发展理念"的落实，教育扶贫政策逐渐形成了一个系统、完整且科学的体系，呈现出四个重要的发展特征。

1. 价值取向更加明确

习近平总书记在十八届中共中央政治局常委会议同中外记者见面时提出，"人们对美好生活的向往，就是我们的奋斗目标"，这反映了我党以人民为中心的宗旨和发展理念。党的十八届五中全会进一步指出"坚持共享发展，必须坚持发展为了人民、发展依靠人民、发展成果由人民共享，作出更有效的制度安排，使全体人民在共建共享发展中有更多获得感"。

掌握如何摆脱贫困，学会基本技能和知识，是习近平总书记关于我国脱贫战略工作的重要指导。他指出，"摆脱贫困，其意义首先在于摆脱在头脑中意识和思路的'贫困'，才能使我们整个国家和民族'摆脱贫困'，走上繁荣富裕之路"。此后，习总书记多次在公开场合强调"扶贫先扶智"的重要思想，指出"以人为本，尊重群众，围绕人人受教育，个个有技能，家家能致富"，教育扶贫彰显了我国人民通过教育获取摆脱贫困的知识和才能的重要价值，帮助贫困群体充分认识客观环境以促进个体主观能动性的形成。扶贫应同扶智、扶志相结合，以人民群众为本，基于教育扶贫的出发点，以发展乡村教育为突破口，极大程度激发群众脱贫致富的动力，增强贫困群众依靠自己摆脱贫困的能力，最终实现全面脱贫，没有一个群众掉队的总目标。

2. 扶贫有效提高了民生底线

扶贫开发的基础和前提在于提高我国人民的民生底线。提高民生底线是扶贫开发战略的基本要求，其最终目标在于缩小贫富差距，实现总体小康。2015年年底，中共中央明确提出脱贫攻坚的总目标是"到2020年，稳定实现农村贫困人口不愁吃、不愁穿，义务教育、基本医疗和住房安全有所保障，实现贫困地区农民人均可支配收入增长幅度高于全国平均水平，基本公共服务主要领域指标接近全国平均水平。确保我国现行标准下农村贫困实现脱贫，贫困县全部摘帽，解决区域性整体贫困"。

共享优质教育资源、增加教育资源等教育政策的实施，极大程度促进了民生底线的提高，实现了社会保障的兜底。义务教育均衡发展关乎每个儿童拥有同等受教育的机会，对于保障全体适龄儿童入学、成长和发展具有重要意义。我国正在采取一系列教育保障措施，让贫困地区每个孩子都能接受良好教育，让他们同其他孩子站在同一起跑线，向着美好生活奋力奔跑。

3.教育扶贫要精准到位

以人民为中心，提高人民的基本生活底线，是我国结合自身国情实施的重要举措，其实现途径要求对症下药，从根本上消除造成贫困的根源，帮助贫困群众彻底脱贫，不再返贫，调动其主观能动性，切实提高其获得感和认同感。

2014年10月，习近平总书记在首个"扶贫日"强调，扶贫应当注重精准发力，对症下药。2015年1月，总书记在考察云南省昭通市时指出，精准扶贫、精准脱贫，资金使用和项目安排都要提高精准度，扶到点和根上，让贫困群众切实得到实惠。精准扶贫的核心体现在工作体制精准、理念精准和实现途径精准三个方面。在工作体制上，习近平总书记强调扶贫工作要做到"六个精准"，要求在科学有效的管理体系中每个关键环节和管理体系都精准；在理念上，强调坚持中国制度，重点在于精准，成败的关键也在于精准。教育扶贫政策的精准性体现在"扶持谁，怎样扶持"的问题上，在精准识别帮扶对象的基础上，通过构建科学动态的数据库，从而保证资金使用、项目安排等系统工程的科学性和精准性。2014年，全国中小学生学籍信息管理系统开始全面应用，包括对留守儿童和贫困儿童"控辍保学"、监测随迁子女流动情况、改善学生营养计划、资助学生完成学业等工作，进行实名制学籍系统和教育事业、教育经费管理的衔接，健全经费管理体制，提高资金分配的精确和使用的合理，提高科学决策水平。2017年，全国教师管理信息系统全面建成，教师队伍的信息化管理不断加强，对于教师培训、管理、职称评定、福利待遇、津贴补助等进行精准化管理。以上一系列教育措施，保障了城乡义务教育的精准落实。建立电子学籍、建档立卡，很好地实现了对帮扶对象的精准识别和分类施策，有效促进了教育扶贫政策的决议、颁布和实施。

4. 社会力量助力教育扶贫

自"十三五"以来，我国进入脱贫攻坚的关键时期，脱贫工作难度日益增大。为了确保如期实现全面小康的目标，我国应当发挥政治优势和制度优势，动员全社会积极参与，助力扶贫，推动扶贫进程。2014年12月，国务院下发通知，部署全面推进社会扶贫体制机制的创新，动员社会各方面力量共同参与到扶贫开发中来。2015年6月，习近平总书记在贵州调研时提出，扶贫工作应"四个切实"，即"落实领导责任、做到精准扶贫、强化社会合力、加强基层组织"，并在部分省区市座谈会上提出"坚持专项扶贫、行业扶贫、社会扶贫等多方力量、多种举措有机结合和互为支撑的'三位一体'大扶贫格局，健全东西部协作、党政机关定点扶贫机制，广泛调动社会各界参与扶贫开发积极性"。在2015减贫与发展高层论坛上，习近平总书记指出，"我们坚持动员全社会参与，发挥中国制度优势，构建了政府、社会和市场协同推进的大扶贫格局，形成了跨地区、跨部门、跨单位、全社会共同参与的多元主体的社会扶贫体系"。

党的十八大以来，以习近平同志为核心的党中央着眼于全面建成小康社会的目标，对扶贫开发工作作出了一系列顶层设计和周密部署，提出了精准扶贫的理念，随着一系列政策的落实，教育扶贫取得举世成就。学生资助体系全覆盖，财政投入稳步增长，全面改善贫困地区薄弱学校，实施中西部高校振兴计划，让更多孩子能上好学校，全体人民充分共享改革开放的教育成果，为办好人民满意的教育交出了一份耀眼的答卷。

五、教育扶贫与乡村教育振兴的有效衔接

截至2020年底，全国所有贫困县实现了脱贫摘帽，区域性整体贫困得到有效改善，绝对贫困问题基本得到解决。目前脱贫攻坚和乡村振兴衔接工作主要面临着如何实现战略协同推进和工作稳步承接，推进乡村全面振兴等问题。

（一）二者有效衔接的整体思路

乡村振兴战略是立足于国内乡村经济社会、着眼于乡村精神文化需求、针对乡村民情薄弱问题，优化完善新时代乡村建设的理论体系。站在新的历史节点，教育作为社会大系统的重要子系统，理应对战略部署予以积极回应，教育服务乡村振兴战略是必然之举。教育因积累人力资本、促进民生发展等多方面作用，为乡村振兴战略提供了理论基础和实践思路。教育服务乡村振兴战略在

以"人力资本"为目标的"乡村人才振兴"和以"文化传承"为旨趣的乡村文化振兴的基础上，对教育服务性路径的探寻。

因此，巩固拓展教育扶贫成果，助力乡村振兴，成为脱贫和乡村振兴后续衔接的重要方式。教育扶贫通过提高贫困地区人口的发展能力来实现脱贫是一项根本性的扶贫任务，要想保持教育扶贫政策的活力和成效，就要勇于创新，不走过去传统扶贫的老路，打破原有的政策依赖，走出"扶贫不扶智"的误区，把握住制度变革的关键转折点，激活教育扶贫新政策的创新协调发展。同时，精准识别教育扶贫对象，科学解析致贫原因及脱贫需求，广泛寻求社会多方力量，多层次、多角度投入扶贫，保持教育扶贫政策的开放性、灵活性，将成为教育扶贫工作持续创新、不断完善的未来方向。

(二) 完善衔接的政策设计

1. 扶贫助力教育振兴

教育扶贫作为中国特色扶贫的重要有机组成，是我国决胜脱贫攻坚以及实现总体乡村振兴的必然选择，如何通过教育扶贫实现乡村教育发展，是构建完善乡村振兴战略的核心和保障。

(1) 加强政策偏向，促进教育优先发展。乡村地区作为经济基础相对比较薄弱的地区，优先安排基础教育投入、加大资金投入，从战略上对基础性义务教育优点定位，在政策上加强倾斜，在资金上保障，加大教育与新型城镇化发展结合、与乡村振兴战略结合、与新高考改革结合，政府要集中力量解决基础教育发展不充分、不平衡带来的教育质量和结构的失衡。社会群众也可积极主动参与教育发展进程，统一思想、强化教育意识，从国家到乡村，上下齐心把教育发展脱贫工程这一公益事业做大做强。教育扶贫受到国家重视以来，国家陆续开始实施西部地区"两基"攻坚计划。目前，全国410个西部"两基"攻坚县中，已有近四百个实现"两基"。"两基"攻坚计划的实施，有力促进了西部地区农村义务教育的发展，使农村学校的办学条件大大改善，质量得到提高。其中"农村寄宿制学校建设工程"，中央财政总计投入100亿元资金，可满足200万新增寄宿生的学习、生活所需，使他们不必再为上学每天翻山越岭、长途跋涉。中央和地方政府投入111亿元资金，建设了遍及全国农村的远程教育网络，使所有中西部农村中小学生可以与城市学生共享优质教育资源。

(2) 强化责任意识，有力建设教师团队。建立并强化党委政府责任制，要强化教育服务意识、充分发挥主观能动性，把握政策弹性空间，自顶层设计上确保基础教育事业顺利推进。教育事业作为一项公益事业，依然存有核心竞争力——领导层的校长和管理层的教师，故乡村教育可以实施校长培养工程和名师培养工程，培养一批在该州有知名度和影响力的校长和老师，提高校长对学校的办学自主权，调动有能力的校长和老师的主观能动性。尤其在优化教师队伍结构方面，要科学合理配置教师资源，城乡教师资源均衡化，加强优秀教师培训，给予一线骨干教师更多提升平台，开放学校的自主权，根据城镇发展现状，争取在教师岗位及晋升平台有所突破。习近平总书记在全国教育大会上指出，"教师是人类灵魂的工程师，是人类文明的传承者，承载着传播知识、传播思想、传播真理、塑造灵魂、塑造生命、塑造新人的时代重任"，"坚持把教师队伍建设作为基础工作"。在学校思想政治理论课教师座谈会上，习近平总书记强调，"办好思想政治理论课关键在教师，关键在发挥教师的积极性、主动性、创造性"。这些重要论述，为新时代加强乡村教育的教师队伍建设指明了努力方向，为做好新时代立德树人工作提供了重要遵循。

（3）优化教育布局，推动教育高质量发展。要解决乡村教师总量不足，结构性偏差严重，人才吸引力度不够的现实问题，首要途径是加大乡村教育基础设施建设，着力推进实施具有影响力的教育项目，建成一批有影响、有规模、有示范性的学校，要集中人财物，努力培养农村骨干和农村学校优质教师，要支持社会力量办好乡村民办教育，一视同仁，让民办教育同公办教育一起共同推动乡村教育质量发展。要紧跟时代发展步伐，支持职业院校同企业加强合作，为高等职业院校带来先进的技术力量和管理经验。例如眉山市为落实乡村教育布局优化改革措施，推进乡村教育高质量发展，强调要深入贯彻落实乡镇地区教育改革推进会精神，并围绕两项改革后学校布局调整，强力推进教育高质量发展工作，从乡镇学校现状、优化学校布局调整思路、瞄准重点发力把握改革重点、逐一解决具体问题提升教育质量四方面开展了工作部署。

2. 教育推动乡村振兴

乡村振兴最终要靠人才，而人才的培养要靠教育。乡村教育事业的发展，无疑是乡村振兴战略的重要支点，也是乡村振兴稳定持续的根本保证。对接乡村振兴战略，打破城乡二元治理结构，办好满足乡村振兴需要的教育，是教育部门和教育工作者义不容辞的责任与担当。

实施乡村振兴战略，重点在于优先发展农村教育事业。对乡村来说，教育承载着塑造文明风尚、传播先进知识的功能，更为乡村建设提供了持续的人才支撑和保障，在乡村振兴中具有不可替代的基础性作用。正因为如此，党和国家把基础设施建设的重点放在农村，优先发展农村教育事业，以教育带动乡村振兴。

治贫先治愚，扶贫必扶智。农民素质高低，决定了实施乡村振兴战略的成败；而农民素质的高低，则取决于当地教育事业的发展。教育就是要努力为农业发展和乡村建设提供人才和智力支持。要打赢打好脱贫攻坚战，改变乡村落后面貌，首先要培养一代高素质新型农民，阻断乡村贫困代际传递。因此，让乡村贫困地区的孩子接受良好教育，是脱贫攻坚的重要任务，也是阻断乡村贫困代际传递的重要途径。聚焦农民素质，培养新一代高素质新型农民，是实施乡村振兴战略应有的题中之义，教育系统责无旁贷。

因此，为保证扶贫的政策效果具有长效性，不断巩固深化脱贫成果，有必要保持贫困地区相关扶持政策在2020年及未来几年内相对稳定和总体不变，并结合乡村振兴总体要求，在保障贫困群体"两不愁三保障"基础上，建立完善惠农支农政策，扩大受益农民范围，以乡村振兴统领扶贫工作，促使项目、资金安排逐步扩大到非贫困村和非贫困户，并进一步优化政策设计。

（1）保持农业产业发展政策支持力度不减，继续扶持地方优势特色产业、推进现代农业和产业融合发展，大力推广绿色生态环保和高产技术。加强对新型农业经营主体的培育力度，完善农业信贷担保政策扶持、农业产业化财政贴息、农业保险奖补等各项政策，提升政策合力。

（2）进一步强化保障政策，构筑脱贫"防护墙"。切实减少因病、因学、因灾和意外事故造成的支出型贫困发生，进一步增强农村居民抗风险能力。

（3）调整优化基础设施和公共服务设施建设政策。统筹规划好乡村振兴和脱贫攻坚的项目安排，推进农业基础设施提档升级。加大农田水利工程、高标准农田建设，推进现代农业产业基地水、电、路网等基础设施配套，促进农业节本增效。

（4）逐步取消"输血"性质政策，倒逼农业产业升级和效率提升。逐步取消就业扶贫政策中对各类生产经营主体吸纳贫困劳动力就业的相关补贴，在人力资源的配置上由政府引导转变为市场主导，提高资源配置效率。

六、总结与展望

中国的扶贫规模巨大，目前取得的成就举世瞩目，但也面临更深层次的考验。如何激发贫困地区的"内生动力"，让乡村教育提质提量，助脱贫成果不断巩固，降低返贫风险，走可持续脱贫道路，是未来需要思考和探索的一个方向。报告引入"可持续脱贫"提议，总结了我国乡村振兴工作取得的丰硕成果，明确当前所处的扶贫阶段以及工作重点，探讨了过去扶贫收效甚微的状况及原因，主要是精神贫困、制度性贫困等深层次问题引发的物质贫困。强调"扶贫先扶智"，教育扶贫在整个扶贫过程中占据重要地位，是我国可持续脱贫、不返贫的动力和支柱，但我国乡村教育面临一系列问题，从留守儿童到薄弱的师资力量，从教育资源分布不均到少数民族地区语言问题突出等。如何化解这一困境以及将扶贫工作与乡村教育振兴有效衔接起来，本报告对我国教育扶贫的内涵、理论依据以及相关政策进行解析，提供了一个系统且完整的扶贫思路。最后，从整体思路和政策设计两方面阐述扶贫与教育振兴的衔接工作，试图为我国当前教育振兴面临的现实问题提供一些建议与思路。

参考文献

[1] 赵政，张嘉昕. 政策视角下脱贫攻坚与乡村振兴有机衔接研究 [J]. 西华大学学报（哲学社会科学版），2021(2):104-112.

[2] 叶兴庆. 为实施乡村振兴战略提供制度保障 [J]. 中国农村经济，2020(06):15-18.

[3] 李月. 教育扶贫视域下贫困农民可持续脱贫能力建设的意义、挑战及对策 [J]. 中国职业技术教育，2020(13):37-41.

[4] 邹联克. 办好乡村教育助力乡村振兴 [J]. 新课程导学，2021(7):1.

[5] 龚仕建. 奋力开创卫生教育事业新局面（新征程再出发）[N]. 人民日报，2021-3-8(9).

[6] 钟慧笑. 教育扶贫是最有效、最直接的精准扶贫——访中国教育学会会长钟秉林 [J]. 中国民族教育，2016(5):22-24.

[7] 梁伟军，谢若扬. 能力贫困视阈下的扶贫移民可持续脱贫能力建设研究 [J].

华中农业大学学报（社会科学版），2019(4):105-114, 174-175.

[8] 谢治菊. 大数据驱动下的教育精准扶贫——以长顺县智慧教育扶贫项目为例 [J]. 湖南师范大学教育科学学报，2019(4):43-52.

[9] 金必友. 农村村级小学教育现状分析及建议 [J]. 中国校外教育，2019(31):38, 42.

[10] 袁利平.论习近平教育扶贫战略思想 [J].甘肃社会科学，2018(3).

[11] 汪三贵. 消除贫困 [M]. "认识中国·了解中国"书系. 北京：中国人民大学出版社，2021, 06.205.

[12] 范先佐. 义务教育均衡发展与农村教育难点问题的破解 [J]. 华中师范大学学报（人文社会科学版），2013, 52(02):148-157.

[13] 王嘉毅，封清云，张金. 教育与精准扶贫精准脱贫 [J]. 教育研究，2016, 37(07):12-21.

[14] 萨其拉，塔娜. 乡村教师待遇问题分析及改善策略研究 [J]. 内蒙古财经大学学报，2021(5):136-139.

[15] 梁成艾. 民族地区职业教育赋能乡村振兴的逻辑与路径 [J]. 民族教育研究，2021(6):85-93.

[16] 吴霓，王学男. 党的十八大以来教育扶贫政策的发展特征 [J]. 教育研究，2017(9):4-11.

[17] 脱贫攻坚战冲锋号已经吹响 全党全国咬定目标苦干实干 [N]. 人民日报，2015-11-29（001）.

[18] 傅佑全. 教育扶贫是实施精准扶贫国家战略的根本保障 [J]. 内江师范学院学报，2016(5):80-83.

[19] 孟照海. 教育扶贫政策的理论依据及实现条件——国际经验与本土思考 [J]. 教育研究，2016(11):47-53.

[20] 蔡生菊. 基于贫困代际传递理论的贫困困境及反贫困策略 [J]. 天水行政学院学报，2015, 16(05):67-71.

[21] 纪超凡. 马克思人学思想及其对青年生命价值教育的启迪研究 [D]. 兰州：兰州大学，2020.

[22] 曹楠楠. 改革开放以来中国农村贫困家庭妇女扶贫脱贫研究 [D]. 长春：吉林大学.

[23] 王海荣. 空间理论视阈下当代中国城市治理研究 [D]. 长春：吉林大学.

[24] Rank M R, et al. American Poverty as a Structural Failing: Evidence and Arguments [J]. Journal of Sociology & Social Welfare, 2003(4).

[25] 张伟伟. 习近平新时代决策思维方法研究 [D]. 北京：北京科技大学，2021.

[26] 王一铮. 新中国成立以来中国共产党执政经验研究 [D]. 长春：吉林大学，2021.

[27] 李辰洋. 习近平以人民为中心重要论述研究 [D]. 北京：北京交通大学，2021.

[28] 李思特. 社会公平视角下的中国社会保障问题研究 [D]. 长春：吉林大学，2021.

[29] 孙梦阳. 中国义务教育优质均衡发展过程中的政府职能研究 [D]. 长春：东北师范大学，2021.

[30] 习近平. 携手消除贫困 促进共同发展——在2015减贫与发展高层论坛的主旨演讲 [N]. 人民日报，2015-10-17.

[31] 刘欢. 乡村振兴视域下乡风文明建设研究 [D]. 长春：吉林大学，2021.

[32] 高云亮. 精准扶贫中农村基层党组织功能研究 [D]. 兰州：兰州大学，2021.

[33] 童洪志. 多主体参与的深度贫困区精准脱贫联动机制研究 [M]. 武汉：武汉大学出版社，2021.

[34] 杜为公，杜康. 我国贫困治理效果评估理论与实证研究 [M]. 武汉：武汉大学出版社，2021.

[35] 人民日报. 历史性的跨越 新奋斗的起点——习近平总书记关于打赢脱贫攻坚战重要论述综述 [J]. 当代兵团，2021(5):10-19.

[36] 张占斌. 中国特色脱贫攻坚制度体系：历史逻辑、实践特征和贡献影响 [J]. 理论视野，2021(7):91-98.

[37] 刘丸源. 中国贫困人口高质量脱贫的政治经济学研究 [D]. 成都：四川大学，2021.

[38] 袁利平，姜嘉伟. 关于教育服务乡村振兴战略的思考 [J]. 武汉大学学报（哲学社会科学版），2021(1):159-169.

[39] 袁利平，丁雅施．我国教育扶贫政策的演进逻辑及未来展望——基于历史制度主义的视角[J]．湖南师范大学教育科学学报，2019, 18(04):65-72, 80.

[40] 韩旭东，郑风田．精准扶贫经验分析与价值总结——基于举国体制制度优势[J]．当代经济管理，2021(9):04-06.

[41] 袁利平，姜嘉伟．教育扶贫何以可能——基于教育扶贫机制整体性框架的再思考[J]．教育与经济，2021(1):03-04.

[42] 赵岩．"两基"攻坚如期完成 教育之光洒遍西部[J]．中国民族教育，2007, 12(01):04-06.

[43] 李爱铭．中小学专家型教师培养的政策支持体系研究[D]．上海：上海师范大学，2016.

[44] 张潇文．我国基础教育教师资源均等化问题研究[D]．湘潭：湘潭大学，2019.

[45] 齐鹏飞．办好思想政治理论课关键在教师——学习党的十八大以来习近平关于思想政治理论课教师队伍建设的重要论述[J]．教学与研究，2020(11):5-20.

[46] 周晔，徐好好．乡村教师在乡村振兴中的应为与可为[J]．苏州大学学报（教育科学版），2022(1):10-19.

[47] 石娟．新世纪以来我国乡村教师政策的审思[J]．教师教育学报，2022(02):39-45.

[48] 苏涛．教师人力资源配置合理性研究[D]．上海：华东师范大学，2020.

[49] 赖明谷，安丽娟．基于乡村振兴战略的乡村教育发展研究[J]．上饶师范学院学报，2019(4):79-86.

[50] 汪晓东，李翔，刘书文．谱写农业农村改革发展新的华彩乐章[N]．人民日报，2021-09-23(001).

[51] 李迪．中国农村教育的问题和对策研究[J]．农村经济与科技，2021(15):322-325.

[52] 夏平原．发展乡村教育助推乡村振兴[J]．当代人，2018(012):266.

[53] 尹业兴，贾晋．脱贫攻坚与乡村振兴有效衔接的总体思路和政策设计[J]．农业经济，2021(3):37-39.

[54] 龚艳．社会流动背景下农村社区协同治理体系建设研究[J]．农业经济，2021(3):39-41.

专题二

乡村振兴的社会力量参与研究

第一篇 破解"三农"融资难题的多元联动机制分析

2021年春季《中国特色社会主义理论与实践》课程
MBA 1182班 刘梦凝

党的十九大提出的乡村振兴战略是决胜全面建成小康社会、全面建设社会主义现代化国家的重要战略部署。金融机构作为融通资金、保障国家经济命脉的重要依托,在服务好乡村振兴战略中有着不可或缺的作用。为切实做好金融服务乡村振兴,人民银行、银保监会等政府机构和监管部门联合印发了《关于金融服务乡村振兴的指导意见》,从资源倾斜、政策扶持、机构改革、产品创新等多个方面进行指导和安排,以实现有序高效的城乡金融资源配置。在金融各项支持中,授信资源是核心要素,近年来我国涉农贷款余额连年增加,但是涉农贷款在金融机构贷款总额中的占比连年减少,"三农"融资依然存在融资难、融资贵的难点痛点,存在农户贷款难与银行难贷款、农户想要贷款与银行不敢贷款的供需矛盾。为此,笔者调研了河南省金融机构和农户,从金融机构涉农贷款的供、需两方面分析,寻找问题症结,探索破解"三农"融资难题的可行性路径。

一、近年来我国涉农贷款发展情况

(一)加大涉农贷款投入的重要意义

涉农贷款,即指面向农户、农村、农业的"三农"贷款。信贷资金的注入是乡村振兴战略的重要一环。一方面，在促进农村一二三产业发展和适度规模经营的过程中，我国"三农"问题的解决催生了巨大的金融产品和服务需求，如农户购买生产物料的季节性资金支持、土地"两权"试点的推广过程中土地承包资金需求、现代家庭农场、农民合作社、农业产业化龙头企业等新型主体经营资金需求，而农民自有资金少、融资渠道窄，以金融机构为主导的涉农贷款可以保证农民、农村、农业正常经营运转，是持续巩固拓展脱贫攻坚成果，接续推进脱贫地区乡村振兴的必要条件，是实现共同富裕的现实要求。因此，加大涉农贷款投放具有重大的战略作用。

(二) 涉农贷款的近期发放情况

自2017年以来，我国本外币涉农贷款余额逐年增加，2018年、2019年、2020年我国本外币涉农贷款余额分别为32.7万亿元、35.19万亿元、38.95万亿。但是自2015年起中国本外币涉农贷款余额占金融机构人民币贷款余额的比例逐年减少，2018年短暂增长后又开始下滑，2020年中国本外币涉农贷款余额占金融机构人民币贷款余额的22.55%，较2019年减少了0.44%。从以上数据可以看出，虽然近年来金融支持三农有一定进展，但仍未跟上社会经济发展的步伐，在"三农"信贷资金投放的"最后一公里"依然存在传导不畅的环节。

二、从涉农信贷供需角度分析"三农"融资难问题

河南省作为全国农业大省、农村人口大省，县域面积占比近九成、常住人口占比超七成、经济总量占比超六成，河南"三农"问题具有典型代表意义。本文以河南省为例来分析一下乡村产业振兴中出现的融资难问题及出现原因。习近平总书记调研指导河南工作时就对县域经济发展做出了"三起来""三结合"重要指示。"三起来"是指习近平总书记调研指导河南工作时，对县域经济发展所做的指示，强调要准确把握县域治理特点和规律，把强县和富民统一起来，把改革和发展结合起来，把城镇和乡村贯通起来，不断取得事业发展新成绩。"三结合"是指习近平总书记在尉氏县张市镇主持召开镇村干部和村民代表座谈会上指出，乡镇要从实际出发，把改进作风和增强党性结合起来，把为群众办实事和提高群众工作能力结合起来，把抓发展和抓党建结合起来，以实实在在的成效取信于民。近期，河南省委、省政府也印发了《关于推进新发展格局下河南县域经济高质量发展的若干意见（试行）》，要求加强金融支持，统筹各类金融机构的协同作用，加大县域信贷投放力度。这些政策导向对解决乡村产业

振兴融资难问题提供了有力支持，但在实际执行过程中还存在一定的问题，我们尝试从供需错配视角来加以分析。

（一）供给角度分析：对贷款人的过多限制导致贷款"有效供给不足"

1. 金融机构涉农贷款投放情况

宏观来看，2017—2019年，河南省新增涉农贷款总额连年增加，但涉农贷款占金融机构新增贷款比例连年下降，说明金融机构信贷资金投放结构有进一步调剂的空间，涉农贷款总量可进一步提升。从投入和产出效率来看，农林牧渔业总产值增幅小于金融机构新增涉农贷款总额增幅，说明三农信贷支持的精准性和效能需要进一步提升。具体情况见表2-1。

表2-1　河南省涉农贷款与农业总产值

项目	2017年	2018年	增幅	2019年	增幅
农林牧渔业总产值（亿元）	7562	7757	2.58%	8541	10.11%
新增涉农贷款总额（亿元）	1652.68	1723.51	4.29%	1981.72	14.98%
涉农贷款占金融机构新增贷款比例	30.55%	27.42%	—	25.55%	—

注：数据来源：中国银行保险监督管理委员会（www.cbirc.gov.cn）.

2. 金融机构信贷产品供给情况

微观来看，金融机构涉及贷款产品种类分为个人和企业两类。目前河南域内"三农"授信的金融机构主力是农村信用联社和农业银行，因此，本文分别以河南省农村信用联社和农业银行为作为代表，来分析金融机构主要产品及相关准入审批条件，具体见下表2-2和表2-3。

从表2-2可以看出，传统的农户贷款或授信金额较大的生产经营贷款一般需要相应的保证或抵质押品。2018年以来，农村信用联社和农业银行分别推出了可以纯信用的线上小额贷款方式，但是均需要满足两个条件，一是较好的信用记录，二是有稳定的收入来源作保证。

表2-2　河南省农村信用联社和农业银行部分农户贷款产品

	农村信用联社		农业银行	
贷款种类	担保贷款	小额快贷	线上E贷	农户小额贷/生产经营贷

续表

	农村信用联社		农业银行	
准入条件	1. 信用等级有要求 2. 有还款能力证明	1. 信用记录良好 2. 有可靠的经济来源，有一定自有资金	1. 信用记录良好 2. 有稳定收入来源	每户农户只能由一名家庭成员申请农户贷款
资金用途	住房装修、购买耐用消费品、教育、临时生活资金周转	农户、个体商户生产经营资金	用于农村和城郊接合部的种植养殖、生产加工、商贸流通等	小额贷用于日常消费和资金周转，生产经营贷用于规模化生产经营
履约保证	有担保	无约担保	符合条件可纯信用	保证、抵押、质押、农户联保

注：数据来源：河南农信社网站(www.hnnx.com)，中国农业银行(www.abchina.com)

从表2-3可以看出，金融机构对于企业的授信支持涵盖面广，从体量较小的个体工商户到农业产业龙头均有相应产品进行对接。在对企业的要求上，对于有政府政策支持、资金实力较强的企业，可以信用方式进行授信。但是对一般的企业来说，依然要有具有稳定价值的产成品或商品质押，或者有房产土地等作为抵押，或有由有一定资信水平的担保机构进行担保。

表2-3 农村信用联社和农业银行部分农业贷款产品

	农村信用联社			农业银行	
贷款种类	仓储抵押贷款	创业贷款	保证贷款	季节性收购贷款	园区贷/工业贷/商品流通贷
发放对象	企业	个人工商户	企业	企业	企业
准入条件	有合法的、存放在指定仓储单位的产成品或商品	有一定信誉	完善的财务制度	农业产业化龙头企业	特定群体，资金实力有要求
资金用途	生产经营	生产经营	生产经营	季节性收购	用于园区、基础设施或市场建设

续表

	农村信用联社			农业银行	
履约保证	仓储抵押	担保	第三方保证、抵押、质押	库贷挂钩，有担保	担保/政府政策支持

注：数据来源：河南农信社网站 (www.hnnx.com)，中国农业银行 (www.abchina.com)

综上，从供给的角度来说，目前金融机构支持的授信对象覆盖了农户和涉农企业及组织，资金用途覆盖了生活消费、生产经营、临时性资金周转，基本可满足农村资金需求。但是各家金融机构的授信准入和放款前提条件不一，总结来说，对于农户的要求主要有三点：一是良好的信用记录；二是稳定的资金来源；三是合适的抵制押品或担保人。对于涉农企业来说要求主要有四点：一是价值稳定的产成品或商品；二是有一定信誉或资金实力；三是有合适的抵制押品或担保人；四是特定群体授信需要财政补贴等政府政策支持。可以看出，金融机构提供的"三农"产品虽然很多，但与普通授信的限制性条件趋同，没有针对"三农"特点调整准入条件。导致"三农"授信看起来供给充裕，实际上能够真正让农户农村企业便利获得资金的"有效供给不足"。

(二) 需求角度分析："三农"信贷"需求过盛"无法满足需要

1. 三农资金需求总量

乡村振兴这一重大战略涵盖顶层设计、制度改革、基础设施建设、产业扶持等方方面面，不管是公共服务项目建设、现代农业，还是互联网、旅游等新型农业主体的发展，或是农民个体的脱贫增收，都需要大量、持续、及时的资金投入。在《2021年河南省政府工作报告》中就指出，目前河南省贫困人口在5000人以上的还有20个县、52个村，未来要实现全面脱贫，到2035年，河南省还要建设现代化农业强省，创建10个国家级、100个省级现代农业园，这些都会产生巨大的资金需求。

2. 三农授信产品需求

家庭式农场、农村企业、农业产业化龙头企业依然是金融需求主体，但该类传统农业往往无相应可以抵押的产权，短期内不能产生稳定的现金流。同时，随着近年来小农户融入现代农业发展链条、新型职业农民发展、农村供给侧改革，乡村振兴过程中，三农融资需求呈现多元化。

(三) 供给与需求的匹配错位分析

1. 信贷总量供给无法满足旺盛的需求

《关于金融支持巩固拓展脱贫攻坚成果 全面推进乡村振兴的意见》提出："引导更多金融资源投入'三农'领域，涉农贷款稳步增长。"但从上述分析可以看出，近几年河南涉农贷款余额虽然稳步增长，但占金融机构新增贷款比例却逐年下降。另一方面，乡村振兴战略背景下，"三农"的资金需求较以往年份更加旺盛，需要更大的支持力度。因此，"三农"授信资金总量的占比下降，与日益增长的"三农"信贷需求存在不平衡。

2. 信贷产品供给与需求错配

在信贷准入方面，金融机构提供的"三农"信贷产品与普通授信的限制性条件趋同，依然需要稳定的收入来源、合适的抵押品等，没有针对"三农"特点调整准入条件。但实际情况，大多数乡村的农户信用评价体系不够完善，收入来源不够稳定，农村自有房产并不是有效抵押品，难以满足农户贷款的要求。农村企业同样面临农产品价值不够稳定、小微企业多而规模企业少、农村的厂房土地不是有效抵押品等问题。这就导致，三农信贷的限制性条件较多，而"三农"资质普遍较弱，无法有效匹配。

在信贷品种方面，金融机构提供的"三农"信贷产品，授信对象主要针对农户、家庭式农场、农业产业化龙头，以传统授信为主。但随着互联网的发展和新型职业农民的出现，需要更多针对新型农村产业的特色信贷产品。这就导致金融机构现有的"三农"信贷产品无法满足多元化的需求。

(四) 供需错配的症结分析

1. 资金投放的结构有待优化

从机构的角度来说，近三年河南涉农贷款占金融机构新增贷款比例逐年下降，主要是因为农商行、农行等涉农贷款的主力金融机构基数已经很大，涉农贷款增速趋缓，而其他大型商业银行受农村机构少等原因，涉农贷款总量及占比无法快速提升。

从信贷资金投向角度来说，农村金融机构"三农"信贷投放未能产生乘数效应的原因，主要是银行的服务产品与当前农村新的产业发展情况匹配性不够，未能跟上农业创新的步伐。比如当前农村电商、文化小镇、农业合作社等新型的农村产业发展迅速，催生了较多的信贷资金需求，但目前金融机制的信贷产品大多还是支持传统农业，边际效用小，针对特色产业的特色信贷产品较少，而且很多大型商业银行涉农机构少、基层机构没有信贷审批权等原因也导致信贷审批流程长，无法满足涉农产业融资时效性强的需求。

2. 农村信用评价体系和担保机制不健全

作为放贷机构的农村商业性金融与受贷方信息高度不对称，正规的金融机构来自农村经济体系之外，比较难融入农村，不像民间借贷是基于一定的血缘、熟人关系可以充分掌握对方信息，缺乏针对乡镇企业和农户的真实、共享、完整的数据库，无准确客观的信用信息用于金融机构决策，而且有些农户信用意识淡薄，金融机构因无法掌握农户的真实情况而不敢放贷。同时，农户较多采用联保的方式，难以获得权威机构给予信用担保。

3. 农民抗风险能力差

随着互联网的快速发展和大数据应用，近几年，商业银行也推出了一些不需要抵质押物的小额信用贷款业务，但是前提条件是农民要有稳定的收入来源。但是不管是农作物还是养殖，受生产周期和季节等因素影响较大，收入存在不确定性，无法提供稳定的收入来源证明以满足银行对于农民的资信要求。当前省内主要的保险公司针对农村设计的险种少，抗风险能力较弱，通过保险缓释风险的作用有限，故而很多农村群体被排除在外，无法享受线上信用贷款的便捷化优势。

4. "三农"群体抵质押物不足

不管是上述表格所列贷款产品，还是其他商业银行的调研情况看，由于农村群体较少有稳定的资金来源，大多数授信产品需要保证、抵押、质押等进行担保。但其实情况存在三个方面难点，一是农村各类产权的确认、登记、抵质押机制尚不健全，农村住房等无法像商品房一样抵质押。二是近年来发展较多的家庭农场、农村合作社、涉及企业的土地大多都是采用租赁的方式，而租赁土地不是银行认可的有效抵押物。三是虽然部分企业可以用农业半成品进行仓储抵押，如棉花、粮油等，但是受自然气候等影响较大，仓储的农业半成品风险抵御能力差，故银行依然有畏贷的情况。

三、优化"三农"融资的多元联动机制对策分析

当前"三农"融资难，不是因为金融机构不愿意贷，而是在当前经济下行，

各家金融机构信贷不良率上升的情况下，银行等金融机构基于风险把握的原则，不敢向高风险的"三农"倾斜过多资源。因此，单靠向金融机构下达考核任务等方式无法从根本上破解难题，需要政府搭台，出台相关政策，充分发挥各种涉农机构在服务乡村振兴中的作用，实现"政银联动、风险共担、多方参与、合作共赢"，具体包括加快推进农村土地、住房等确权，完善农村信用评价体系建设，构建农业信贷担保体系，完善农业保险保费补贴政策，出台金融机构涉农贷款激励政策，鼓励农产品"保险+期货"等抗风险措施创新等。

(一)优化农村金融生态环境

努力提高农村地区各类经济主体的信用意识，充分发挥大数据、区块链、人工智能等金融科技的作用，建立尽可能覆盖全部农户的信用信息数据库，有效识别农户信用。制定出台信用信息评级办法，并将采集的农户信息和信用评级结果统一录入信用信息系统，金融机构可以对信息进行共享，根据不同的信用评级情况给予不同额度的贷款额度。对于具有产业集聚效应的村庄，可以尝试整村授信，分级构建信用村、信用商圈、信用户，金融机构参与、村委组织、村内公示、村民监督，共建立体化的授信服务体系。

(二)培育优质乡村信贷主体

依托农村合作社和产业龙头等，通过联合和重组，淘汰规模小、抗风险能力差的农业组织，将产业龙头的上游和下游经营主体进行合并管理，进一步加强农业生产资料集约化，重新配置资源，培育规模更大、资源利用更充分、抗风险能力更强的农业经营主体，使其更符合金融机构的信贷投放要求。

(三)完善担保抵质押方式

进一步加大对"三农"融资担保的财政支持力度，建立健全政府性融资担保机构，改善涉农担保服务。盘活农村存量建设用地，推进农村集体经营性建设用地入市，加快土地确权、土地资产化等机制建立，将农户土地、宅基地等相关使用权、收益权能变成可能量化的资产抵质押物，解决农户农企无抵质押物的难题。

(四)加快金融机构产品创新

商业银行要进一步在乡镇增设机构，并在风险可控的基础上适当下放信贷审批权。同时，各乡各县，特色各异，在大力发展同质化基础性业务同时，各行要聚焦当地特色，因地制宜进行产品创新，满足家庭农场、农民合作社、农业社会化服务组织等新型农业经营主体和农业产业化龙头企业上下游小微客群的融资需求。如河南安阳汤阴县的主导产业是食品加工业，金融机构可围绕已入驻的多家世界500强和行业龙头企业，在进行涉农龙头企业授信的同时，加大核心企业上下游客户支持，上至种植养殖企业，下至餐饮个体工商户，在有龙头企业履约保障或获得稳定现金流的情况下，降低授信准入条件，满足农业产业链融资需求。再如旅游业较为突出的焦作修武，金融机构可围绕焦作云台山旅游发展有限公司和云台山旅游股份有限公司等重点景区经营服务企业，通过场景建设的方式，辐射企业服务参与各方，实现公司和个人授信的联同发展。

(五) 加强涉农业务风险防控机制

通过保险、期货与信贷的有机结合，搭建全流程全方位的风险防控体系。加快推进农业保险创新，增加涉农保险品种，支持农业规模化生产。增加农产品套期保值比例，通过农民合作社的形式，把分散的农民集合起来，统一管理名下的农产品，指定专人利用期货产品套期保值，将风险转移到期货市场，期货市场风险由众多投资者共同承担，进而锁定成本，分散风险。推广保险+期货结合模式，由"户、村、社"三部分组成参保主体，结合农产品生产周期分批投保，同时在期货市场买入期权，对农产品价格下跌超过期权价格时，由保险资金进行理赔，从而既实现了农产品价格托底，也让农民可以享受价格上涨时的收益，风险缓释手段的有效介入，免除了金融机构对农产品价格不稳定、抗风险能力差的担忧，顺利进行资金投放。

综上，政府、金融机构、保险、期货公司等多元力量需要协同配合，产生合力，实现1+1＞2的作用，共同破解"三农"融资难题，以实现金融报国、助推乡村振兴。

参考文献

[1] 坚定信心埋头苦干奋勇争先 谱写新时代中原更加出彩的绚丽篇章[N]. 人民日报，2019-09-19(001).

[2] 2021年河南省政府工作报告[EB/OL]. [2021-01-25].https://www.henan.gov.cn/2021/01-25/2084704.html.

第二篇　乡村振兴的社会力量参与研究
——以助农直播带货为例

2021 年春季《中国特色社会主义理论与实践》课程 1 班第 6 小组

组长：胡雨思

组员：王楷瑞、贾一鸣、刘正伟、杨鸣鸣、张嘉林、何沐阳、陈宇、刘衍绪、李沛

一、社会力量参与乡村振兴的时代背景

新中国成立以来，我国农村扶贫工作取得巨大成就，创造了世界减贫史上的伟大奇迹，成为首个完成联合国千年发展目标中减贫目标的发展中国家，为全球减贫事业作出了中国贡献，提供了中国经验、中国智慧和中国方案。2021年年初，我国向世界宣布如期完成脱贫攻坚任务，将迈向乡村振兴新发展阶段。

2012 年 12 月 29 日，在对河北省阜平县扶贫开发工作进行考察期间，习近平总书记指出要凝聚全党全社会力量，形成扶贫开发工作的强大合力，这是乡村振兴实践中"社会力量多元协同"理念形成的雏形。乡村振兴是一项艰巨复杂的系统工程，需要调动各方积极参与。2014 年中共中央办公厅、国务院办公厅印发的《关于创新机制扎实推进农村扶贫开发工作的意见》明确指出了政府不是扶贫的唯一力量，"扶贫治理工作应动员社会力量，构建政府、市场、社会多元主体协同推进的大扶贫治理格局"，强调了社会力量参与的重要性；2014年 11 月 19 日，国务院办公厅颁布的《关于进一步动员社会各方面力量参与扶贫开发的意见》（国发办〔2014〕58 号）文件指出，"要创新完善人人皆愿为、人人皆可为、人人皆能为的社会扶贫参与机制，形成政府、市场、社会协同推进的大扶贫格局"，并从培育多元社会扶贫主体、创新参与方式、完善保障措施三个方面提出了具体的方针措施，成为指导社会力量参与扶贫开发的最高指南；2015 年 10 月习近平总书记关于减贫与发展高层论坛演讲"坚持动员全社会参与，发挥中国制度优势，构建了政府、社会、市场协同推进的大扶贫格局，形成跨地区、跨部门、跨单位、全社会共同参与的多元主体的社会扶贫体系"，再

一次强调了社会力量参与协同扶贫的重要性。同年 11 月 29 日中共中央、国务院于该时期颁布的脱贫攻坚、乡村振兴的纲要性文件《中共中央 国务院关于打赢脱贫攻坚战的决定》系统全面地从五个方面说明了动员全社会力量参与乡村振兴的举措；全国人大于 2016 年 3 月出台的《慈善法》，与计生委、扶贫办等 15 个部门于 2016 年 6 月发布的《关于实施健康扶贫工程的指导意见》分别在健康扶贫与法律上为社会力量参与扶贫提供指导与保障；2017 年党的十九大报告中，共产党向乡村振兴发起冲刺号角，并"动员全党全国全社会力量，坚持乡村振兴、精准脱贫"。

二、社会力量参与乡村振兴的内涵分析

(一) 社会力量及其参与优势

社会力量，指能够参与、作用于社会发展的基本单元，包括自然人、法人（社会组织、党政机关事业单位、非政府组织、党群社团、非营利机构、企业等）。社会力量是扶贫开发的重要生力军，具有人员、组织和资源优势，可以与政府力量互补进而推动中国的乡村振兴进程。具体来说，社会力量的优势有如下几点：

(1) 各类企业能够在招商引资等优惠政策的扶持下，充分发掘贫困地区的自然禀赋和市场优势。

(2) 社会组织类型多样，自主灵活，具有扶贫资金的募集优势、行业领域和技能培训的专业优势、调查研究的独立优势、政策宣传的客观优势和参与政府购买服务的组织优势。

(3) 网络技术的应用普及、互联网思维的全方位拓展和信息传播机制的改变，使得信息、渠道、资源都能够在互联网的平台上迅速传播和集聚，并形成、发展和造就了一大批具有广泛社会影响力和极高公信力的慈善公益个人、团体、项目和品牌，为人人参与扶贫提供了可能。

(二) 社会力量需要有效协同

自党的十九大提出乡村振兴战略以来，我国诸多新型经营组织、民营企业、社会组织以及个人等社会力量和社会各界各类资源不断参与到助力乡村振兴战，成为我国社会扶贫的重要支撑。但这些力量散而广、细而碎，难以集中、统筹和凝聚。因而各参与主体之间需要加强合作与配合。

实际上，乡村振兴本身就是一个社会治理创新问题。从协同治理的角度来看，社会力量参与乡村振兴需要多元主体间相互协调，建立耦合结构，实现共同行动、资源共享，以协同解决公共问题。协同的要义和核心并不在于主体多元，而是在于主体如何相互配合、协同行动。

三、助农直播带货：多元主体协同推进乡村产业振兴

直播带货是借助互联网平台特别是社交平台发展起来的一种新型商业模式。在决战决胜乡村振兴座谈会上，习近平总书记指出："要切实解决扶贫农畜牧产品滞销问题，组织好产销对接，开展消费扶贫行动，利用互联网拓宽销售渠道，多渠道解决农产品卖难问题。"国家农业农村部自2018年起牵头发起"农货产销对接"活动，从种地的农民、农产品企业主，到网红大V、直播明星以及一些大胆尝试的地方官员纷纷开始借助各类直播平台销售农产品，收获了不错的效果。特别是经过2019年新冠肺炎疫情后，助农直播带货已经成为一种新潮流。

（一）主流媒体的赋能

当前，主流媒体积极拥抱"网络直播带货"，并通过融合电视制作、聚合多元主体和双重激励用户的方式达成了可观的"带货"成效。更重要的是，在此过程中，媒体融合实践体现了提供服务社会、传递人文关怀、凝聚主流精神的责任承担。加入社会运行结构，服务国家建设、创造人民福祉，也是新闻媒体融合与转型的最终愿景和目标。

自2020年1月27日央视新闻频道不间断直播的《共同战"疫"》开播以来，央视新闻共举办了11场助农直播，联合各大电商平台发起系列助农公益行动。4月1日，央视新闻发起"谢谢你为湖北拼单"公益活动，4月6日正式开启"谢谢你为湖北拼单"直播带货，推广销售湖北待销农副产品，在央视新闻客户端、淘宝、微博等平台开播，为湖北带货4000万元；4月12日，央视新闻在快手开通小店，为湖北带货6100万元；4月23日，加入乡村振兴元素，发起"助力乡村振兴之陕西湖北专场"，为陕西、湖北带货；4月27日，"央视Girls"在快手平台直播销售湖北产品8012万元；5月1日，央视新闻推出"为美好生活拼了"直播带货，"央视Boys"合体上线，在央视新闻客户端、央视频、央视新闻微博、央视新闻抖音、央视新闻百家号、央视新闻哔哩哔哩、国美美店微信

小程序、拼多多、京东等平台直播，销售额超 5.286 亿元。❶ 央视的几次直播带货，吸纳了包括央视主持人、演员、扶贫官员、带货主播、社交平台和电商平台在内的几类参与式行动主体。这也就集合了新闻直播观众、明星粉丝、政务直播观众、美妆直播观众和平台私域流量等垂直用户，凝结成巨大的合力。❷

又如湖南卫视的《出手吧！兄弟——芒果扶贫云超市大直播》，该节目以习近平总书记乡村振兴方略为指导，创新采用"电视直播联动电商带货"的全新模式，通过湖南卫视直播节目联动快乐购"芒果扶贫云超市"、拼多多电商直播平台、芒果 TV 互联网视频平台，聚焦湖南贫困地区的农特产品，将湖南 15 个贫困区县的特色产品销售一空。节目共实现湖南农产品销售额 1.02 亿元。通过电视大屏带动手机小屏，直播节目为贫困地区特色优质产品打响了知名度，拓宽了产品销售渠道，帮助更多农特产品飞出大山、飞向世界。湖南广电旗下的"芒果扶贫云超市"带动湖南农产品总销量突破 20 个亿元，累计开店超 4000 家，在全省 20 个县开展直播培训和带货。❸

东方卫视公益扶贫节目《我们在行动》第五季的节目组结合扶贫助农新模式——"直播带货"，携手演员、企业家等化身"新农人"，抵达贫困县，走进大山深处，前往头部主播直播间刷脸、带货。2020 年 6 月 10 日晚，《我们在行动》第一次将直播间开到了云南省丽江市宁蒗彝族自治县，为这里的特色农产品苦荞带货，最终所有助农商品全部售空。同时，该节目还深入介绍浙江省丽水市景宁县特色手工山货，达到近 1900 万元的销售额。这种模式体现出"顶流节目、优质产品、头部主播"合力之下的巨大市场销售能量。

《5 号店》则是甘肃交通广播打造的一档融媒体节目。该节目与商家合作，通过广播直播进行货品的优惠秒杀、商品售卖，同时开设"5 号店"微店，打通网络销售服务渠道。新冠肺炎疫情防控以来，该节目从广播直播间迁移到融媒体直播间，推荐货品也由原来的生活用品变为瓜果、茶叶、百合、药材等农副产品。节目实施广播直播 + 直播带货双直播形式，通过精心剪辑的短视频传递

---

❶ 徐琰. 直播带货：促进媒体融合的新实践——中央广播电视总台"直播 + 电商 + 公益 + 扶贫"的实践与思考 [J]. 新闻战线，2020(10):7-9.
❷ 符诒. 媒体融合的社会责任实践：浅析主流媒体"网络直播带货" [J]. 东南传播，2020(9):50-52.
❸ 湖南卫视举办大型电视扶贫直播活动 [EB/OL]. 国家广播电视总局网 [2021-04-03]. http://www.nrta.gov.cn/art/2020/6/9/art_3544_51613.html.

时尚现代的生活状态，仅半年时间，该节目的粉丝就超过5万人。

(二) 企业平台的加持

在直播带货热潮中，中国企业也积极履责开展扶贫工作，以实际行动彰显企业社会责任，发挥了重要的作用。

例如东风集团就开创了"扶贫套餐"进行直播带货。扶贫办副主任刘鹏身先士卒，推动东风公司在央企中率先搭建电商扶贫平台，通过入驻中国社会扶贫网央企扶贫馆和"央企消费扶贫"平台，搭建了"东风惠购"电商平台。在国务院国资委组织的"百县百品央字号，三区三州电商扶贫日"直播带货活动中，刘鹏一口气直播5个小时，实现交易额1130万元。

酷狗和快手也积极利用"直播+"助力扶贫。2020年6月6日，酷狗直播主播陈皓宸与广州市天河区人民政府副区长联手开启"直播带货节"，向线上网友推介来自湖北、贵州等地的山区原生态产品，以直播支持扶贫工作，成效显著。酷狗直播的"驰援湖北 为鄂下单"活动，6小时卖出了5千斤香米、秭归脐橙等农产品。2020年上半年，酷狗推出了系列直播节目《最美城市名片》，围绕"本地主播+本地文化"的形式，来自酷狗直播学院的8位主播化身"种草达人"，通过直播镜头带领广大网友体验自己家乡的文化景点，以及了解传统美食和非遗技艺，7场直播节目累计人气近69.5万。快手平台则在2019年春季携手国务院扶贫办、国家广播电视总局服务司、财政部乡村振兴领导小组办公室等机构及贫困地方政府共20多家官方机构联合举办了"福苗计划"春季专场直播带货活动。在活动期间，快手邀请了散打哥、乡野丽江骄子等97位大V主播，通过图片、视频、主播等方式销售黑龙江糯玉米、河北怀安贡米、内蒙古兴安盟牛肉干等76款来自贫困地区的地域性农品。主播粉丝数总量达到2.3亿。这种方式不仅叫响了一批地方特色农产品，而且直接返利给农户，有效带动农户增收增产。

一些热心的企业与大型直播平台紧密合作，积极探索网络消费新模式，不断增进与地方政府、当地农户的合作，持续加大助农力度，为乡村振兴贡献了强大的力量。

(三) 政府引导下的乡村振兴全员参与

诸多主体参与助农直播带货的现象显示了乡村振兴已从政府主导向多元主体参与合作的模式转变。公益组织、高校系统与个人协同助力，实现了政府、市场、社会的联动，从而形成了全社会共同关注、支持、参与的良好氛围。

1. 公益组织参与

我国政府在乡村振兴工作的顶层设计、总体布局、工作机制、具体实施等方面陆续出台了系列政策文件，多次强调鼓励社会组织参与乡村振兴，这为公益组织嵌入乡村振兴行动提供了政策契机，也说明了政府对社会组织扶贫力量的认同和重视。许多公益组织不断探索社会公益创新之路，通过采取联合行动，构建跨界合作的社会创新扶贫网络，为多元主体协同乡村振兴提供平台基础和各类资源支持，实现了多元主体协同扶贫效应的正向溢出。

2020年4月，中国扶贫基金会、湖北省扶贫办、湖北省委网信办、腾讯新闻联合发起，善品公社、湖北日报等机构共同承办的"战疫扶贫助农前行"活动"搭把手"行动，针对湖北省贫困县区农特产品系列县/市"带货"直播顺利展开并圆满结束。据不完全统计，该系列8场直播观看量累计突破663.8万人次，订单量突破64000件，带动网友和爱心企业参与消费扶贫总金额超过397.1万元。历时半个多月，恩施市、宣恩县等8个县市区的相关负责人和网红名人、当地农户纷纷出镜，通过"带货"直播，共同助力售卖恩施绿茶、宣恩红茶、神农架蜂蜜、阳新香菇、大悟山茶油、秭归脐橙、长阳蜂蜜、五峰茶叶等多款湖北农特产品，各大爱心企业也纷纷参与到消费扶贫中来，意向采购消费扶贫农产品，解决湖北农产品积压问题，助力产业恢复与提升。

2. 教育系统参与

教育系统例如高校是教育精准乡村振兴的中坚力量，在国家统筹的定点扶贫工作中优势显著、作用突出、发展潜力巨大，发挥了辐射作用，具有示范效应。高校人才辈出，不仅有各种专业的专家，还能充分发动有志学生积极投身社会服务。这都使高校有充足的人力、财力服务乡村振兴。

湖南省隆回县的虎形山瑶族乡风景优美，土地富硒，可种植优质的富硒水稻，但规模化程度低、产品附加值不高、销售渠道不畅。对此，湖南大学经过近半年的调研，项目组团队参考"互联网+"模式指导实施"定制农业"示范项目，带动了当地特色农业发展，吸引多名外出务工青年返乡创业，成立了多个专业合作社，形成了特色鲜明的区域生产模式，效果显著。

在疫情防控期间，各地大学生也纷纷走进直播间，化身网络主播，带货农产品，开启线上助农模式。除了引入直播带货的方式为农民增收外，大学生们还用视频讲解、PPT展示等方法教村民们使用快手开小店、线上卖货、经营公众号等。

3. 个人参与

在直播助农的扶贫实践中，个人起到了不可或缺的支援作用。网红明星、贫困户自身以及以个人名义进行协助的善意主体，他们或作为主播亲自带货或运作团队指导直播、抑或带领贫困户一起脱贫致富，都对扶贫这一伟大事业作出了实实在在的贡献。

助农专场直播、订货会推销、发微博吆喝……在助力乡村振兴行动中，众多明星正通过多种方式为贫困地区的农产品"代言"，吸引更多的人参与扶贫事业。甚至还出现演员、媒体平台以及电商平台，融合多方力量推出系列消费扶贫活动的新趋势。如2020年6月7日，《出手吧，兄弟！芒果扶贫云超市大直播》扶贫晚会在卫视与电商平台直播，15位演员PK直播带货，现场销售贫困地区农产品。永顺的糍粑、凤凰的腊肉、平汉的豆干等，湖南各地的农产品大卖特卖，仅仅开播几天，这些农产品就销售出去700万份。

此外，农户自身也积极参与直播主动卖货。在通辽市科左后旗巴胡塔苏木百兴吐嘎查，一部智能手机，一个自拍杆，已经成为村民脱贫的"新农具"，全村村民60户活牛超市每一户都有自己的直播平台账号。直播带货已成为养牛户卖牛的主要交易方式，没有了时间地点的限制，客户可以随时下单。不仅节省了时间成本，也使村民们更加与时俱进，拓宽了销售渠道。

直播带货扶贫的效果已被政府认可。从2020年4月初开始，黑龙江省为带动本土特色农产品线上销售，全面开展网络"直播带货"模式，省农业农村厅联合阿里巴巴、抖音、快手、微博等平台，成功举办了5场"地道农产品，市/县长来直播"活动，销售具有地理标识认证、绿色有机食品认证、农业区域公用品牌产品品类40余个，仅一个月的时间直播总观看量超800万人次，累计销售农产品2.6万余件，总销售额200多万元。6月份，黑龙江省农村信用社联合社开展直播带货公益活动，筹备期间仅一周时间就与60多家小微企业和农户达成直播带货合作意向，整场直播销售总额达171.1万元。11月6日，黑龙江省相关人员在第三届中国国际进口博览会会议上介绍，2020年前三季度，黑龙江全省网络零售额实现305.8亿元，同比增长14.3%，高于全国水平1.5个百分点。网络零售店铺数量达21.7万家，带动就业人数达到25.7万人。当前，直播电商已经成为省拉动消费、扩大内需、促进产业结构调整、助推内循环的新引擎。黑龙江省将大力发展直播电商作为一项重要任务进行推进。2020年11月2日，黑龙江省人民政府办公厅发布《黑龙江省直播电商发展三年行动计划（2020-2022年）》，将建立直播电商共享基地、实施"带货网红主播"培训计划、构建开放型直播生态作为黑龙江特色农产品营销渠道拓展和直播电商赋能商贸流通的专项行动，打造"直播电商之都"。

四、社会力量协同参与助农直播带货存在的问题与优化

(一) 多元主体入局助农直播带货的作用与不足

助农直播带货是由政府部门、媒体、网络平台、行业协会等多方面社会力量共同参与的一种新型扶贫方式。2020年可以称作直播助农扶贫元年，领导干部走进直播间，与直播大V、明星和知名主持人合作为农产品代言，在学习强国、淘宝、抖音、快手、拼多多等APP开辟助农项目，为疫情阶段农村经济发展提供了巨大助力，也助力了乡村振兴收官之年。

直播带货助农因组织单位不同而呈现出不同的特点，政府部门组织的直播活动中，国家级和省级层面的直播主播一般都是知名的主持人、直播大V，甚至会邀请明星进行互动；以学习强国、抖音等大型的直播平台进行直播，主持人与观众互动频繁，准备的农产品丰富，靠着政府部门和主播吸引力的流量效益，成交量大。媒体组织的直播分为网络媒体、电视台和纸质媒体，电视台和网络媒体善用自己的流量优势，邀请主持人和明星，通过丰富的互动和娱乐形式，将农产品销售出去，特别是明星为自己家乡代言，更是赚足了粉丝的红利。

通过大量的助农直播实践，积累了丰富的经验，取得了很大的成效。但同时，一些问题也逐渐凸显出来：

（1）对主播的依赖性强。从现有的直播带货中可以发现，政府官员、网红、明星等主播直播带货业绩远高于普通的主播，但顾客回购率不高。从所收集的调查问卷中发现，只有20%的人乐意回购相关产品，即通过直播带货，农产品只是卖出去了，但是并没有通过直播的销售形成口碑效应、打响知名度，进而成为品牌。乡村振兴的最终目的是在农村形成可持续发展的经济生态链，而不是简单地一次性交易。

（2）农副产品质量良莠不齐。直播带货销量虽然高，但其中多多少少会掺

入一些不合格或过期的农副产品，产品质量得不到相关的保证，再加上目前直播带货销售农产品的监管体系和相应的法律法规不完善，很难使每批销售出的产品质量得到保证，甚至出现一些劣质农副产品，为农副产品带来负面品牌效应。

（3）直播带货的配套服务不够健全。农产品特别是生鲜类产品不易储藏和运输，特别是贫困地区物流不发达，产品到消费者手中时会出现缺损、变质问题，但是消费者在售后服务这方面却很难进行维权。直播助农带货的物流配套和售后配套从基础设施到人才都存在明显不足，难以消化直播带货带来的海量订单。

（4）直播带货同质化，产品文化内涵欠发掘。直播助农是直播带货的一个重要内容，但是不同于化妆品、零食、科技产品等产品，农产品的种类有限、可展现性有限。在直播助农中非常容易出现同质化的问题。不同农产品生长于不同的生态环境和文化环境下，直播带货没有深挖产品的文化内涵，缺少对产品的文化包装和设计。

（5）市场监管体系不完善。直播带货这一新型营销模式是刚刚兴起的商业模式，相关法律和市场监管并不完善，对于产品质量、平台规范、宣传问题、进入门槛等规范不明确。我国目前对于直播监管偏重于事后监管，而忽视了事前和事中监管，通过约谈、罚款、责令整改、关停、吊销营业执照等进行事后监管，且查处效率低下，无法起到很好的预防作用。

（二）多元主体协同参与助农直播带货的优化路径

在直播电商未来的发展中，主播、平台、监管部门应各负其责，共同发力，促进行业良性发展，实现经济效益与社会效益的有效统一。

（1）积极培养农村电商人才，打造专业直播团队。主播对于直播的影响力至关重要，目前全国的直播人才较为缺乏，电商直播的人才更是稀缺。各级政府、行业协会和高校要加强对农村电子商务带货主播的培养，制定合理的人才培养方案，从主播培养到主播培训两方面着手，积极鼓励大学生村官参与农村电商直播带货。同时，面对市场的多元化需求，主播群体缺乏全行业专家，无法对各类商品进行细致的了解和使用。因此，主播团队应增加专业人员，诚信带货，积极承担相应责任。

（2）增加基础设施建设资金，弥补农村配套基础设施缺口。地方政府应通过投入网络基础设施建设资金，提高农村地区网络覆盖率。应重视电商平台建设，如加强光纤入户工程建设、增设电子支付服务点；完善物流配送体系，在科学规划的基础上，增设村级物流服务点，促进城乡物流体系联动，加快物流网络建设，为利用短视频和直播平台脱贫致富提供物质基础。

（3）创新直播设计，增加农产品的文化内涵。直播带货助农不仅要销售农产品，还要输出乡土文化，形成文化生活气息浓郁的直播助农项目。直播带货助农可以将乡村生活融入产品中，形成一个集乡土文化、乡土生活、乡村旅游于一体的助农项目。

（4）严格产品质量标准，助力产品品牌建设。合理把控产品质量需从农产品生产、加工、包装、销售环节制定相关政策约束及惩罚规定，如特色果蔬对应相关的农药残留检测指标及包装标准，以此加强对农产品生产的监管，确保农产品食品质量安全，打造口碑效应，为带货农民做好品牌建设，提高农民带货的可信度，吸引更多消费者群体，增加销售规模、提高农民收入。

（5）完善直播带货市场监管体制。规范直播带货监管体制是直播助农的重要保障，各级主管部门应联合行业协会，制定相关的规范细则，对直播流程进行标准化和规范化，对直播产品的质量鉴定进行明确，对直播售后的责任进行划分，从而真正促进直播助农的可持续发展。

本文以直播带货为例，分析社会力量如何协同参与乡村产业振兴。直播带货发挥作用的关键是要根据农村不同地区的自然资源类型来集结、运用好社会力量，这样才能提高资源的利用效率。一旦找准了社会力量与乡村产业发展的最佳切合点，就可以精准发力，形成一个多元高效的乡村产业振兴共同体。

参考文献

[1] 习近平. 在河北省阜平县考察扶贫开发工作时的讲话 [J]. 共产党员 (河北), 2021(4):1, 4-9.

[2] 国务院办公厅关于进一步动员社会各方面力量参与扶贫开发的意见 [J]. 当代农村财经, 2015(2):28-30.

[3] 杜治平, 薛亚婧. 吹响社会力量参与健康扶贫的"集结号" [J]. 人民论坛, 2016(29):46-47.

[4] 习近平. 决胜全面建成小康社会 夺取新时代中国特色社会主义伟大胜利——在中国共产党第十九次全国代表大会上的报告 [J]. 党建, 2017(11):15-34.

[5] 谭平. 引导社会力量参与精准扶贫的思考 [N]. 湖南日报, 2015-07-23(012).

[6] 社会实践 | 星星之火可以燎原, 社会力量乡村振兴 [EB/OL]. [2021-03-31]. https://mp.weixin.qq.com/s/vBSbtthQFxW6aDJuZfA3fw.

[7] 王碧红. 创新体制机制 广泛动员社会力量参与 巩固拓展脱贫攻坚成果同乡村振兴有效衔接 [EB/OL]. [2021-03-31]. http://www.czxww.cn/content/2021-02/06/content_1294145.html.

[8] 王亚琼. 基层社会治理中的组织协同机制研究 [D]. 济南：山东大学, 2019.

[9] 郭红东, 曲江. 直播带货助农的可持续发展研究 [J]. 人民论坛, 2020(20):74-76.

[10] 徐琰. 直播带货：促进媒体融合的新实践——中央广播电视总台"直播+电商+公益+扶贫"的实践与思考 [J]. 新闻战线, 2020(10):7-9.

[11] 符诒. 媒体融合的社会责任实践：浅析主流媒体"网络直播带货" [J]. 东南传播, 2020(9):50-52.

[12] 湖南局. 湖南卫视举办大型电视扶贫直播活动 [EB/OL]. [2021-04-03]. http://www.nrta.gov.cn/art/2020/6/9/art_3544_51613.html.

[13] 张玲. 战贫群英谱 | 东风公司扶贫办副主任刘鹏：开创"扶贫套餐"直播带货翻倍 [EB/OL]. [2021-04-03]. http://news.cnhubei.com/content/2021/02/26/content_13646366.html.

[14] 酷狗"直播"助产业乡村振兴案例 [EB/OL]. [2021-04-03]. https://baijiahao.baidu.com/s?id=1678698914331641681&wfr=spider&for=pc.

[15] 快手"福苗计划"春季专场启动 [EB/OL]. [2021-04-03]. http://it.people.com.cn/n1/2019/0409/c1009-31020715.html.

[16] 8场直播 中国扶贫基金会为湖北农产品拼下64000单 [EB/OL]. [2021-04-26]. https://hb.qq.com/a/20200501/002478.htm.

[17] 湖南大学乡村振兴精准脱贫典型项目 [EB/OL]. [2021-04-26]. http://www.moe.gov.cn/jyb_xwfb/xw_zt/moe_357/jyzt_2017nztzl/2017_zt12/17zt12_

jdxm/201710/t20171012_316139.html.

[18] 明星扶贫带货，你买吗？[EB/OL]. [2021-04-26]. https://baijiahao.baidu.com/s?id=1668856736067560525&wfr=spider&for=pc.

[19]【文化扶贫在行动】直播带货成为贫困户脱贫"加速器"[EB/OL]. [2021-04-26]. http://ll.anhuinews.com/ziliao/sq/wh/202010/t20201026_4856329.shtml.

[20] 刘伟伟. 黑龙江省"农产品＋直播"在助农扶贫领域的应用研究[J]. 商业经济，2021(03):24-26.

[21] 王瑾，曹建斌，郝丹，等. 直播带货助力精准扶贫的现状、问题和对策研究[J]. 中小企业管理与科技（上旬刊），2020(10):148-149.

[22] 黄楚新，吴梦瑶. 我国直播带货的发展状况、存在问题及优化路径[J]. 传媒，2020(17):11-14.

[23] 刘浩然. 新型城镇化背景下的扶贫创新思路——短视频与直播平台扶贫的路径研究[J]. 城市住宅，2020(11):58-60.

[24] 宁洋. 农村扶贫开发中社会参与的问题与对策研究[D]. 南昌：南昌大学，2017.

专题三

乡村振兴典型案例分析

第一篇 乡村产业振兴中的典型案例分析

2021年春季《中国特色社会主义理论与实践》课程1班第1小组

组长：胡思琪

组员：司亮、雷浩苑、刘玉锦、王滇妮、衡百琦、邹佳峻、韩宁、王紫婷、张洛萌

一、乡村产业振兴经典案例的研究缘由

近年来，以习近平同志为核心的党中央把乡村振兴工作摆上治国理政的突出位置，举全党全社会之力打响乡村振兴保卫战。做好这项工作，不能眉毛胡子一把抓，而要下好"统筹发展"这盘棋，要因地制宜探索乡村振兴的有效路子。

乡村振兴越来越讲究多样化战术，强调"乡村产业振兴、人才振兴、文化振兴、生态振兴、组织振兴"。本篇列举了三柏村血橙致富产业乡村振兴、袁家村民俗文化振兴两个案例，深入分析了不同模式的特点与优势，阐述了在乡村振兴战略背景下乡村地区如何深入贯彻习总书记"因地制宜探索乡村振兴"的发展观，并结合自身优势发展特色产业，为新时代中国乡村如何实现新发展新飞跃提供了鲜活经验。

二、经典案例一：拼搏橙香终有时，攻坚克难展未来

党的十八大以来，在党和国家的领导下、在"乡村振兴"大战略背景下，

基层干部扎根一线、不怕吃苦，结合乡村实际情况开展了一系列有助于当地脱贫致富的活动。产业振兴是实现乡村振兴的前提和基础，也是建立乡村贫困治理长效机制的关键。

乡村振兴和脱贫攻坚都是以实现共同富裕为根本目标，不断推进乡村治理体系和治理能力现代化，着力解决发展不平衡不充分问题。二者有所同又有所不同，一方面脱贫攻坚为乡村振兴打下坚实基础，乡村振兴又作为脱贫攻坚的接力政策。两者在理论和时间上具有连续贯通性，在实践上具有协同耦合性；另一方面两者的施政方针有所不同，脱贫攻坚是阶段性发展战略，具有特惠性、福利性、紧迫性的特点，乡村振兴是长期性发展战略，具有普惠性、发展性、渐进性的特点。

产业振兴是我国实现乡村振兴的重要举措，在为乡村地区提供发展机遇的同时也出现了一些问题。莫光辉根据现有理论文献和我国产业乡村振兴实践，认为目前产业乡村振兴存在产业趋同、贫困户参与机制和利益分享机制缺乏、绿色生态保护有限、风险抵抗机制不健全、科技投入不足等现实困境，并从这些方面提出了对策建议。黄承伟认为乡村振兴时期的产业乡村振兴面临着"简化论"思维、精英俘获现象普遍以及扶贫对象被动参与等问题，提出协调产业配置与地方人力资本、产业政策与地区发展战略，从而实现乡村的稳定长效脱贫。陈国磊等人认为"一村一品"可以为乡村振兴提供新的发展动力。而所谓的"一村一品"是以本村为单位，挖掘本村资源优势、传统优势、区位优势，通过规模化、标准化、市场化等手段，发展出一个当地特色优势产业并且能够带动整个乡村的经济发展的一种乡村发展模式。

2021年是乡村振兴的收官之年，习近平总书记指出，"经过8年持续奋斗，我们如期完成了新时代乡村振兴目标任务"。本篇选取了三柏村发展"血橙"产业，实现脱贫致富的案例，通过对乡村振兴成功案例的理论分析，阐释了在脱贫攻坚战略背景下乡村地区如何结合当地农业优势，发展特色产业，并分析了政策执行过程中多元主体的互动过程，为探索形成特色产业壮大发展提供了经验借鉴。

（一）案例：四川省的三柏村的"血橙致富"之路

1. 案例简介

四川省内江市资中县骝马镇三柏村，曾是国家级贫困村，因多山多丘、交通闭塞、基础设施薄弱、没有像样的产业，一度让人们不愿意停留。

在这里，昔日乡民们以传统种植为主，倾向于"单打独斗"的务农方式，生产小规模化且收入十分有限。加之没有科技化的种植经验、缺乏充足的农产品外销路径，这里更像是一个隔离于科技化、信息化时代的世外桃源，因此当地人不少年轻人外出务工。然而没了充足的劳动力，村里的贫困问题更加严峻，使得年轻人外流更加严重，由此形成一个越来越贫困的"死循环"。

但谁能想到，这样的三柏村，如今竟有了翻天覆地的变化。

崭新的柏油路，一排排笔直的树林，大片清脆的群山间，红黄色果实密密麻麻地点缀其中，果香扑鼻。合作社的牌子挂上了，人们的背篓筐满起来了，电话微信消息忙起来了，年轻的面庞也越来越多了。

2017年7月18日，农业部公布第七批"全国一村一品示范村镇"名单，三柏村作为中国晚熟血橙第一村，凭借资中血橙产业成为内江市唯一入选的行政村。2018年，三柏村被评为四川省省级"四好村"，2019年，三柏村脱贫事迹被四川省电视台报道，2020年7月，资中县骝马镇三柏村党委被四川省委表彰为全省先进党组织。

昔日小山村，今日丰饶地。须臾二十载，天地换新颜。今非昔比，三柏村这一顶贫困帽摘得稳稳当当！

不禁让人发问，是什么让三柏村发生了如此天翻地覆的变化？三柏村党委书记肖文华自然功不可没。

2. 发展之路——肖书记的"橙"心诚意之路

肖文华是土生土长的三柏村人。"家乡不发展怎么行，我学门技术就是为了家乡，这是没有商量和犹豫的事情，黄土地，是我一直的信仰。"1992年的肖文华满怀一腔热血从双龙职中种植专业学成返乡，充满希望地一心只想改变村里的贫困面貌。

然而现实并没有像肖文华想得那样容易。几年过去了，红橘、椪柑、脐橙等多种柑橙类果树被先后试种，由于没有充足的种植经验，品种不佳且选择不当等因素，收效甚微。面对失败，肖文华相信只要功夫深，铁杵磨成针，他决心一定要干出个样子。

2009年7月，四川省农科院几个新的血橙品种要在资中县推广试种，肖文华的柑橘种植迎来了转机。在经过向农科院专家的咨询与学习后，又组织实地考察，到全国各知名血橙产地取经，多方了解血橙引进的可行性。

功夫不负有心人。2011年，在肖文华的精心呵护下，果树终于令人欣喜地开始挂果了。到2013年，果树进入丰产期。果子不但个大饱满，数量也非常可观，产量比之前翻了一番且收成可观。村民都没有想到小小的橙子可以有这么好的收成，很多村民都慕名前来咨询。自此，肖文华的血橙之路正式迈入了发展"快车道"。

3. 三柏村的全面小康之路——授人以渔不如授人以渔。肖书记终于不再是"单打独斗了"。

经过多年种植经验的积累，又得到了专家的指导，肖文华有了足够的底气，也看了血橙未来发展的巨大前景。村民们也很积极参与，最终都陆陆续续地加入血橙的种植行列。仅仅是第一年，全村种植面积就达到了1100亩。

随着规模不断扩大，村民们种植技术不足的问题也凸显出来。肖文华凭借自己多年的种植经验，常常奔走于各家果园之间，为大伙传授种植技术与管理方法。然而，绵薄的个人之力总是有限的。

为了全村的乡亲们能掌握更多、更详细的栽培技能，2016年11月，资中县委、县政府依托该村产业和技术优势，开办骝马镇三柏村农民夜校。夜校请干部、专家、能人讲课，旨在提高村民们的种植技术。后期运用广播播放村民感兴趣的内容，关键农时深入田间地头讲授种植技术，根据群众需求开设授课内容。

一年多的时间里，三柏村"农民夜校"开办五大课堂，即"固定课堂"学理论、"田间课堂"授技术、"实践课堂"训操作、"广播课堂"扩受众、"网络课堂"拓视野，累计开展各类培训120余学时，培训农民群众5100余人次，培养农村家庭能人410余名，真正地为村民带去了技术上的指导与帮助，助推发展了特色产业。次年，骝马镇三柏村农民夜校被评为"农民夜校市级示范校"。

4. 层级联动，各方协力合作

三柏村今天的血橙产业，自然离不开上级政府的大力支持。

2013年，资中县政府专门出台相关文件《关于切实抓好资中血橙产业发展工作的意见》，文件指出对于符合相关要求的，政府除统一提供种苗外，还承担80%的费用，对于种植优良的，政府还将以亩为单位提供资金鼓励，这些举措为三柏村村民规范化种植提供了激励的原动力。

自此，由镇党委、村党委牵头，三柏村成立了村集体所有的华隆塔罗科血橙专业合作社，合作社采取4:3:2:1的模式分配血橙专业收入（即40%作为产业发展基金，30%作为运行经费，20%用于村级公益事业，10%作为风险储备金），并采取8:2方式分配村集体收入（即80%用于村基础设施建设，20%用于建档立卡贫困村户分红），既保证了三柏村血橙事业举全村之力的治理有效，又为村民增收致富留出了合理的空间。此外还通过统一包装销售、收取包装费的方式，增加了村集体经济收入。

之后，以合作社发展为轴心，在组织形式与规模上，三柏村又采取"支部+专业团队+专业合作社+农户"模式，由支部党员牵头组织，辅之以专家的经验指导，为近700户种植户提供统一的标准化管理服务，免费为无劳动力农户进行产业托管，带领由全村农户组成的农业生产合作社投入血橙的产业化经营。

5. 走出乡村，市场前景广阔

要想卖得好，除了果子好，关键的问题是要把果子"送出去"，让大家真真实实地看到。三柏村两委班子首先想到了村里的道路问题亟待解决。最后在各方的积极努力下，一条条柏油路、水泥路便利了乡亲们出入村。

路通了，但要怎么走？

三柏村村两委经过协商探讨，别出心裁地打破过去传统的集市售卖的方式，借力第二届窑厂乡村文化旅游节，利用晚红血橙花期早、挂果期长、成熟期晚的优势，开发晚红血橙采摘旅游路线，举办以观花、赏果、采摘为主的晚红血橙文化旅游节，着力聚集人气，展示形象，将高质量的血橙不仅当作一种水果来售卖，更打造成了一种代表当地特色的"名片性"产品，推动血橙产业与零售、餐饮住宿等服务产业融合发展，帮助周边农户增收。

在信息化的时代，要想让血橙"走得更远"，发展网络平台是必要的。

经过几番探索，三柏村建成了电商示范体验店，对之前传统的单一售卖渠道进行革新，改用传统销售与网络销售相结合、侧重新型微商销售渠道的方式。利用互联网下的社交软件，扩宽顾客来源渠道，获得稳定的客源，使优良品质的果实能够真正地为村民带来应有的经济效益。

2017年，三柏村网络销售血橙达140多吨，其中出口俄罗斯30吨，实现销售收入180万元。

6. 走廊联村，文化塑魂

如今，资中县正在打造血橙、菜花、窖酒三张名片，建设集血橙文化、菜花文化、窖酒文化于一体的窑厂村—六角村—三柏村产业文化走廊，通过产旅融合发展，以建设休闲美镇。

其中三柏村作为血橙文化的代表村，近年来日益受到县级政府的重视。2019年3月24日，资中县在骝马镇三柏村隆重举办晚熟血橙推荐大会(图3-1)。

图3-1 晚熟血橙推荐大会现场

大会期间，三柏村果农、县农林局、省农科院分别做了晚熟血橙推荐，资中邮政分公司与资中县骝马镇人民政府、红旗连锁超市与三柏村果农分别签订了战略合作协议和果园直采协议，资中县作家协会正式授牌三柏村为"血橙文化创作基地"。

7. 今天与昨日，我们不可同日而语

经过几年的发展，村民都通过血橙种植脱了贫，真正地过上了小康生活。在肖文华和全村的努力下，2019年全村血橙种植规模到了3000多亩，形成了两个700亩地集中连片晚熟血橙种植示范带，实现人均增收3000余元。

"全国一村一品示范村"、省级"四好村"、市级"四好村"等，CCTV-7《乡土》栏目也以"资中春日橙飘香"为题对三柏村进行了报道。而肖文华作为三柏村血橙产业的引导者，被媒体亲切地称为"血橙书记"，其先进事迹专题片在

全国党员干部现代远程教育网中展播。这些荣誉是对三柏村成绩的肯定，更是对肖文华的认可。

(二) 产业扶贫经验总结

产业乡村振兴是扶贫开发工作从"输血"向"造血"转变的重要举措，战略地位显著，被列为精准脱贫"五个一批"工程的首要任务。产业乡村振兴是指以市场为导向，以经济效益为中心，以产业发展为杠杆的扶贫开发过程，是促进贫困地区发展、增加贫困农户收入的有效途径，是扶贫开发的战略重点和主要任务。三柏村"血橙致富"是典型的产业乡村振兴案例。

1."一村一品"

国家层面：《中国农村扶贫开发纲要（2001—2010年）》提出，"因地制宜发展种养业，是贫困地区增加收入、脱贫致富最有效、最可靠的途径"；《中共中央 国务院关于打赢脱贫攻坚战的决定》中提出，"实施贫困村'一村一品'产业推进行动，扶持建设一批贫困人口参与度高的特色农业基地"；《"十三五"脱贫攻坚规划》也提到"每个贫困县建成一批脱贫带动能力强的特色产业，每个贫困乡、村形成特色拳头产品，贫困人口劳动技能得到提升，贫困户经营性、财产性收入稳定增加"。

地方层面：为进一步细化贯彻党中央的精神指示，四川省、内江市也都出台了更加细化、具体性的文件，为三柏村的产业脱贫提供了政策支持。川委发〔2011〕21号文件中提出"实现1户贫困户有1项增收项目，因地制宜培育特色优势产业，打造'跨村联乡'特色产业、产业有专业合作组织或产业化经营龙头企业带动"；《内江市脱贫攻坚政策指南》提出，"打造30个类型多样、充满活力、富有魅力的重点小镇，培育515个重点村的特色农业产业"。

在国家和地方政策的大力扶持下，三柏村基于本村长期的农业资源与经验，以及土壤、气候等自然条件，选择血橙作为特色支柱产业，提升农户种植技能，带动农户增收致富，实现乡村长期稳定发展。

2. 建立合作社

国家层面：《中共中央 国务院关于打赢脱贫攻坚战的决定》中提到，"加强贫困地区农民合作社和龙头企业培育，发挥其对贫困人口的组织和带动作用，强化其与贫困户的利益联结机制"。

地方层面：《四川省农村扶贫开发条例》更加细化地提出，"地方各级人民政府应当帮助扶贫对象培育成立农民专业合作社等新型经营主体"；川供社〔2016〕71号文件进一步强调"加强贫困地区农民合作社及农民合作社联合社的培育，建立完善合作社内部按照交易额返利和按股分红相结合的分配制度，形成带动贫困农民脱贫致富的长效机制"。

在系列政策文件基础上，三柏村成立村集体所有的华隆塔罗科血橙专业合作社，对合作社收入进行合理分配，提高村集体经济收入，此外，合作社为农户提供技术指导、管理服务，带领全村农户投入产业化经营。

3. 资金保障

国家层面：《中共中央 国务院关于打赢脱贫攻坚战三年行动的指导意见》提出，"鼓励地方从实际出发利用扶贫资金发展短期难见效、未来能够持续发挥效益的产业"。

地方层面：《四川省贫困村产业扶持基金使用管理办法》中指出，"贫困村产业基金是指贫困村使用各级政府拨付的专项资金、社会捐赠资金等设立的，用于支持建档立卡贫困户或贫困村集体经济组织发展产业的引导资金"；资中县相关文件《关于切实抓好资中血橙产业发展工作的意见》则对上述要求做到了更加细致化的落实。

对血橙产业提供经济支持和鼓励，解决了农户前期资金不足的困难，降低了农户的风险，极大地提高了农户的参与积极性。

4. 技术支持

国家层面：《中国农村扶贫开发纲要（2001—2010年）》指出，"不断提高科技扶贫水平，无论是种植业、养殖业、加工业，都必须有先进实用的科学技术作为支持和保证。各有关省、自治区、直辖市政府要安排资金，建立科技扶贫示范基地，注重示范效应"。

地方层面：《四川省农村扶贫开发条例》也提到，"鼓励社会各类组织和社会力量引进项目、资金和技术等参与扶贫开发"。意识到种植技术的重要性，三柏村积极争取四川省农科院血橙新品种的试种机会，血橙示范种植基地在三柏村落地，三柏村的血橙种植得到了专业的技术支持和指导。肖文华还带领干部到外地参观考察，学习经验。与各类组织的交流使得三柏村血橙的种植技术快速改进，血橙质量和产量都极大提高。

5. 电商助农

国家层面：《中共中央 国务院关于打赢脱贫攻坚战的决定》指出，"加大对贫困地区农产品品牌推介营销支持力度，支持电商企业拓展农村业务，加强贫困地区农产品网上销售平台建设"；《中共中央 国务院关于打赢脱贫攻坚战三年行动的指导意见》中指出"多渠道拓宽农产品营销渠道，推动批发市场、电商企业、大型超市等市场主体与贫困村建立长期稳定的产销关系，支持供销、邮政及各类企业把服务网点延伸到贫困村"。

地方层面：《四川省农村扶贫开发条例》中提出"帮助贫困地区建立健全商业网点，向扶贫对象提供信息服务"；川供社〔2016〕71号文件也写道，"组织供销社电商平台销售贫困户农产品，解决贫困农民卖难问题"。在系列文件支持下，三柏村建成了电商示范体验店，采取传统销售与网络销售相结合、侧重新型微商销售渠道的方式，对之前传统的单一售卖渠道进行革新，利用互联网下的社交软件，扩宽顾客来源渠道，获得稳定的客源，让血橙走出四川省，甚至走出国门。

6. 多主体协作，推动产业振兴

政府——协调者：坚持政府主导是中国特色的乡村振兴和乡村振兴道路的重要特征。资中县政府在三柏村柑橘产业发展之路上的作用主要体现在：一是宏观上制定相关扶持政策；二是微观上通过资金、技术、培训等多种形式，有计划、有组织、大规模地开展专项帮扶活动，在帮助发展血橙产业，增加财政收入的同时，为当地村民带来工作机会，提高村民们的生活水平。

村干部——掌舵者：体制精英指的是获得国家政治体系认可，掌握村庄正式权力的村组精英干部。本例中的"血橙"书记在三柏村整个血橙产业发展过程中是当之无愧的体制精英。三柏村作为曾经的国家级贫困村，肖书记对于发展柑橘产业始终持有积极的态度，主要利益需求是创造就业机会，为村民带来经济利益，摘下"贫困村"的帽子，实现乡村振兴。正因为肖书记有勤劳能干的作风和坚韧不拔的毅力，社会各界力量才能凝聚起来，团结一心，帮助村民们脱贫致富。

非政府组织——助推器：非政府组织包括事业单位、社会团体、民办非企业单位、社区组织等。在贫困治理上，非政府组织作为重要的力量参与到扶贫开发大格局中，发挥了重要作用。四川省农科院作为沟通国家和社会、政府和民众的桥梁，其目的是落地科研成果，使其兼具理论价值和实践意义。对于贫困群众来说，他们是解决贫困问题的核心，是脱贫致富的助推器。

村民——关键阀：村民是乡村产业发展过程的主要参与者和受益者。村民的有效参与是确保村民利益实现的直接途径，要如愿以偿实现脱贫，就必须充分发挥村民们主观能动作用，使村民们变被动为主动，从他救变为自救，最终获得可持续发展的能力。但是，实践中村民由于立场、角度和诉求与其他主体不同，可能对柑橘产业的发展存有质疑，并未积极响应号召，对于此类问题需要细致处理分析。

7. 多方博弈，对立中前行

三柏村在种植血橙脱贫的过程中，牵扯到多方利益主体和权力中心，其中较为突出的是村民和村干部。村干部和村民博弈双方的相互作用构成了一个场域，在农村这个具体场域中，存在诸多矛盾和难点。在国家对脱贫工作高度重视的背景下，基层组织对于自己所管辖地区的脱贫工作产生紧迫感。脱贫工作开展的成果是衡量一个村干部的重要指标，脱贫工作若存在问题，可能会有免去职务的风险。村民的利益诉求在于能够满足自身生存、安全、发展等需求。比如，在肖文华书记尝试多种柑橘果树的初始阶段，收效甚微。许多村民对此产生质疑，并得出了种果树收益不如种庄稼收益的论断。面对肖文华书记的坚持，村民们出现了多种其余的选择，如外出打工、种庄稼等。在此阶段，村民自己的利益没有得到满足，产生了诸多不满和抱怨，更有甚者背地里会进行抵制和破坏。面对复杂的利益主体，村干部需要借助多种渠道和采取多种举措，通过多方协同，建立政府、村民、市场之间的桥梁和渠道，为脱贫工作顺利展开奠定基础。

二、经典案例二：关中袁家齐发力，不等不靠盆钵盈

不同地区有着不同的乡村振兴道路，乡村振兴政策加快了产业发展进程，但部分群众内生动力不足对产业发展带来了阻碍。在乡村振兴道路上，陕西省礼泉县烟霞镇袁家村依托悠久的历史文化和秀丽宜人的自然风光，充分调动村民勤劳致富的热情与动力，从发展文化旅游产业入手，扎实推进项目建设，积极开拓旅游市场，已经形成了良好的经济效益和社会效益。因此，以下以袁家村为例，对群众内生动力在发展产业振兴中的作用进行系统研究，为促进乡村

产业发展提供参考意见。我们认为，袁家村模式的核心构成要素为："党支部＋合作社＋乡村旅游"的产业发展模式、重视人才引进与村民技能培训的优质人力资本供给、公平竞争与多元监管的制度保障，这些要素共同作用，铸就了袁家村产业经济发展的奇迹。

(一) 案例简介

袁家村位于陕西省礼泉县烟霞镇，位于中国陕西关中平原腹地，坐落在世界最大的皇家陵园唐太宗昭陵九嵕山下，村域面积0.4平方公里，处于西安—咸阳半小时经济圈内，交通状况十分便利，号称"关中第一村"。但它并非一开始就以此称号扬名天下，而是作为曾经远近闻名的"烂杆村"，在经过了全村村民40余年的共同努力，三次产业大转型后才有此成就。在获得国家4A级旅游景区、中国十大美丽乡村、国家特色景观旅游名村等众多荣誉称号后，袁家村名彻西北，成为全国乡村旅游建设的模范（图3-2）。

图 3-2　袁家村导览图

在改革开放的初期，袁家村全村共62户，286口人，是20世纪70年代农村建设的老典型，在原任村党支部书记郭裕禄同志的带领下，袁家村成功地摆脱了原先的困境，实现了温饱结余，村庄经济也有了较大的提升，为后期袁家村实现多次创新改革打下良好的基础。到1993年，袁家村已经成立了农工贸为一体的集团型企业袁家农工商联合总公司，下辖12个子公司，此外在西安还有一家房地产公司。

进入21世纪以来，袁家村新一代领导班子不甘落后，不断寻找带领群众致富的新路子。2007年开始，在村委会的领导下，袁家村人充分挖掘关中民俗文化，大力开发农家乐服务，使关中民俗文化与乡村旅游消费相结合，推动袁家村发展模式发生重大转型。党支部书记郭占武积极响应出资27万元大力发展乡村旅游，其景区于2007年国庆节建成并正式对外开放，景区占地1000亩，是一个集关中民俗体验、休闲养生、餐饮娱乐、农业观光等功能为一体的休闲文化景区。景区内含村史博物馆、作坊街、酒吧街、小吃街、宝宁寺、艺术长廊等旅游休闲街景。自2007年9月底开始发展旅游业以来，该村年旅游人数基本呈增长态势，如图3-3所示，2017年共接待游客超500万人次，旅游总收入高达3.8亿元，村民人均纯收入也达到8.3万元，近两年又有进一步的提升。

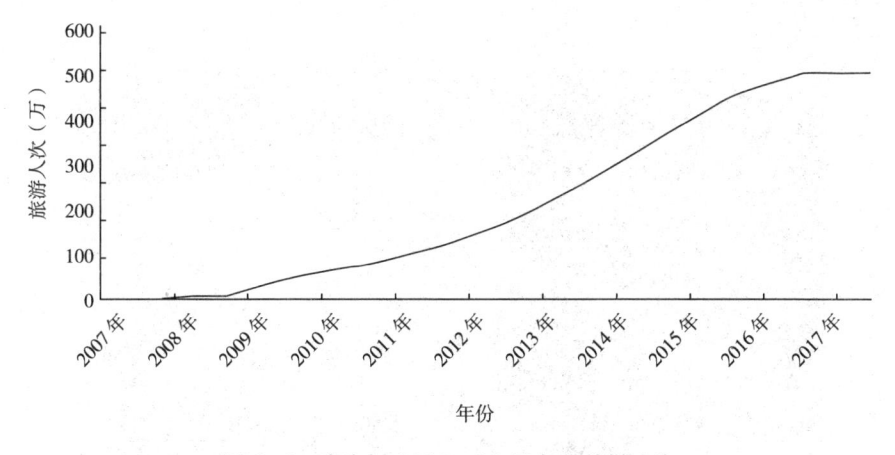

图3-3 袁家村2007—2017年的旅游人次

同时，在发展经济搞旅游之余，袁家村领导人不忘精神层面的脱贫，通过农民夜校、资助大学生读书、引进外来高学历高能力人才等方式，让村民不仅在物质上跨大步走，在思想精神层面也时时跟进。

如今，袁家村的餐饮业日营业额已经达到200万元，一年加上其他收入，基本可以超过10亿元，袁家村也成了远近闻名的"十亿村"。作为一个有情怀、有使命感的农村，袁家村不仅自我发展，同时注重向周围贫困村伸出援助之手，提供发展机遇，协助脱贫最终实现共同富裕。目前，"党支部+合作社+乡村旅游"的袁家扶贫模式已吸纳贫困人口193人，月工资在1500元左右，为老弱病残贫困户提供摊点108个，年收入均在万元以上。2019年，袁家村将通过贫困户入股每股3万元的形式，带动烟霞镇899户贫困户全部参与，整体脱贫。

(二) 脱贫之路

1. 核心领导人的组织作用

一个好的带头人对乡村发展有着引领性的指导作用，袁家村的转变就是村干部带领村民们共同致富的结果。袁家村虽然劣势重重，但是村干部们带领村民们想办法、出点子，从郭裕禄书记到郭占武书记，袁家村在他们及众村干部的带领下，成了"不可复制"的乡村代表。他们的领导方法及理念，也成为袁家村群众生活转变的内生动力之一。村干部从村民的根本利益出发，以村民为本，坚持为村民服务的理念，认为在旅游上投资的都是受益者，并不断引导村民发展旅游事业，由村民掌握产业的绝对控制权，产业的投资、产出、收益全部是村民（图3-4）。

图3-4　袁家村的老支书郭裕禄（左）正在畅谈袁家村的创业史

在袁家村，支部是核心，村书记是带头人，村干部是服务员，形成了高效、清廉、以身作则的管理风格。他们的无私奉献，将曾经互不相干的村民们团结了起来共同追求发展富裕，为袁家村的发展不断贡献力量。

2. 因地制宜的经济发展战略规划

"袁家村模式"主要的经济发展策略归纳为以下五点：①发展方向：打造关中民俗古镇；②消费者定位：中低水平消费者为主，高水平消费者为辅；③以创新为基础，投资运营模式多样化，打响品牌；④统一经营管理，形成产业链；⑤依附政府，发展经济。

3. 适度的激励机制、严格的监管制度与互助的扶贫保障体系

为了确保公平竞争，实现共同富裕，袁家村采取了一系列举措。在监督机制上，由村委会引导，设立管理公司和协会，各协会由商户推选成员义务对商户进行监督；在保障制度上，为了平衡利益关系，建立全民股份制作坊街的方式，减少了恶性竞争，缩小了贫富差距，有效地解决了利益冲突。村干部实行的各种办法，始终坚持以共同富裕为目标，得到了袁家村村民对村干部的绝对信任，促进了村民们大胆发展的步伐。

4. 注重人才的培养与引进，持续注入新血液

有见识、有胆略、有能力、有想法、有行动的农村贤才是发展的前提，也是可持续发展的有力保障。袁家村基于本村总体现状和需求分析，尝试构建合理的乡村振兴战略的人才保障体系，合理引进、利用规划设计人才，并向全球招募实习村长；注重人才队伍建设；大力开发、利用乡村本土人才；建立教育、培训基础设施；注重青年教育，资助大学生学业(图3-5)。

图3-5 袁家村资助贫困大学生活动

(三) 案例分析

1. 概念模型

(1) 内生动力分析。

内生动力作为一个经济术语，最初出现在经济学领域，并不断地在其他领域出现和发展。德国心理学家库尔特·卢因（Kurt Lewin）的群体动力理论比较科学地阐述了内生动力产生的原因：个体内在需要与环境外力相互作用的结果即产生人的行为。对于群体而言，决定群体变革的方向和力度的重要因素分别是外部压力情景和内部激励情景。两者相互作用即产生了行为活动的内生动力。

从心理学视角看，内生动力又称内驱力，是美国心理学家伍德沃斯1918年在《动力心理学》所使用的概念。心理学词典对内驱力的解释是："指由内部或外部刺激唤起的并能指向某种目标的有机体的内部状态。"内生动力是指组织内部行为机制的一种原动力，是组织内部因生存发展需要而产生的自发动力。人的内生动力是人的一种心理状态，是认识世界、勇于实践、实现自我发展精神的一种追求，是不断渴望获取知识、探求真理、创业创新的自觉意志和自觉行为。

(2) 脱贫内生动力。

习总书记在很多重大场合多次强调，要激发贫困人口"脱贫内生动力"，把扶贫同扶志、扶智结合起来。傅安国、张再生等认为"脱贫内生动力"是世代贫困人口实现脱贫的核心心理资源，并认为个体"脱贫内生动力"的核心范畴是个体所具备的自我观、脱贫行为倾向和价值观三要素积极方面的总和。张体伟认为"内生动力"从概念上理解是一种内源自我动力机制和内源推动机制的统一，是脱贫致富的内在动力源，这种内生源动力包括内因机制和主体参与机制。

(3) 构建理论模型。

本研究采用麦肯锡的7S模型作为理论基础进行研究，通过分析模型内各要素以及要素之间的相互关系，对目标组织的管理模式进行研究，并通过分析获得组织培养群体内生动力的方式与工具。

麦肯锡的7S模型肇始于20世纪80年代，是通过对IBM、惠普和麦当劳等43家的模范企业深入访谈后，经过多位学者反复论证提炼的成果。7S模型提出后成为诊断组织问题、变革组织机制、创新组织范式的有效工具。所谓7S，是指企业组织的7个要素，包括：战略(strategy)、结构(structure)、制度(system)、人员(staff)、技能(skill)、风格（style）和共同的价值观(shared values)。

各元素之间的基本逻辑关系是：战略是组织的基础，代表着组织发展的终极目标,一切工作都以其为旨归。结构是组织的骨架,支撑着组织功能的实现。制度是组织的规则,保证组织的正常运转。人员是组织的基本单位,是组织活动的实际执行者。技能是组织发展的必要条件,是内部管理和外部关注的工具。风格是组织的活动偏向,是凝聚人心的重要力量。共同的价值观是组织的灵魂,贯穿于其他6大元素之中,是组织得以存在和发展的不竭动力。7S模型的成功得益于7大元素的协同,它提醒管理者既要注意到组织的7个部分,投入精力进行规整,又要注意运用系统思维,在各大元素之间形成张力。其基本架构详见图3-6。

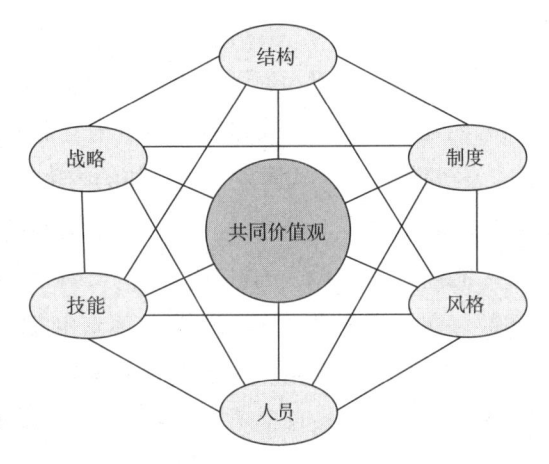

图 3-6 麦肯锡 7S 模型主体架构

2. 理论分析

(1) 袁家村脱贫难点——缺乏群体内生动力。

脱贫并非一蹴而就,袁家村早期脱贫道路也困难重重,改革创新的思想为村民带来了希望的同时,也有不少疑虑和忧思阻碍了革新的道路,群体内整体明显体现出缺乏脱贫内生动力。分析这种现象产生的原因,主要有客观、主观两种。

(2) 客观影响因素分析。

①基础薄弱,生产条件不足。部分农村地区由于生产成本、运输成本、信息成本等受制约,资源开发难度大,市场竞争没有优势,生产性基础设施落后,容易出现"看得见江用不上水,守着金山饿肚子"的情况,极大地挫败农民发展创造的积极性,使农民群体对于能否实现脱贫保持不确定的态度。

②扶贫脱贫措施不科学，不合理。主要表现为部分帮扶单位由于资源有限或投入精力不足，采取简单的送钱、送物的"慰问式"帮扶，导致部分贫困群体形成依赖，等着、盼着慰问物资，甚至在过程中失去脱贫致富的主体意识，严重缺乏脱贫内生动力。

③男女比例失衡。贫困地区大龄未婚男青年群体较为突出，他们在教育、技能、收入、住房、沟通能力等方面存在着明显的弱势。贫困农村中的大多青年女性选择进城务工而不愿返乡嫁人，这在很大程度上导致了贫困农村地区男女比例严重失衡。一些农村贫困男性因成家困难而缺乏家庭责任感，进而消解了其勤劳致富的动力。

④脱贫致富典型影响不大。对于当前工作中产生的脱贫致富典型，各级政府充分挖掘报道，却未能通过身边人脱贫致富的典范来营造良好的外部氛围和压力，通过现身说法、经验传授等方式激发贫困群体的内生动力。

（3）主观影响因素分析。

①思想观念保守、封闭。贫困地区的群众，由于长期处于封闭状态，贫困群众特别是老年人多数存在因循守旧、"小富即安、不富也安"等思想，并且形成了自给自足型经济状态，以家庭及由家庭扩大而形成的家族为社会基础，社会关系较为封闭，缺乏对自身现实情况的客观认知，对于集体脱贫致富的观念并不采取支持态度。

②素质较低与脱贫能力缺失。贫困地区教育普遍落后，群众素质较低，除了掌握基本种田、养殖技术以外，缺乏对现代科技的了解，缺乏适应现代市场经济的谋生技能，没有系统的职业技能培训，本地产业难承接，外地务工难就业，现实条件极大地约束了发展致富的可能性，难以激发个人的脱贫内生动力。

③对于帮扶形成依赖，缺乏主体意识。部分贫困群众认为贫困是政府的责任，并且产生"等靠要"思想代际传递等现象，等着政府修房、发展产业，出现了"靠着墙根晒太阳、等着别人送小康"。对于脱贫问题的主体意识严重缺乏。

3. 基于7S模型的袁家村提升群体内生动力的措施研究

根据麦肯锡7S模型，分析了袁家村改革中对于如何提升群众内生动力的理念与措施。袁家村想作为组织类企业共同发展经济，但不同于一般农村脱贫注重帮扶力度的平等与公平，也不同于一般企业追求经济利益最大化的经济效率优先，袁家村的特殊性质注定了其发展道路上必须同时兼顾经济利益与组织成员个体价值观。

在模型中，策略、结构和制度被认为是"硬件"方面，管理风格、人员、技能和共同价值观被认为是"软件"方面。软件、硬件两个部分是有机联系可分割的，只有同时把握这两个方面，改变组织的管理模式，激发组织成员脱贫意愿，才能从根本上提升群众的内生动力，达到在外部推动的基础上群众自主脱贫、致富。

(1) 形成共有价值观。

组织成员共同的价值观念具有导向、约束、凝聚、激励及辐射作用，可以激发全体成员的热情，统一组织成员的意志和欲望，齐心协力地为实现组织的战略目标而努力。"袁家村模式"中的共有价值观即村民共同富裕。袁家村提倡的核心思想为共同富裕，这使村民们的各种行为和活动都围绕着"共同富裕"这一主题，这从根本上激发了农民自身脱贫的动力和信念，避免了少数人掌握核心脱贫资源和恶性竞争，使全体居民能共同为发展助力、共享发展成果。

(2) 形成全链条产业结构。

袁家村实行"党支部+合作社+乡村旅游"的结构，发展农村规模经济。袁家村以党支部为领导中心，党支部统一决策村中发展事项，村民们也充分信任党支部作出的决定；以股份制的农民合作社为基本结构，实现村民的风险共担、收益共享、共同富裕；以乡村旅游为核心结构，在建设关中民俗小镇的基础上拓展业务结构，发展餐饮业和房地产等，扩大自己的商业版图。

(3) 建立规章制度。

袁家村实行在监督制度上，由村委会引导，设立管理公司和协会，各协会由商户推选成员义务对商户进行监督，公众参与度和影响力都较高；在保障制度上，为了平衡利益关系，建立全民股份制作坊街的方式，保障了全体村民的共同利益；在竞争制度上，采用资格制度，一类产品只批准一家经营，减少了恶性竞争，缩小了贫富差距，有效地解决了利益冲突。

高效、民主的制度结构保障了村民的基础权利，促进村民自发自主地为自身富裕、共同富裕作出实践和努力。袁家村的新集体经济实现了所有权、经营权、收益权的高度统一，实行统一决策、有力监督，切实保障了村民共同利益的实现。

(4) 良好的管理风格。

袁家村能够又快又好地发展，与其优秀无私的核心领导班子密不可分。袁家村的管理者风格为参与型、共识型和合作型。从郭裕禄书记到郭占武书记都会动员村民，为袁家村的共同目标和价值观而努力，他们通过沟通、聆听、说服等方式来获得权力；他们鼓励所有人参与决策并达成共识，通过赢得同意的方式来赢得权力，不会伤害意见不同者的感情；他们也注重与村民之间建立起感情纽带和信任关系，看重创建和谐氛围，他们与村民建立起相互理解的关系，这种关系，可以激发出村民高度的忠诚和信任。

袁家村村干部的管理风格体现了集权与分权的有机结合。一方面，在自主创业方面大幅度放权，充分尊重村民的自主意愿，全力支持村民的创新创意；另一方面，在关于袁家村总体发展趋势和路线的决策上又十分强硬，由于村民们的充分忠诚和信任，所以由领导人决断总体发展战略反而提高了决策质量和效率，促进袁家村又快又好地发展。

良好的管理风格赢得了村民对村干部高度忠诚、信任和敬重，使得村干部的决策易于得到执行，也增强了群众的内生动力。

(5) 提供有针对性的技能培训。

袁家村非常注重专业性人才的培养。村中开办了农民培训学校、袁家村夜校等农民培训学校，教育农民怎么从第一产业向第三产业转型，讲解村里旅游发展的大方向，提升农民的思想认知水平。同时，袁家村致力于加强特色餐饮业人才培训，特别是加大对特色餐饮业经营管理人员和专业技术人员的培训力度，配强师资力量，开展餐饮职业技术教育，为餐饮企业培养人才，提升村民的技术水平。袁家村针对农民的培训形式多样、内容丰富，大大提升了村民对于脱贫必要性、紧迫性的认识，培养了脱贫必要的能力和素质，从技能角度促进农民内生动力的形成。

(6) 建立多元化的创业队伍。

人力资源是组织中最重要的财富，吸引、保留人才是组织发展的首要任务。袁家村打造了创业、创客、创新平台，致力于吸引本村青年回归、外面青年涌入。还出台了袁家村版的"人才新政""创业新政"，鼓励和吸引大学生创客、青年创业团队、文化企业、广告公司、建筑设计师等近3000人到袁家村创业就业、居住生活，扩大了袁家村的人才储备。其次，袁家村向全球招募实习生村长,报名参与者中不乏一些专家教授,大大提升了袁家村领导班子整体的管理水平和知识结构。正是这些宝贵的人才为袁家村带来了新的创意、新的业态,是袁家村发展的不竭动力源泉。

4. 袁家村产业振兴的具体措施

袁家村激发群众内生动力措施可以总结五个关键要素——思想教育、战略、制度、人才培养和领导人。

(1) 推动贫困人群思想观念转变。

思想观念的转变是脱贫工作的关键,也是脱贫工作取得胜利后防止反贫困的重要保障。脱贫工作取得决定性胜利,意味着我国已实现物质脱贫,然而,距精神脱贫还有一段距离。精神脱贫是价值观的重新建构,是解决贫困问题的根本和关键。只有实现精神脱贫,才能巩固脱贫成果,做到长久脱贫。这与7S模型中的共同价值观相对应,只有在思想上有动力时才能在行动上有主动性和积极作为。

①加强宣传教育,注重思想扶贫。转变贫困人群的观念,破除贫困心理,引导群众"愿脱贫"是关键。相对贫困地区固有的旧的传统观念和长期的贫困状态导致部分刚脱贫的贫困户养成对贫困生活的适应和惯性,造成贫困状态和贫困心理的长期稳定。如今,乡村振兴取得胜利,防止反贫困过程中,通过定期开展加强宣传引导,立足逐步推动贫困户转变思维方式,破除陈旧的思想观念,引导贫困户树立谋发展、想发展的信心和信念,激发其脱贫的内生动力。

②强化群众参与,发挥主体作用。发挥主体作用,引导群众"自脱贫,自守富"是重点。相对贫困群众是巩固乡村振兴成果的主体,充分发挥相对贫困群众的主体作用,让他们心热起来、手动起来,是巩固乡村振兴工作成败的关键。从政府和扶贫干部角度上来看,政府和扶贫干部应该变替相对贫困群众大包大揽的观念,强化相对贫困群众自主参与意识,促使相对贫困群众自主参与决策管理,从而提高其巩固脱贫成果的积极性和主动性。在决策制定过程中,尽可能吸纳相对贫困群众对决策内容的意见建议,进行有效的协调沟通保障决策和制度民意的充分性和效用的最大化。

(2) 科学建立脱贫成果巩固的针对性战略。

因户施策,量身定制脱贫巩固措施。受环境、历史、地理等因素的影响,造成贫困的原因复杂化、多样化,脱贫成果巩固的工作难度也随之增加。明确战略目标，实现长久脱贫，从确保相对贫困群众"敢脱贫、不返贫"的关键思路出发，在教育、产业、社会保障等方面，"一家一户""一村一组"与脱贫群众一起研究脱贫成果巩固路径，尊重群众意愿能力，结合目标对象实际情况，切实做到战略制定得"量身定制、精准施策"，有利于增强扶贫的对象的认可程度和脱贫巩固的主动性。同时，要制定相应奖励标准，对相对贫困群众自主就业、创业等方式巩固脱贫成果，发家致富的情况，给予一定的资金奖励和荣誉奖励。通过有效的政策奖励，让相对贫困群众主动巩固脱贫成果的干劲更足，内生动力更大。

(3) 优化脱贫成果巩固的制度框架设计。

党的十八大以来，动员全党全国全社会力量，打响乡村振兴战，历经 8 年，决战乡村振兴在 2020 这一年取得决定性胜利。今后 5 年是巩固拓展乡村振兴成果的过渡期，在过渡期内，继续实行"四个不摘"，即摘帽不摘责任、摘帽不摘政策、摘帽不摘帮扶、摘帽不摘监管。然而具体工作方向的制度框架设计，仍存在亟须完善的方面。优化扶贫脱贫制度设计，促进加强改革政策实施，为市场的发展提供资源保障，有利于推动乡村振兴纵深发展。

①健全利益联结机制，实践"三变"改革。坚持以股份合作为核心、以股权为纽带，建立农户利益联结机制，并积极推进贫困户与企业、合作社、能人建立利益联结机制，发展扶贫特色产业，帮助贫困户脱贫致富。结合实践"资源变资产、资金变股金、农民变股东"的"三变"改革，灵活利用农村自然资源、存量资产、人力资本，采取"保底分红+收益分红"等方式，引导农民参与发展产业，成为"股份农民"，从资源资产中获得财产性收入，在"耕者有其田"的基础上，实现"耕者有其股"，实现农业生产增效、农民生活增收、农村生态增值。

②培育市场，创造就业创业所需条件。培育市场的关键在于相对贫困群体的就业创业意识能否得到及时的关注，资源是否得到合理配置。培育市场、创造就业、创业环境有利于提高群众质量意识和竞争意识。因此，在政策层面应鼓励群众创新创业，为群众自主巩固脱贫成果创造条件。同时也应注意做好相关政策保障，注意协调各方利益群体间的利益，避免市场化过程中由于不完善的制度引起的恶性竞争或资源浪费等现象。

(4) 加强以社会需求为导向的技能培训。

帮助相对贫困户学到实用技能，引导群众"可致富"是方法。在相对贫困群众对技能的学习认知不足，参与技能培训的热情不高的情况下，政府或帮扶干部对其进行引导教育，普及技能提升的必要性，使相对贫困群众意识到技能培训与自身利益的关联性，从而在心理上认可并主动接受培训，进而巩固脱贫成果。主要内容包括以下几个方面。

①问需于民，制定规划。确保群众的技能培训需求与时代产业发展政策、就业市场形势等有效对接，制定科学可行的相对贫困群众劳动力技能培训规划，向社会公开公示。

②精准项目，以需定培。技能培训与产业、就业相结合，因地制宜，发展与贫困地区条件相适应的特色产业，培养相关技能，例如生态特色养殖技术、种植技术、电子商务技术等实用技术培训，确保技能培训成效落到实处。

③整合资源，加大投入。有效整合分散在扶贫、人社、工会、农林科技等多个部门的技能培训项目资源，由人社部门统一制定技能培训项目规划，统一项目资金使用管理，加大对相对贫困群众参加技能培训的资源投入保障，增加相对贫困群众的培训积极性。

④加强监督，提升实效。加强对相关职业培训机构资质、能力、责任方面的考察监管，建立有效的考核评估体系，以确保职业培训机构的水平和能力，从而使贫困群众在技能的学习中学有所获，学有所用，切实增强已脱贫群众的致富技能，保障其致富路的发展。

(5) 明确领导人员的责任与定位。

在乡村振兴与成果巩固工作中领导人工作决策和责任定位起着关键作用。有时，领导者自身的能力素质甚至决定脱贫与致富工作的成败，因此领导人应当注重自我决策、管理能力的提高，注重领导方式、风格，明确责任与定位，坚持"实际、实用、实效"的原则，把带领群众脱贫成果巩固当作头等大事。

在乡村振兴与成果巩固工作中，只有群众与领导干部共同努力，团结一心，再加以制度战略的保障和指导等工作，确保巩固脱贫成果工作的内生动力，才能在全面建设社会主义现代化国家新征程的道路上创造更多辉煌。

四、乡村产业振兴经典案例启示

乡村振兴首先要乡村脱贫。通过对三柏村产业脱贫和袁家村旅游脱贫两种模式的分析，可以发现脱贫必须坚持党的领导，结合地区特点明确脱贫方略，并加大资金投入和社会动员，真抓实干，以群众为主体激发乡村内生动力。三柏村在尝试红橘、椪柑、脐橙等多种柑橙类果树收效甚微后，结合自身地理特点，大胆引进血橙品种，最终实现脱贫；地处关中平原的袁家村，结合自身地理优势，充分大胆挖掘关中民俗文化，将民俗文化与乡村旅游消费相结合，推动乡村发展模式转型，成功脱贫致富。

习近平总书记强调："全面建成小康社会、实现第一个百年奋斗目标，农村脱贫人口全部脱贫是一个标志性指标。""历史充分证明，江山就是人民，人民就是江山，人心向背关系党的生死存亡。"自党的十八大以来，以习近平同志为核心的党中央充分发挥党的领导和社会主义制度的优越性，把乡村振兴摆在治国理政的重要位置；党的十九大向全党、全国各族人民发出坚决打赢乡村振兴战的动员令。截至2020年11月23日，全国832个贫困县全部脱贫，12.8万个贫困村全部出列，近一亿人口实现脱贫，消除了绝对贫困和区域性贫困。我们在全国数百个鲜活的脱贫致富的案例中选择了四川省内江市资中县骝马镇三柏村的"血橙"脱贫致富以及陕西省礼泉县烟霞镇袁家村大力发展旅游业脱贫致富，其目的就在于说明在我国社会主义进入新时代以及国际百年未有之大变局的新时代背景下，乡村脱贫致富的方法会根据乡村自身的特点不同而各有不同，但是在坚持党的领导、坚持结合自身特点实事求是、坚持创新驱动发展战略、坚持以人为本等原则问题上是不变的。

全面建成小康社会，实现共同富裕，这是中华民族千百年来的夙愿。"小康"一词最早出自《诗经》："民亦劳止，汔可小康；惠此中国，以绥四方"，大致意思是民众在劳累后需要休息，为官之人应懂得调养生息、安抚百姓。这句话反映出了中华民族千百年来的精神诉求，但是继鸦片战争以后，我国战乱频仍、民不聊生，孙中山先生对此痛心疾首，提出农业应"振兴而改良之"，但由于旧的社会制度的制约以及日本帝国主义的入侵，农村发展落后的问题始终得不到解决。中国共产党自成立以来就充分认识到中国革命的基本问题是农民问题，农民问题的根本是土地问题，因此才有了我党带领亿万农民在新中国成立前的打土豪、分田地,以及在新中国成立后大力发展互助合作社、发展集体经济和大兴农田水利。进入社会主义新时代以来,习近平总书记反复强调,民生是人民幸福之基,社会和谐之本。治国有常,利民为本。民族要复兴,乡村必振兴。坚决实施乡村振兴战略,必须积极推动农业农村现代化,我国农村"一条腿长、一条腿短"的问题普遍且比较突出,要坚决纠正低头硬干、低头蛮干的做法,将科学振兴、实干振兴融入乡村振兴的大战略中。

习近平总书记强调,脱贫摘帽不是终点,而是新生活、新奋斗的起点。我国目前仍处在社会主义初级阶段,社会发展不平衡不充分的问题依旧突出,如何巩固乡村振兴成果,防止大规模返贫现象的发生是今后我国乡村振兴战略的重中之重、艰中之艰。贫困之冰非一日之寒;破冰之功非一日之暖。实现全面小康,实现中华民族伟大复兴是一个任重道远的征程,我们要风雨无阻,不懈努力,为了光明璀璨的未来奋斗。

与此同时,按照世界银行每人每天1.9美元的国际贫困标准,当前,全球仍然有7亿多人生活在极端贫困中,消除贫困依然是当今世界面临的最大的全球性挑战,实现全球减贫目标任重而道远。由中国共产党领导的,全中国各族人民广泛参与所走出的这条中国特色减贫之路,凝结着中国推进精准脱贫科学脱贫的独特智慧和制度优势,为全球减贫治理特别是广大发展中国家加快摆脱贫困的进程提供了宝贵的经验,也为人类减贫事业作出了历史性贡献。

参考文献

[1] 姜正君. 脱贫攻坚与乡村振兴的衔接贯通:逻辑、难题与路径 [J]. 西南民族大学学报(人文社会科学版), 2020(12):107-113.

[2] 李楠, 黄合. 脱贫攻坚与乡村振兴有效衔接的价值意蕴与内在逻辑 [J]. 学校党建与思想教育, 2020(22):90-92.

[3] 莫光辉. 精准扶贫视域下的产业扶贫实践与路径优化——精准扶贫绩效提升机制系列研究之三 [J]. 云南大学学报(社会科学版), 2017(1):102-112.

[4] 黄承伟, 邹英, 刘杰. 产业精准扶贫:实践困境和深化路径——兼论产业精准扶贫的印江经验 [J]. 贵州社会科学, 2017(9):125-131.

[5] 陈国磊, 罗静, 曾菊新, 等. 中国"一村一品"示范村镇的空间分异格局

[J]. 经济地理, 2019(6):163-171.

[6] 赵萌, 仲伟周, 余劲. 农村经济发展的"一村一品"模式选择及政策建议——来自陕西省户县的调查报告[J]. 西北农林科技大学学报(社会科学版), 2013(1):22-27.

[7] 陈水映, 梁学成, 余东丰, 等. 传统村落向旅游特色小镇转型的驱动因素研究——以陕西袁家村为例[J]. 旅游学刊, 2020(7):73-85.

[8] 蒋子涵, 周加宜. 陕西省礼泉县袁家村特色民俗旅游模式对乡村经济发展的启示[J]. 营销界, 2020(29):126-127.

[9] 李悦, 王新驰, 张姣姣, 等. 美食旅游引导乡村振兴实施路径及启示——以陕西袁家村为例[J]. 美食研究, 2020(3):24-29, 36.

[10] 杜彦. "旅游+"精准扶贫模式的现状分析——以陕西省袁家村和马嵬驿为例[J]. 旅游纵览(下半月), 2017(2):210.

[11] 李小云. 普通发展学[M]. 北京:社会科学文献出版社, 2013.

[12] 李晓慧. 专业技术人员内生动力与职业水平[M]. 北京:中国言实出版社, 2018.

[13] 董辉. 精准扶贫背景下贫困人口脱贫内生动力研究——以郑州市H乡为例[D]. 郑州:华北水利水电大学, 2020.

[14] 傅安国, 张再生, 郑剑虹, 等. "脱贫内生动力"机制的质性探究[J]. 心理学报, 2020, 52(01):66-81, 86-91.

[15] 张体伟. "脱贫内生动力"不足的原因分析及破解之策[J]. 创造, 2019(3):42-46.

第二篇　多元协同乡村振兴的典型案例分析

2021年春季《中国特色社会主义理论与实践》课程40班第1小组

组长：孔航

组员：张磊、陈盈东、刘意、张麒腾、张争莹、郑钟淳、邵婉莹、王雅迪、杨丹妮

一、乡村振兴战略的实施方略

（1）汇聚人才资源、发挥智力支撑是全面实现乡村振兴的关键因素。发展是第一要务，人才是第一资源，创新是第一动力。贫困地区要通过干部驻村帮扶、技术推广普及、本地人才挖掘等多种方式，持续引进和培育具有理想情怀、专业技能、资源优势的各类人才，为其施展聪明才智创造环境，特别要充分发挥广大党员干部、驻村第一书记、科技特派员等扶贫一线工作者的模范引领作用。与此同时，贫困地区更要注重新时代本土家庭农场、农民合作社和农业社会化服务组织等新型农业经营主体的重点培育和引导支持，通过各类人才优势集聚和智力技术服务支撑乡村建设发展，不断促进农业、农村、农民现代化。

（2）助力产业富民，推进产业发展升级转变。应结合落实乡村振兴战略、实现乡村振兴中"产业兴旺"的首要目标，稳健发展村级集体经济，利用好扶贫减贫成果，继续培育农村创业致富带头人。注重新型农业经营主体带动，持续做好区域特色农业全产业链延伸提升工作，建立健全农民分享区域特色产业链增值收益机制，实现全国现代特色农业高质量、品牌化、可持续健康发展。

（3）确保安居乐业，持续推进易地扶贫搬迁群众后续发展和社区治理。到目前为止，全国易地扶贫搬迁960多万贫困人口，中西部地区还同步搬迁了500万非贫困人口。易地扶贫搬迁要实现可持续发展，需扎实做好搬迁群众就业创业工作，完善公共服务和社区治理，为他们适应城市生活提供必要服务。要因地制宜发展产业，确保搬迁群众生活有改善，发展有前景，充分发挥产业就业在易地扶贫搬迁后续发展中的根本作用。

（4）完善保障兜底，构建防范返贫长效机制。要发挥财政资金的主导作用，

撬动金融资本、社会资金投入，充分利用好临时救助政策，构建全方位、差异化、精准化的综合社会保障政策体系。社会保障兜底作用发挥的关键是要适当提高低保标准，解决部分弱势群体的生活困难。对已脱贫的重点人口要进行动态监测，提前采取有效措施防止返贫。

（5）巩固脱贫攻坚成果，统筹做好脱贫攻坚与乡村振兴的机制衔接。组织力量抓紧研究制定脱贫攻坚与乡村振兴战略有效衔接的政策机制，尽快组织各省市在刚脱贫的贫困县试点开展脱贫攻坚与乡村振兴衔接示范点建设，打造全国落后地区县域经济发展和乡村振兴样板，全面促进乡村振兴战略深入实施。

（6）加强国际减贫合作，做好有效解决相对贫困问题的顶层设计。反贫困是全世界的共同事业，需要不断增进国际减贫合作。应及时评估、分析、总结乡村振兴方略实施"五个一批"以来的政策措施、脱贫效果、经验教训，及时做好典型经验总结、先进人物宣传，考察、提拔、重用长期奋战在乡村振兴一线的优秀同志，向全世界讲好中国特色减贫治理体系的国家大战略和民生小故事。2020年后，随着全面消除绝对贫困现象，乡村振兴目标任务完成，我国进入应对相对贫困问题的常态化减贫治理新阶段。要尽快启动"十四五"乡村振兴发展规划编制工作，对2020年后各级扶贫开发办公室职能优化调整、东西部（南北部）区域差异性相对贫困标准线划定、特殊群体社会福利保障、脱贫人口生活质量和内生发展能力提升、东西部协作帮扶领域拓展、国际减贫合作方式、防止返贫和新增贫困人口、巩固乡村振兴成果等政策措施的有效衔接机制等进行科学研判、前瞻预测。

二、多元主体参与乡村振兴的典型案例分析

（一）乡村振兴中的优秀干部

1. 毛相林：群众身边的好干部

1997年7月，接任下庄村党支部书记不久的毛相林，从县城参加完村干部培训班回来，坐在老下庄的"井口"之上，鸟瞰海拔1100多米的那个酷似天坑的古老村子，心底倒海翻江：改革开放都这么多年了，外面的世界一天一个样，如果再过些年下庄还是老样子，我这村支书就有愧百姓，简直就是白干了。

那时，毛相林下定决心，要努力改变下庄村的落后面貌。要改变，唯一的"突破口"就是修路。修通从"井底"到"井口"的乡村公路。

回家后的毛相林当晚便召开群众会，掷地有声地提议修公路。有人议论，有人摇头，有人怀疑一无资金二无机械，要硬生生在悬崖上找一条路，当时的村民没这个底气和勇气。毛相林并没有泄气，他掰起指头给村民们算起了细账，告诉村民："山凿一尺宽一尺，路修一丈长一丈，就算我们这代人穷十年、苦十年，也一定要让下一辈人过上好日子！"通过反反复复地打嘴仗算细账，村民总算达成共识，同意修路。

1997年11月12日，下庄人终于在寒风刺骨的一个大雪天，在"鱼儿溪"河畔炸响了第一个向封闭与贫困宣战的开山炮。

没有炮眼，放红绳凿；没有挖机，用双手刨……在峭壁悬崖上，不能爬行也不能站立，就腰系长绳，放到山间悬空钻炮眼，放一炮炸个"立足之地"。就这样，村民们在空中荡，壁上爬。分好几个施工班，多处开炮，在半山腰炸开一处处缺口，形成一个个石磴，然后"步步为营"向前推进。

修路难，在悬崖绝壁上凿路难上加难。男男女女带着工具和干粮来到工地，以洞穴、岩壁作为安身落脚之处。为防止晚上睡觉翻身掉下悬崖，他们便在腰间拴根"保险绳"，绳子的一头拴在岩缝的老树根上。为鼓舞群众士气，毛相林与村组干部一起向群众发誓：不贪占便宜，誓死修通公路！公路在村民整齐的号子声中一尺一寸地向前艰难延伸。毛相林的担子更重，白天要翻山越岭到各个工地巡查安全，晚上还要在工地上总结安排工作。

为了修路，毛相林"挪"用了母亲700元的养老钱和妹妹寄存的3000元家具款，还以个人的名义向农村信用社贷款1万元；为了修路，毛相林不知磨破了多少双胶鞋，手上和脚上磨起的血泡鼓了破，破了又鼓。在他的带动下，一些县城打工的村民也自发回村加入筑路队伍，甚至有老人主动请缨到工地做饭。

尽管毛相林每天都把安全施工传达到每个工地，但在挑战悬崖绝壁时，先后有6位村民献出了宝贵生命。从不轻易掉眼泪的毛相林哭过，但他从未绝望过。他常说，我个人解决不了的还有组织在，下级解决不了的还有上级在。1999年，巫山县委县政府将下庄路纳入全县重点工程建设，给予物资支持。

最终，历经七年鏖战，2004年初，悬崖绝壁间一条长达8公里的"抗争之路"通车了，几辈人渴盼的出山公路梦想成真。

2005年1月，两合村合并到下庄村，村民委员会换届时，毛相林被村民高票当选为村主任。从村支书到村主任，毛相林的工作角色发生了变化，但他不辜负组织和群众信任的初心始终未变。下庄的有形的、出行的路抠通了，但人民群众要实现全面小康目标，下庄还要再修通一条致富路。

毛相林积极动员有富余劳动力的家庭外出打工。十多年来，先后有百余村民外出打工，全村每年劳务收入200余万元。毛相林又动员村民种植纽荷尔，为把关技术，他挨家挨户地检查验收，手把手地教村民打窝种树。几年来，全村种下650亩纽荷尔，成立专业合作社进行统一管理，500多亩已试花挂果，预计给村民增加收入200万元。毛相林还鼓励村民种植了几百亩的西瓜和南瓜。仅西瓜一项，村民年均收入3000多元。

细数村民的增收门路，毛相林将其概括为"三色"经济：蓝色（劳务输出）、绿色（西瓜）、橙色（纽荷尔）。正是在"三色"经济的催化下，村民的腰包鼓了，2016年通过贫困村乡村振兴验收。

下庄村发生了翻天覆地的变化。变化写在村民脸上，甜在村民心里，也映照着毛相林花白的头发，更激发着他更深的思考。他以20年的执着坚守求证出自己的人生最大值——成为一名群众身边的好干部。

2. 汪荣秀：重视精神扶贫，引导贫困户坚定脱贫信心

固始县张老埠乡桥头村位于乡政府西南8公里处，属丘陵地区，是张老埠乡五个重点贫困村之一。扶贫工作开展以来，作为村党支部书记的汪荣秀同乡村干部和驻村工作队同吃同住，入户走访，访贫问苦，积极争取项目资金修路、建桥，修建堤坝等。结合桥头村交通较为闭塞、危房较多的实际情况，汪荣秀规划将全村部分贫困户整体进行易地扶贫搬迁，帮助贫困户搬离"穷根"。为了帮助贫困户顺利搬迁，汪荣秀一刻没有停歇，她丈量土地、做群众思想工作、房屋拆除，不分白天黑夜，多次到农户家宣传政策、讲明道理，甚至远赴上海、嘉兴等地做外出群众的思想工作。由于连日的高温酷暑和多年的积劳成疾，汪荣秀突发心脏病住进了医院，然而住院期间她一刻也没有闲下来，天天盘算着征地、规划、拆迁等项工作，在仅住了一周院后，她不顾医生的反对，返回了扶贫工作一线。

汪荣秀带领村干部科学确立了发展种养殖业为主的脱贫致富的路子。通过招商引资，吸引外地"致富能人"来村里流转土地1000余亩发展莲藕种植，使桥头村群众在获得土地租金的同时，通过带动贫困户就业增加收入，解决了扶

贫易地搬迁户的生计问题。她还引导群众发展养殖业，引导贫困户和在外务工的成功人士返乡发展养殖业，目前全村养鸡60万只，总收入1500万元，群众增收明显，尤其是有更多的贫困户通过养鸡脱贫致富。

汪荣秀在落实各项脱贫措施的时候十分注重对贫困户的心理疏导，俗话说"人穷志短、马瘦毛长"，对于贫困户来说，他们的心理很脆弱，尤其是对于那些因残、因病致贫的贫困户来说，他们的心理更为脆弱，有些甚至于接近崩溃的边缘。汪荣秀采取精神扶贫，让他们重拾生活信心。她向贫困户讲解最新的扶贫政策，帮助照顾部分贫困户家里病重的老人，落实贫困户家里小孩上学的问题，使得年轻人们能够安心地工作。

目前汪荣秀正带领村干部继续按照制定的脱贫规划，做细做实乡村振兴，他们将加大基础设施投入，强化环境综合治理，达到路相连、渠相通、绿化亮化水净化，把桥头村美丽乡村示范点建成高标准示范点，为乡村振兴注入新动能。

3. 肖冰：注重乡村产业振兴，带动山村嬗变

2015年3月，湖南中烟吴忠卷烟厂纪委书记肖冰接到公司的扶贫任务，他二话没说，很快率扶贫工作队进驻新垄村并担任村党支部第一书记、帮扶工作队队长。新垄村地处湘南罗霄山脉，因资源禀赋较差、经济基础较差、底子薄、发展不平衡，被列为省级贫困村。

刚到新垄村，眼前的景象让肖冰沉默良久：许多村民家徒四壁，破败的屋顶、缺失的门窗、胡乱搭建的茅棚孤独地守候在原地，清风吹过，树叶声飒飒作响，诉说着这里的颓败。有人形容新垄村就像村前那个池塘，一塘死水，就算投下一块石头，也不会激起多大的波澜。

肖冰把乡村产业振兴作为重要切入点，分析政策、研究市场，结合新垄村的自然地理条件和资源禀赋，最终制定了"山上栽脐橙、山下养禽畜、田间种烤烟、大棚种瓜果"产业发展规划，通过整合扶贫资源和资金，围绕建材、脐橙、烤烟、大棚瓜果、母猪养殖、光伏发电六大产业，一个小山村的产业振兴之旅在肖冰的推动下正式开启。

自担任扶贫工作队长以来，肖冰几乎一直都在路上，劝说外出务工的村民返乡就业、在外整合资源、解决村民矛盾、给村民讲致富经验，新垄村的沟沟坎坎他不知走了多少次，不知疲倦的双脚穿破了10双运动鞋，跑了1万多公里

山路。在他的推动下，400余人长期就地就业，2017年人均收入突破6000元，工农业总产值从2014年不到2000万元，到2017年突破1亿元。

4.典型人物带动乡村振兴的现实启示

(1)突出党建引领脱贫，发挥核心领导作用。

从以上三个案例可以看出党委书记在乡村振兴中的领导作用是十分重要的，实践证明，只有在中国共产党的领导下，才能在决胜脱贫战中取得胜利，也只有在党的领导下，才能团结各方民众，带领大家找到一条致富之路。

(2)突出产业推进脱贫，探索持续增收途径。

乡村振兴战注定是一场持久战，这场没有硝烟的战争需要持续的投入，需要想出一条可以持续发展的道路。俗话说：授人以鱼不如授人以渔，乡村振兴不是简单的发发钱，而是推进产业升级，走出一条可以持续增加收入的途径，真正带领大家走向致富之路。

(3)突出交通带动脱贫，融合产业配套建设。

从毛相林的案例知道，要致富先修路很重要。对于像下庄村这样底子薄的村子，首先应该改善交通，改善当地的基础设施，创造良好的致富环境，因为只有打破屏障，才能带动当地产业，才能将当地特色产业带出去，最后才能赚钱致富。

(4)突出机制创新扶贫，探索利益联结模式。

乡村振兴不只是简单的做生意赚钱，而应该像企业一样，有自己的工作机制，有自己的创利模式，有管理层，销售层，有自己的一套服务体系。无论是毛相林的"三色经济"还是汪荣秀的莲藕养殖，抑或是肖冰的蔬果种植，他们都因地制宜，走出各自的发展体系，探索出了自己的生产发展模式。

(二)文化引领实现乡村振兴的典型案例分析

1.无锡拈花湾："东方禅文化度假体验区"

(1)案例简介。

拈花湾规划面积1600亩，建设用地1300亩，建筑面积约35万平方米，景观面积55万平方米，水域面积20万平方米，容积率0.45，建筑密度23%。拈花湾名字源于佛经中"佛祖拈花，伽叶微笑"的典故。它靠山面湖与灵山大佛依山为邻，宛如一朵盛开的莲花。小镇整体建筑风格参考了日本奈良的风格，又融入了中国江南小镇特有的水系，打造出了一种独有的建筑风格，是东方禅文化度假体验区，集禅居、禅艺、禅境、禅景、禅悦为一体的中国心灵度假目的地。

(2) 产业振兴规划。

拈花湾通过三条主要交通道路和水系的组织，规划了"五谷""一街""一堂"的主体功能布局，并配以禅意的命名体系，形成以"五瓣佛莲"为原型的总平面。其中旅游产品占比约20%，主要集中于香月花街，经营有各具特色的旅游商店，业态种类有特色手工艺品、特色服饰、陶艺、茶艺等。餐饮占比约25%，主要集中于滨湖美食街，拥有良好的景观优势，且有大面积的滨水外摆空间。客栈占比约20%。拈花湾目前有13家禅意客栈：一花一世界、吃茶去、棒喝、一池荷叶、半窗疏影、门前一棵松、萤火小墅、芦花宿、百尺竿、云半间、一轮明月、无门关、无尘。度假公寓占比约15%。在项目内部除了酒店、客栈之外，还大量开发建设有度假公寓类产品，有院落式、联排式两种建筑类型；其他业态方面酒吧占比约15%，主要为清酒吧、冷饮店、茶馆等；配套商业占比约5%，主要有超市、便利店、KTV等。

(3) 项目定位与主体打造。

拈花湾小镇的定位是集吃、住、游、购、娱、会务于一体的禅文化主题旅游度假综合体，也是灵山大佛和世界佛教论坛永久会址的配套设施。"禅文化"是拈花湾小镇独有的特性。这种禅文化体验式度假方式是一种全新的生活状态，是在传承融合禅文化、传统文化和民俗文化的基础之上，进一步创新文化形式、业态模式和载体方式，通过禅意的文化休闲度假方式，使人们在禅意优势独特的山水之间，感受"新时尚东方秘境"的禅意生态魅力，使其有别于乌镇、周庄等传统江南水乡，形成"滋养心身"为鲜明特色的心灵度假模式。

2. 无锡田园，"活化乡村，感知田园生活"

(1) 案例简介。

无锡田园东方项目旨在打造活化乡村、感知田园生活，将生活与休闲相互融合。为原汁原味地呈现江南农村田园风光，选址于拾房村旧址。在原有村落格局较好保留的基础上，设计又赋予了新的生命活力。该项目投资50亿元，是国内首个田园综合体项目。该项目在不到五年的时间内，不仅探索实现了项目的有效运转，还以此为样板在全国范围内进行了五个城市的铺点建设，组成了内涵丰富的功能群落，完整呈现了田园人居生活，已成为长三角最具特色的休闲旅游度假目的地。

(2) 业态规划。

项目整体规划设计以"美丽乡村"的大环境营造为背景，以"田园生活"为目标核心，将田园东方与阳山的发展融为一体，贯穿生态环保的理念。总面积6500亩，其中3500亩种植水蜜桃。包含现代农业、休闲文旅、田园社区三大板块，主要规划有乡村旅游主力项目集群、田园主题乐园、健康养生建筑群等。规划为典型的互融开发模式。

(3) 项目定位。

田园东方定位为集现代农业、休闲旅游、田园社区等产业为一体的田园综合体，并提出了企业"建设美丽中国创造美好生活"的战略主张。从生态、农业、旅游的角度契合"美丽中国"、美好生活、城乡一体化等政策。

(4) 发展模式。

倡导人与自然的和谐共融与可持续发展，通过"生"(指生产、生活、生态)、"产"(指农业、加工业、服务业)的有机结合与关联共生，实现生态农业、休闲旅游、田园居住等复合功能，是对城乡一体化模式的典型探索。"文旅＋农业＋新社区"的田园综合体产业模型，项目以区域开发的思路来开发，前期通过小尺度配套物业确保持久运营，首先以文旅板块顶级资源引入提升土地价值，旅游消费和住房销售同步进行的旅游加地产综合盈利模式，接着后期进行配套完善，做到良性循环可持续发展，整个项目采取开放式的运营模式。

3. 文化振兴案例的现实启示

无锡拈花湾和田园东方都拥有现代化的管理方式，还结合实地进行了文化运营模式创新。现代化的企业管理制度，帮助这两个村庄快速腾飞；股份制的集体资源分享制度，帮助本地村民实现共同富裕；多村庄资源整合的区域联动发展，跳出了"村集体"经济的严重桎梏。以上仅是中国众多文化振兴项目中的部分代表，目前全国的乡村文旅建设已初显成效，加强了城市与乡村的互动、自然风光与历史人文融合，更是推动了乡村的发展和振兴。相信乡村与旅游混搭所呈现的多层次创意模式，通过"农旅结合、以农促旅、以旅强农"创新田园综合体加特色小镇业态，必将提速乡村旅游发展，绽放大美中国乡村。

(三) 电商引领产业振兴的典型案例分析

1. 电商为农产品插上"翅膀"

(1) 山西太谷县"乐村淘"。

2014年10月26日,在赵士权及团队的努力下,山西太谷县朝阳村一名小卖部老板胡秋林答应尝试和"乐村淘"合作,成为乐村淘第一家村级体验店。赵士权创办"乐村淘",带领团队走街串巷,教村民如何进行网络购物,说服商户加入电商平台,动员村民进行网上销售。

随着乐村淘模式的不断优化,越来越多的农民加入其中,通过电商平台,销售农特产品。通过乐村淘,山西运城市盐湖区向广西出售1.5万公斤苹果,山西原平、隰县积压几千吨的酥梨3天内被抢购一空,中国红枣第一县临县严重滞销的红枣,一个月内销售900多万元。

在乡村振兴方面,赵士权带领着自己的团队一直在行动。自2014年上线运营以来,乐村淘坚持国家定贫困县贫困村作为电商扶贫主战场,以此带动就业创业、销售农产品、教育扶贫培训,进行电商扶贫。

定位农村,聚焦三农。截至目前,乐村淘已覆盖全国25个省800个县,85000个村级体验店。其中在全国592个国定贫困县中已覆盖近400个,贫困村13000多个。另外,县级管理中心共提供超过8000个就业岗位,村级体验店创造大约12万个就业岗位,其中贫困县提供4000个以上就业岗位。乐村淘用"互联网+"的方式成为中国产业乡村振兴、电商扶贫的先锋队和排头兵。据了解,乐村淘2016年平台交易规模达31.4亿元。2017年前10个月,平台交易额为26.8亿元。

(2) 四川青神县"打了一场漂亮的乡村振兴战"。

作为四川革命老区,青神县人口仅20万,常年来,因为县小知名度不高,区位优势不明显,当地农产品始终难以发展壮大。也正是这个20万人口的小县,曾经竟有市级贫困村26个,建档立卡贫困户2826户,贫困人口达到10381人。这几年,青神县在电商发展引领下,如今全县网店多达2500多家,从业3500多人,创造就业岗位上万个,年网上销售额10多亿元,成为我省首个电商顺差县。

2020年,四川农产品网络零售额由2015年的40.17亿元提升到304.19亿元,年均增速超过50%,累计培训农民工、乡镇干部等超67万人次,累计培育涉农电商企业6263家，带动31.8万人口就业，打了一场漂亮的"农村电商+乡村振兴"攻坚战。

(3) 甘肃陇南依靠电商扶贫成功"摘帽"。

作为陇南远近闻名的电商扶贫带头人，从2013年开始，梁倩娟连续带动当地500多农户增收致富，其中200多户是贫困户。

在陇南，像梁倩娟代表这样借助电商扶贫助贫的可不少。截至2020年4月底，陇南网店数量达1.4万家，销售总额超过180亿元，带动22万人就业。电商扶贫对当地贫困户收入的贡献节节升高，从2016年人均增收620元增加到2018年的810元。2019年，梁倩娟所在的徽县实现脱贫摘帽。

不只是上文提到的"乐村淘"、青神县和陇南，电商扶贫如星星之火以燎原之势在中华大地铺展开来，遍结硕果；在青海海南藏族自治州，"电商企业+青年创业孵化园+农牧业合作社+扶贫龙头企业+农牧户"的运营模式，带动4.39万名贫困群众增收；在河南南阳市镇平县，电商扶贫工作有序推进，"电商创业致富奔小康"专项行动深入开展，累计带动400余户贫困户增收脱贫；在重庆秀山土家族苗族自治县，电商产业链覆盖所有贫困村、80%贫困户，电商扶贫效益惠及1万余贫困人口。

2. 电商产业链初具规模

依托农产品上行的发展优势，拼多多率先提出了"人才本地化、产业本地化、利益本地化"的发展策略，通过架构新农业农村教育体系、推动一二三产业融合、打造农村新基础设施等方式，带动农村地区实现全面稳定发展。

在云南、贵州、广西、海南等省区及省区内少数民族自治州，诞生了一批集种植、生产、加工、销售一体化的现代农业产业示范园区。相关产业链的下沉，丰富了当地的轻工业体系，创造了更多的就业岗位，有效提升了覆盖地区的农户收益。仅2019年，"拼多多"直接孵化的涉农加工企业超过14000家。

除产业升级外，在拼多多海量农产品增量市场的带动下，覆盖农产区迅速形成了一系列包括封装、仓配运等在内的农业新物流和新产业基础设施。尤其在中西部农村地区，诞生了一批小、快、灵的"村级"封装、仓储空间，使得乡村地区常住人口中包括老人、妇女在内的非技能型人口，可以通过多样性的工作方式，获得更多收入。

2019年，拼多多进一步提出"两台四网"概念，即以"市场+科技"为核心，创建中国农产品上行平台以及中国互联网农业数据平台，将技术和大数据传递至农业种植、农业科技创新、农产品物流创新领域，建立健全农产品标准化制度，解决农产品有产地、无品牌以及农业消费数据与生产数据脱节等行业难题，推动中国农业产业实现大规模品牌化，帮助农户实现"以需定产"，持续提升中国农业的数字化和智能化水平。

拼多多联合创始人孙沁表示，随着"两台四网"架构的深入推进，拼多多将进一步发挥平台的市场和技术优势，加强农产区基础设施建设、农产品物流体系建设、完善以电商为核心的农产品网络销售体系，深入探索中国农业现代化模式，为乡村振兴的冲刺和乡村振兴的发展作出更多贡献。

3.电商产业振兴阶段性成果

2014年以来，商务部、财政部和国务院扶贫办联合实施"电子商务进农村综合示范项目"，累计扶持27个省区市的496个县。在该项目带动下，2016年我国农村网络零售额达8945亿元，农村网店超过800万家，带动就业超过2000万人。农村电商正在深刻改变传统农产品流通方式。例如，湖南省在扶贫开发工作51个重点县推进农村"互联网+扶贫工程"，探索"一县一品、打通全屏、融合全网""旅游驱动式电商扶贫""政府+服务商+贫困户"等农村电商乡村振兴模式。2016年，全省农村电商交易额达到1200亿元，其中51个贫困县占到四成以上。麻阳县通过发展农村电商，当地果农直接增加收入3000多万元。

商务部负责人在国务院新闻办公室举行的新闻发布会上说，2020年是全面建成小康社会和全面打赢乡村振战略战的收官之年，3年多来，商务部持续推进5项商务扶贫举措，取得积极成效。其中第一项就是电商扶贫。2019年，商务部会同有关部门推动电商扶贫实现了对国家级贫困县的全覆盖，当年全国贫困县网络零售额达到2392亿元，同比增长33%。

这位负责人介绍，电商进农村确实让农民受益。中国人口多，国土面积大，尤其是一些山区，交通很不便，过去有一些好的农产品、特色产品由于交通不便、信息不灵卖不出去，城里有需求也买不到，电商正好解决了这个问题。今后商务部还将加大电商扶贫力度，推动贫困地区电商发展，带动贫困地区500万农民就业增收。

此外，家政扶贫、对外劳务扶贫、产业乡村振兴、边贸扶贫这些工作都在全面展开。比如对外劳务扶贫，我国去年在境外的劳务人员为99.2万人，其中贫困县超过5万人。乡村产业振兴，通过开展农超农批对接，解决农产品卖难问题。边贸扶贫方面，2019年我国边境贸易额达到了515亿美元，同时商务部还为边境经济合作区提供帮助，带动就业超过18万人。

4. 电商产业振兴经验总结

发展农村电商能够有效破解深度贫困地区脱贫难题，主要有两方面原因：一是农村电商能够推动农业供给侧结构性改革。发展农村电商，农产品通过电商平台进入流通领域，有利于加快农产品标准化体系建设，推动规模化种植、标准化管理、品牌化营销，促进农产品质量等级化、包装规格化、标识规范化、产品品牌化，进而推动农业现代化。二是农村电商能够促进深度贫困地区的农产品与市场有效对接。农村电商极大拓展了农产品市场空间，能够有效引导农业生产，使之更加符合市场需求，并为农民提供快捷便利、低成本的网络销售渠道。一些深度贫困地区生产的小众产品、小量产品，也可以依托电商平台实现供需对接，进而打造特色品牌，既解决农产品生产规模化制约问题，又满足消费者多样化需求。

电商模式摆脱了地理位置偏远、交通条件不便等对农产品销售的束缚，架起了偏远地区农产品进入城市市场的"桥梁"，在促进贫困地区产业发展，实现贫困户就业增收方面效果显著。例如，得益于电商发展，云南省祥云县依托邮政快递服务农村网点打通了洋芋销售"最后一公里"，足不出户实现产销对接，解决了因新冠肺炎疫情造成的农产品滞销问题。以电商扶贫为代表的农村数字经济已经成为"三农"发展新动能，为贫困县如期实现脱贫"摘帽"提供了有力保障。

同时，电商扶贫促进了农村产业发展。一方面，打通了农产品上行通道，使贫困地区农产品直接融入全国市场经济产业链和国际国内供应链中；另一方面，改变了传统农产品生产销售方式，赋能龙头企业、合作社、个体户等市场主体，形成更加稳定的利益联结机制，为农村产业兴旺奠定了坚实基础。

此外，电商扶贫还为农村全面发展注入新活力。乡村振兴注重扶贫与"扶志""扶智"相结合，由单纯的给钱给物转变为物质扶贫与技术扶贫、教育扶贫相结合。电商扶贫充分调动贫困户积极性，激发内生动力，培养了数百万的新型农民，吸引大批人才返乡创业，为农村发展源源不断注入活力。"数字成为新农资，手机成为新农具，直播成为新农活"，思维方式得以转变，创新意识大大激发。

电商扶贫不仅是中国人民为农村乡村振兴所采取的一项创新举措，还为世界减贫事业提供了中国智慧与中国方案。

5.电商产业振兴案例的启示

（1）开创与时俱进的致富发展方式。

新时代新要求，科技的发展推动经济的发展，同时促进经济发展方式以及结构的转变，在扶贫的道路上，不仅仅需要国家政策的帮扶，更重要的是能够依靠现有的资源并使其发挥最大作用，而数字化信息时代的发展必然会使得传统的发展方式落后一步，因此能够紧跟时代的脚步，与时俱进是促进经济发展、转变经济发展模式的必然选择。

（2）继续加强贫困地区基建：互联网是天路，基建是地路。

"要想富，先修路。"随着进入21世纪互联网数字时代的发展，这条富裕之路不再仅仅指真正意义上的路，更重要的是能够结合时下最流行的互联网，依托互联网这条看不见的天路，实现足不出户发展经济。除此之外，加强贫困农村地区的基础建设，保证贫困地区人民的基础生活保障，不仅仅是贫困人口的腰包富起来，更要让他们的思想富起来。

（3）充分依托互联网平台，拓宽宣传渠道。

数字化时代，信息的传播广泛快速，真正实现全球信息共享，依托各种网络电商平台，并通过网红直播带货的方式，将农民商品由原来的线下售卖转为线上宣传售卖一体化，让更多的人依靠网络平台去消费，从而促进经济发展。

（4）不断创新"拼"模式。

在拼多多等电商平台的推动下，中国的农产品网络零售额不断增长。根据拼多多提供的数据，随着通信网络、数字技术，以及融合性"新基建"的普及，农业农村与电商实现加速融合。"拼"模式，本质上来说是经济发展转变方式的一种产物，最终实现足不出户，全国各地共同消费，共同打赢这场乡村振兴战。

三、乡村振兴典型案例的现实启示

1.直面短板，拒绝"照搬照套、生搬硬套"

有的乡镇看到别的脱贫成功案例，不分析自身的特点和形势，便往自己身上生搬硬套，导致很多资源和人力的浪费，并且收不到任何成效。乡村振兴能否高质量完成，关键在于实际情况。应该因地制宜，结合实际情况实事求是，直面短板，一个问题一个问题破解，并且应该具有超前的眼光，能够站在可持续发展的角度提出不同阶段的发展方向和目标。

2. 真抓实干，摒弃"形式主义、官僚主义"

"一天收到十来个部门文件，却无一解决一个修路问题""明明是同一件事，却有六七个部门要求报六七个不同的表格"等在实际中暴露出"形式主义、官僚主义"的问题，不但不能促进发展，反而增加了一线干部的负担，贻误发展的机会。乡村振兴能否高质量完成，关键还在于干部作风。乡村振兴不是走过场，乡村振兴的每一步都要落到实处，都要切实帮助困难群众脱真贫、真脱贫。不要数字脱贫、填表脱贫、口号脱贫、摆拍脱贫。坚决摒弃形式主义、官僚主义，减轻基层负担，让扶贫干部积极投入到乡村振兴工作中去，多实地走访，摸清摸透情况，勤思解决办法，解贫困群众难题。

3. 用人为先，坚持"能者上、庸者下、劣者汰"

领导干部"干得怎么样、在不在状态"被群众看得一清二楚。打仗打"将"，在战役面前，需要有担当和真本事的将领，确定政策路线，组织带领干部拧成一股绳，共克时艰。乡村振兴战能否高质量完成，关键仍然在人，乡村振兴战剩余的"贫中贫""困中困"，难啃的硬骨头，还需尽锐出战。精心谋划乡村振兴、脱贫项目，加大产业、就业扶贫力度，加强两不愁、三保障的落实。对"不在状态、不能胜任"的干部尽快调整，让"能干事、有担当"的干部上。同时要注意关爱和奖励一线干部，长期在一线的干部要合理安排休息，对干得好的一线干部要给予表彰表扬和报酬保障，激励"能干事、想干事、认真干"的干部积极投入到乡村振兴战中来。

4. 慎终如始，秉持"不破楼兰终不还"的决心

乡村振兴战现在已经取得决定性成功，然而距离取得全面胜利，还有"硬骨头"要啃。习总书记强调："乡村振兴必须如期实现，没有任何退路和弹性。乡村振兴战，是一场只能赢不能输的战役，不能停顿、不能大意、不能放松，越到最后就越要绷紧这根弦，越要警惕疲劳厌战心态、急躁心态和撤摊子心态，越要以更强力度、更大决心推进乡村振兴战。"以"不破楼兰终不还"的决心和"咬定青山不放松"的韧劲将乡村振兴最后十里走稳、走实。

参考文献

[1] 数风流人物丨毛相林：脱贫路上的当代"愚公"[EB/OL]. 人民资讯, [2021-06-20]. https://baijiahao.baidu.com/s?id=1703077208691622308&wfr=spider&for=pc.

[2] 全国劳模汪荣秀　扶贫路上勇担当——记固始县张老埠乡桥头村党支部书记汪荣秀先进事迹 [EB/OL]. 信阳党员教育服务网, [2020-09-15]. http://www.hnxydj.gov.cn/s/jingzhunfupin/jingyandianxing/2020-09-15/6079.html.

[3] 汪荣秀：诚挚为民 20 年 矢志不渝真扶贫 [EB/OL]. 固始县电视台, [2020-09-09]. https://gsw.gov.cn/subject/detail/post-9522.html.

[4] 关之情切 为之计深——记"全国脱贫攻坚先进个人"称号获得者肖冰 [EB/OL]. 东方烟草报, [2021-04-16]. https://www.eastobacco.com/ycr/202104/t20210416_611539.html.

[5] 全国脱贫攻坚先进个人　肖冰：怀一颗初心 担一肩使命 [EB/OL]. 红网, [2021-03-10]. https://baijiahao.baidu.com/s?id=1693829807627815158&wfr=spider&for=pc.

[6] 刘云. 东方禅文化园 [J]. 老友, 2018(6):1.

[7] 佚名. 无锡拈花湾——东方禅意会奖旅游目的地 [J]. 中国会展（中国会议）, 2019.

[8] 马梦兰. 基于田园综合体概念下乡村运营模式的探究——以无锡阳山田园东方为例 [J]. 花卉, 2018(12):2.

[9] 马彦. 以文化旅游为理念的休闲度假综合体规划研究——以无锡灵山小镇·拈花湾为例 [J]. 中国园艺文摘, 2018(3):3.

[10] 陈静怡, 吴梦缘. 新时代无锡拈花湾特色小镇发展研究——基于禅文化视角 [J]. 农村经济与科技, 2019(15):2.

[11] 李仕贵. 青神"支部＋电商"扶贫新路 [J]. 四川党的建设（城市版）, 2016(9):1.

[12] 程军锋. 甘肃省陇南市电子商务发展现状研究 [J]. 电子商务, 2015(1):2.

[13] 郭崇义, 米婷祯. 陇南电商扶贫：模式、机制与对策 [J]. 商业经济研究, 2019(10):3.

[14] 陈义欢. 甘肃陇南：电商扶贫进行时 [J]. 农经, 2015(9):3.

专题四

信息化助力乡村振兴研究

第一篇　信息化在乡村振兴中的多维运用案例分析

2021年春季《中国特色社会主义理论与实践》课程1班第5小组

组长：曲满强

组员：李晨、任佳、王骞、李传祥、李欣慰、叶存英、石晶琦、张宁博、逄焕浩

一、以信息化助力乡村振兴的提出背景与可行性分析

(一) 乡村振兴战略的内涵与提出

1. 什么是乡村振兴？

全面建设社会主义现代化国家，实现中华民族伟大复兴，最艰巨最繁重的任务在农村，最广泛最深厚的基础也在农村。解决好发展不平衡不充分问题，重点难点在"三农"；构建新发展格局，潜力后劲在"三农"；应对国内外各种风险挑战，基础支撑在"三农"。

习近平总书记在十九大报告中，首度提出"实施乡村振兴战略"是新时期做好"三农"工作的重要战略方针，是从根本上解决"三农"问题的重大举措。习近平总书记指出，农业农村现代化是实施乡村振兴战略的总目标，坚持农业农村优先发展是总方针，产业兴旺、生态宜居、乡风文明、治理有效、生活富裕是总要求，建立健全城乡融合发展体制机制和政策体系是制度保障。

作为国家战略，乡村振兴是关系全局性、长远性、前瞻性的国家总布局，

它是国家发展的核心和关键问题。乡村振兴正是关系到我国是否能从根本上解决城乡差别、乡村发展不平衡、不充分的问题，也关系到中国整体发展是否均衡，是否能实现城乡统筹、农业一体的可持续发展的问题。

2. 为什么乡村要振兴？

乡村是具有自然、社会、经济特征的地域综合体，兼具生产、生活、生态、文化等多重功能，与城镇互促互进、共生共存，共同构成人类活动的主要空间。乡村兴则国家兴，乡村衰则国家衰。

实施乡村振兴战略，是解决新时代我国社会主要矛盾、实现"两个一百年"奋斗目标和中华民族伟大复兴中国梦的必然要求，具有重大现实意义和深远历史意义。党的十八大以来，已经有8000多万农业转移人口在城里落户，这对农业农村的发展是一个极大的促进。但是无论城镇化怎么发展，未来还会有将近4亿左右的人口留在农村，没有农业农村现代化，就没有整个国家的现代化。习近平总书记指出，没有农业现代化，没有农村繁荣富强，没有农民安居乐业，国家现代化是不完整、不全面、不牢固的。

实施乡村振兴战略，本质上就是回归并超越乡土中国。从新中国成立以来城乡发展历史看，我国依靠农业农村支持，在一穷二白的基础上建立起比较完整的工业体系和国民经济体系。改革开放以来，广大农民为推进工业化、城镇化作出了巨大贡献。当前我国又面临正确处理工农关系、城乡关系新的历史关口。我国发展最大的不平衡是城乡发展不平衡，最大的不充分是农村发展不充分。乡村振兴战略，就是为了从全局和战略高度来把握和处理工农关系、城乡关系，解决"一条腿长、一条腿短"的问题。

实施乡村振兴战略，是传承中国传统文化的有效途径。中国经历了几千年的农业社会，创造了辉煌的农耕文明，历史积淀下来的优秀传统文化依靠乡村社会的维系和传承。正如习近平总书记所说，"我国农耕文明源远流长、博大精深，是中华优秀传统文化的根"。这样的国情也决定了在乡村振兴中文化铸魂的重要性。乡村文化振兴，一方面是解决城乡间文化地位不均等、文化公共服务供给不平衡、文化产业发展不充分等问题，弥补城乡文化发展差距。另一方面是对乡村传统美德的继承、弘扬和振兴。

实施乡村振兴战略，是把中国人的饭碗牢牢端在自己手中的有力抓手。中国是个人口大国，民以食为天，粮食安全历来是国家安全的根本。习近平总书记说把中国人的饭碗牢牢端在自己手中，就是要让粮食生产这一农业生产的核心成为重中之重，乡村振兴战略就是要使农业大发展、粮食大丰收。要强化科技农业、生态农业、智慧农业，确保18亿亩耕地红线不被突破，从根本上解决中国粮食安全问题，而不会受国际粮食市场的左右和支配，从而把中国人的饭碗牢牢端在自己手中。

3. 乡村振兴的目标是什么？

2021年中央一号文件《中共中央 国务院关于全面推进乡村振兴加快农业农村现代化的意见》2月21日正式发布，文件指出，"十三五"时期，现代农业建设取得重大进展，乡村振兴实现良好开局，农业农村发展取得新的历史性成就。"十四五"时期，是乘势而上开启全面建设社会主义现代化国家新征程、向第二个百年奋斗目标进军的第一个五年。乡村振兴正式转入全面建设现代化国家新阶段。

按照中央提出的到2035年远景目标，乡村振兴将取得决定性进展，农业农村现代化基本实现。农业结构得到根本性改善，农民就业质量显著提高，相对贫困进一步缓解，共同富裕迈出坚实步伐；城乡基本公共服务均等化基本实现，城乡融合发展体制机制更加完善；乡风文明达到新高度，乡村治理体系更加完善；农村生态环境根本好转，美丽宜居乡村基本实现。

(二) 以信息化助力乡村振兴的必要性分析

1. 信息化的概念界定

信息化代表了一种信息技术被高度应用，信息资源被高度共享，从而使得人的智能潜力以及社会物质资源潜力被充分发挥，个人行为、组织决策和社会运行趋于合理化的理想状态。同时信息化也是IT产业发展与IT在社会经济各部门扩散的基础之上的，不断运用IT改造传统的经济、社会结构从而通往如前所述的理想状态的一段持续的过程。信息化由6大要素构成，分别是开发利用信息资源、建设国家信息网络、推进信息技术应用、发展信息技术和产业、培育信息化人才、制定和完善信息化政策。

2. 信息化助力乡村振兴的必要性分析

信息技术革命特别是信息化的迅猛发展给我国经济带来了弯道超车的新机遇，信息化目前成为推动我国乡村振兴战略实施的重要力量，也是实现农村现代化的必要条件。

习近平总书记指出，信息化为中华民族带来了千载难逢的机遇。以信息技术为核心的新一轮科技革命成为引领创新、驱动发展的先导力量，不断催生新技术、新产品、新模式，推动全球经济格局和产业形态深度变革，世界主要国家纷纷将加快信息化发展作为战略重点和优先发展方向。党中央着眼于统筹推进"五位一体"总体布局和协调推进"四个全面"战略布局，提出坚持农业农村优先发展，实施乡村振兴战略，并将其提升到战略高度、写入党章，为当前和今后一个时期我国农业农村改革发展指明了方向、明确了任务。

而乡村振兴战略的实施面临互联网、大数据、人工智能和实体经济深度融合的经济环境，互联网日益成为助力农村一二三产业融合发展的重要基础设施，"互联网+"与农村电子商务、农产品物流、农业现代化、农业服务、乡村旅游、农村扶贫、农村金融等深度融合和发力，深刻影响和改变农民的生产方式和生活方式，从而引起农村社会的深刻变革。信息化能够从农民更富、农业更强、农村更美三个维度发力，与农业现代化深度融合，推动乡村振兴高质量发展。

(1) 有助于加速农业供给侧改革，提升农业综合生产能力。

当前，信息化建设的第三次浪潮扑面而来，信息化正在开启以数据的深度挖掘和融合应用为主要特征的智能化阶段，信息技术在农业领域的创新发展和应用日益体现。现代信息技术成果在农业中的应用不断深化，加速农业生产智能化，催生新的生产技术、流通方式和发展动能。通过大数据技术分析预测农产品品种结构的需求，能够调整农业生产结构与区域布局，优化各项农业资源要素配置，推动农业供给侧结构性改革。

2015年7月，国务院印发了《关于积极推进"互联网+"行动的指导意见》，其中明确提出"互联网+"农业的概念。"互联网+"将科学技术成功运用至农业的生产、经营、管理等环节，提升了乡村农业的管理水平和服务水平，将智慧农业融入农村生产，实现智能、精细的生态农业新模式，利用互联网络建立完备的农产品质量安全追溯体系，逐步推进农业现代化进程。

(2) 有助于拓宽农民增收渠道，提升农民收入水平。

利用如今发达的信息化平台和手段能够实现城乡紧密结合，让更多的优秀人才能够深入了解乡村创业环境，从而实现人才回流，以创业带动农民就近就业、增加收入。信息化紧密结合农村经济，促进了农村电商的迅猛发展，更多的销售渠道和推广平台，增强了乡村农业生产的组织化、规模化和流通渠道，曾经的菜市叫卖，如今通过互联网就能获得源源不断的订单，也使得农民能够了解市场需求，抓住机遇、走出深山、走向市场，有效提高农民收入。

(3) 有助于促进信息有效传递，提高农业发展质量。

传统农业的大背景下，农民难以与外界市场对接，不能及时掌握市场的动态从而实施生产。试想，大环境下某农产品已经饱和并且价格持续走低，市场已不再需要该农产品继续进入，但是农民不了解市场动态，继续按往年需求生产，最后供过于求，农产品价格再创新低。而当"互联网+"信息应用到农业生产，农民可以及时掌握市场动态、调节生产思路，了解国家政策法规、按需配合生产，掌握天气预报、旱涝灾情早知道。互联网便成了农民与外界互联的信息媒介，足不出户便可实时掌握有效信息，将生产决策有效化、智能化，实现农业生产、经营、管理、服务水平的全面提升。

(4) 有助于完善农村基础设施，优化农村人居环境。

实施乡村振兴战略，使得乡村信息基础设施建设步伐加快，大幅提升乡村网络设施水平，推进乡村网络安全工作，助力依法打击电信诈骗行为；不断完善信息终端服务供给，全面实施信息进村进户工程，构建为农综合服务平台。加速乡村基础设施数字化转型，加快推动农村地区水利、公路、电力、冷链物流、农业生产加工等基础设施的数字化、智能化转型，推进智慧水利、智慧交通、智能电网、智慧农业、智慧物流建设，有效补齐农业农村网络发展短板。同时，网络信息技术也有助于创新生态保护机制，促进环境治理、生态保护和环境优化，使得乡村农业生产更加科学、绿色，改变乡村的传统风貌。

(5) 有助于创新基层治理模式，完善乡村治理体系。

运用互联网思维和信息技术开展乡村治理，有利于实现乡村组织结构和工作流程的优化重组，实现治理手段技术化、治理方式规范化、治理内容多元化、治理主体协同化，从而提升乡村治理能力和水平。借助信息化手段和平台，有利于增强农村居民参与乡村治理的愿望和党员干部及时了解广大村民诉求，实现不同治理主体的协同联动，提升农村治理效率。此外，农村网络信息系统拉近了乡村政务治理中管理人员与乡村居民之间的距离，促进其交流互动调节人际关系，有利于乡村社会群体关系更加和谐。

(6) 有助于均衡城乡基本公共服务，增强农民获得感。

随着"互联网+"深入影响农村发展，农业云服务、农村综合信息服务平台、涉农信息服务解决方案APP、SNS信息服务、在线教育、"互联网+医疗"、

"互联网+居家养老"等新型农村信息服务模式不断涌现,农村信息服务逐渐由自上而下的信息服务模式向个性化、多样化、精准化方向发展。通过"互联网+",为农民生产、生活、教育、医疗、养老等提供内容丰富、快捷高效的数据信息服务,逐渐会缩小城乡之间的差距,把城市的一部分优质资源向乡村倾斜,使得农民有更多的获得感和幸福感。

(三) 信息化发展助力乡村振兴的可行性分析

1. 乡村信息基础设施建设

新型基础设施建设是乡村振兴体系建设的第一步,是实现农业生产数字化的基础和支撑。科技与农业"同频共振",带来的不仅是信息的对接,更是驱动着我国传统农业向现代农业的转型,助力实现乡村全面振兴。

根据2020年《中国数字乡村发展报告》,乡村信息基础设施建设已经全面升级,全国行政村通宽带比例达到98%,农村互联网应用快速发展。农村宽带接入用户数达到1.39亿户,比上年末净增488万户,比上年同期增长8%,图4-1为农村宽带接入用户情况。

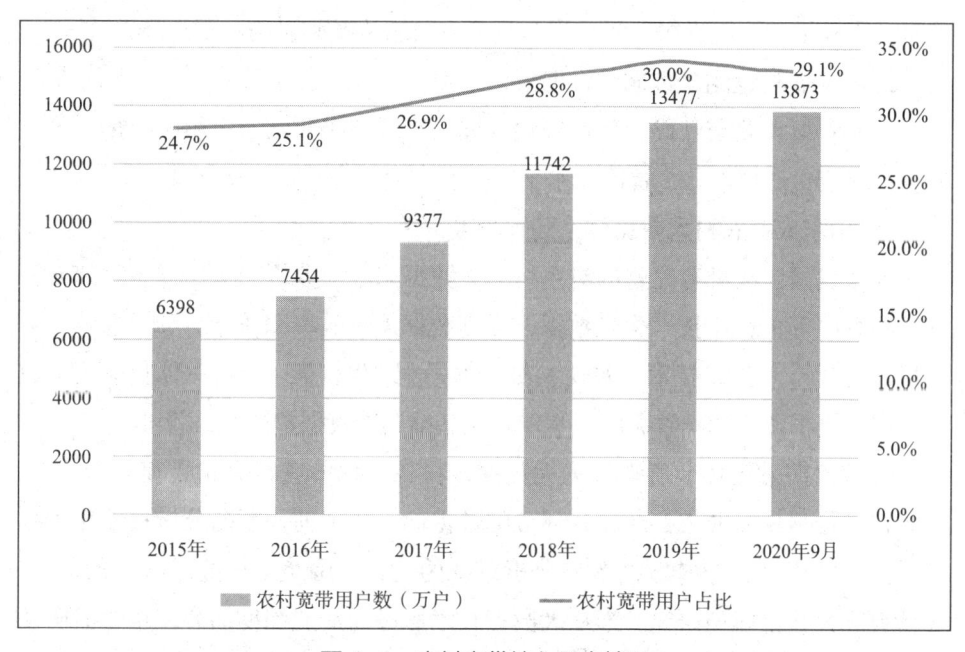

图4-1 农村宽带接入用户情况

广播电视重点惠民工程深入实施,农村地区广播电视基础设施建设和升级改造持续推进。据统计，截至2019年年底，农村广播节目综合人口覆盖率98.84%，农村电视节目综合人口覆盖率99.19%。乡村广播电视网络基本实现全覆盖，基本实现农村广播电视户户通。同时，电信网络诈骗等违法犯罪行为逐步遏制，打击治理电信网络诈骗专项行动深入推进，保障农村人民群众的合法权益和社会稳定。

随着国家能源局"十三五"期间引导地方及电网企业投入农村电网改造升级任务，2020年6月完成"三区三州"、抵边村寨农村电网改造升级攻坚。农村供电服务水平显著提升，改善了群众生产生活用电条件，为乡村新业态发展提供了坚实的电力保障。

水利网信水平提升行动加快推进，水利部在京发布全国水利一张图，促进实现信息资源整合共享，推动信息技术与水利业务深度融合。农村公路数字化改造持续推进，交通运输部不断推进农村公路更多向进村入户倾斜，实现了对农村公路基础设施信息的动态更新，持续提升农民群众获得感、幸福感。同时，乡村智慧物流建设也取得新进步，2020年，国家邮政局着力巩固村村直接通邮成果，积极推动快递进村工程，逐渐完善乡村物流基础设施和配送体系。

2. 农业农村运用大数据条件已较为成熟

农业农村大数据已成为现代农业发展的重要资源要素，运用大数据，可有效提高农业生产精准化、智能化水平，推进农业资源利用方式转变。

(1) 国家农业农村大数据体系建设不断完善。

现在我国已经具有完整的对乡村的大数据采集、分析和应用体系。如充分利用物联网等信息化技术采集数据，提高数据采集效率和质量。利用遥感、无人机等现代空间信息技术，实现农村数据采集"空、天、地"一体化应用。建设数据归档系统、基础数据库，实现农业基础调查数据集中统一管理。

针对数据采集环节所得到的大数据，在各个环节进行分布式存储和分析，对数据进行整理、加工，形成各环节的数据库。并辅助一系列分析技术作为技术手段，完成全产业链数据存储分析系统的建设。围绕全产业链各阶段需求，推动智能大数据模型研究。推动大数据技术服务与产业深度结合，培育面向垂直领域的大数据服务模式。

(2) 大数据乡村振兴标准体系已建立。

在充分学习并理解十九大对乡村振兴的战略目标要求下，针对政府乡村振兴工作，推出"乡村振兴"解决方案，以 G6 政务协同平台为基础，构建以扶贫对象、扶贫过程、扶贫成效为核心的扶贫管理平台，利用数据采集、信息管理、过程记录、数据分析等，帮助扶贫对象精准识别、扶贫工作有效管控、扶贫效果及时统计，使得扶贫工作管理精细化、过程可视化、效果可量化，以信息化手段助力政府乡村振兴，图 4-2 为大数据乡村振兴标准体系结构图。

（3）大数据全产业链建设开始起步

我国正在逐步实现油料、天然橡胶、糖料蔗、棉花、苹果、大豆、生猪等全产业链的大数据建设，促进相关产业振兴，满足行业需求，加快我国现代农业发展，带动乡村信息化发展。

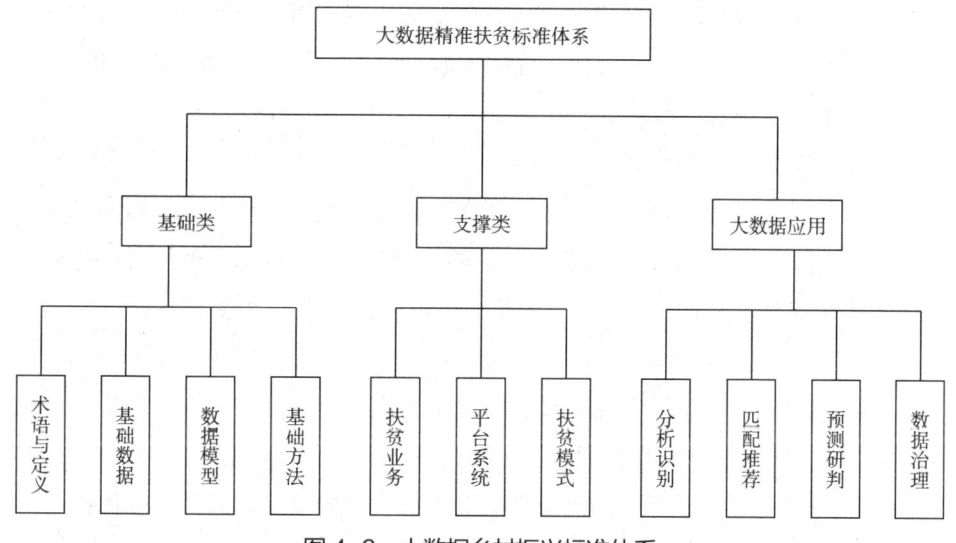

图 4-2 大数据乡村振兴标准体系

3.农业生产数字化正在快速发展

加快推广云计算、大数据、物联网、人工智能在农业生产经营管理中的运用，促进新一代信息技术与种植业、畜牧业、渔业、种业、农机装备、农垦全面深度融合应用，打造科技农业、智慧农业、品牌农业。

（1）种植业数字化。

不断完善农情监测体系数字化建设，统一的全国农情信息调度平台有效支撑种植业全程精准管控。积极探索利用现代信息化手段，建立了县域科学施肥专家查询系统，为农民提供科学施肥信息服务的有效模式。逐步强化行政管理平台数字化建设，完善了肥料登记审批系统，加强了肥料登记信息公开；完善了数字农药监管平台，加强种植全程肥料、农药的精准管控力度，实现农业投入品的安全追溯。

(2) 畜牧业数字化。

不断完善养殖场直联直报系统，开展养殖技术线上指导，特别在疫情防控期间，建立畜牧、屠宰、饲料等多个行业微信工作群，及时调度企业复工复产情况，帮助乡村企业解决实际困难，渡过难关。

(3) 渔业数字化。

持续推动渔船渔港管理系统信息化建设，不断加强渔业装备升级改造，稳步推进渔业生产大数据平台建设，特别在疫情防控期间指导搭建全国水产品产销对接平台，开展产区销区对接，推动各地开展"鱼你同行"水产品驰援一线、爱心助力水产品销售等行动。

(4) 种业数字化。

建设并应用数字化育种平台，不断夯实种业大数据管理基础，提高种业大数据服务能力，升级信息服务手段，各类智能终端（种业通 APP）为种业多元主体提供种业数据、技术、服务、政策、法律的一站式综合服务。

(5) 农机装备数字化。

不断加快农机装备数字化步伐，深入推进农机作业数字化服务，提升农机管理数字化水平，例如运用物联网、大数据等信息化技术，打通补贴申请、机具识别、作业轨迹监测等方面的数据通道，探索更加安全、高效、便民的补贴机具核验与补贴资金申领模式。

(6) 农垦信息化。

不断加强农垦基础数据资源建设，实现农垦系统法人组织统一、分类、有序信息化管理；通过期货交易市场、第三方电商平台、自建电商平台等多种途径，加快推进农业经营数字化转型。

4. 乡村数字经济新业态初步形成

推动互联网与乡村特色产业深度融合，发展电子商务、智慧旅游、创新创业等新业态，扩宽电商经营渠道，打造乡村旅游品牌，大力培育乡村创新创业人才，规范有序发展乡村共享经济。

(1) 农村电子商务。

国家出台政策实施"互联网+"农产品出村进城工程,基本形成了政企协作、线上线下融合的农产品电商发展新机制,营造了"一方牵头部署、多方聚力推进"的发展氛围。在疫情防控关键时期,电子商务在缓解农产品滞销难卖、保障市场供给等方面发挥了重要作用。通过电商扶贫频道助推农产品销售,对贫困地区农副产品网络销售给予优惠措施,打造贫困地区产品网络销售直通车。不断加强邮政在农特产品进城中的渠道作用,主力加快发展乡村特色产业。持续推进电子商务进农村综合示范,不断增强村级电商服务能力,持续发展村级电商服务站,推动传统物流业态加快转型升级,图4-3为近年来全国农村网络销售情况。

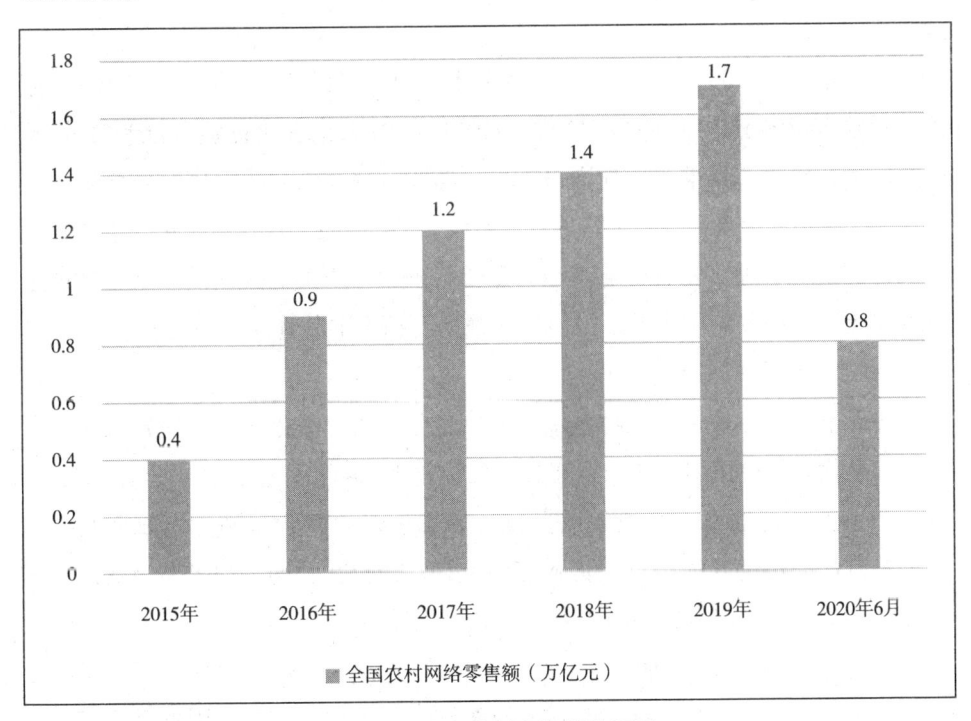

图4-3 全国农村网络销售额图

(2) 乡村智慧旅游。

利用互联网及新媒体资源,不断完善乡村旅游智慧化政策环境;通过短视频平台提升乡村旅游重点村知名度;建设乡村旅游产业数据库,着力推进"数字文旅""智慧旅游"等新型服务模式,推动惠农通服务点互联网化升级,改善乡村旅游金融服务环境；最后，持续加大乡村旅游人才数字技术培训力度。

(3) 农村创新创业。

国家出台政策不断完善农村创新创业政策，并提出建设农村创新创业平台。深入实施农村创新创业带头人培育行动，不断壮大农村创新创业带头人队伍。积极推动创业孵化载体和科技服务体系建设，大力培育服务科技型中小企业，增强农村创新创业载体带动作用。

5. 乡村数字化治理快速推进

深化"互联网+政务服务""互联网+党建"建设，促进农业行政审批制度改革、农业农村信息化建设和数字化管理深化发展，不断提升乡村治理效能，推动乡村治理能力建设取得长足进展。

(1) 乡村政务管理。

"互联网+政务服务"平台加快延伸至乡镇，实行"一窗受理""一条龙"服务，行政审批和公共服务"一站式"办结。着力深化农业行政审批制度改革，精简审批、放宽市场准入、加强事中事后监管。完善农村集体资产监督管理平台功能，建设数字化"三资"智慧监管系统，使"三资"管理透明化。进一步规范农村宅基地管理，使农村宅基地信息化管理服务更加高效便捷。基本建成土地承包经营权信息应用平台，方便群众查询，利于服务管理。

(2) 乡村党务村务管理。

建设平台，加快推进农村基层党建信息化覆盖；注重应用，提升农村基层党建信息化水平；拓展功能，以智慧党建引领强村善治；依托全国"雪亮工程"示范和重点支持项目，实现省域行政村的视频资源整合联网，为数字乡村建设、农村社会治理和乡村振兴提供有力支撑。以"互联网+村务"为载体，拓宽群众知情渠道，使村民与村务"面对面"、零距离。

(3) 乡村疫情防控管理。

利用智慧乡村信息平台为乡村疫情防控提供支撑，充分利用电话、互联网等信息服务有效保障疫情防控期间农村居民生活所需。农业农村市场与信息化系统上下联动，实现疫情防控和农业生产"两手抓""两不误"。实施消费扶贫行动，线上线下相结合，扎实推进消费扶贫专区、专馆等建设，引导和规范电商平台和互联网平台企业开展电商助农、直播带货等活动，努力克服疫情对乡村振兴的影响。

6. 乡村信息服务不断完善

建设完善乡村信息服务体系，不断增强农业生产经营在线服务能力，全面提升乡村公共服务数字化水平，广泛开展面向农民及新型农业经营主体的信息化培训，形成乡村信息服务全面触网、深度渗透、相互借力的良好局面。

（1）乡村信息服务体系。

深入推进信息进村入户工程；不断完善供销合作惠农服务网络；深入推进农村基础金融服务覆盖工作，探索开发一体化数字服务平台，不断加强乡村基础支付服务和便民支付产品供给，银行业金融机构基本实现乡镇一级全覆盖，"存、取、汇"等基本金融服务在行政村一级基本全覆盖。

（2）农业生产经营服务。

研究开发了全国农业科教云平台，实现了农业科教与农业产业的深度融合。依托重点农产品市场信息平台，不断提升重点农产品市场信息服务能力。加大了农产品产销对接力度，解决部分地区农产品滞销难卖问题。

（3）乡村公共服务。

全面推进民政服务信息系统建设；加速优化乡村网络文化管理与创作；提档升级乡村公共数字文化服务；开展农耕文化保护与传承活动；完善金融支农信息服务；不断提高公共法律线上服务水平；实现传统村落保护全景网络漫游；进一步健全乡村就业信息服务网络；持续加强乡村社保服务信息化；不断深入医保服务信息化建设；加快提升乡村教育信息化水平。

（4）农民信息技能培训。

稳步推进高素质农民培育工程，积极支持高素质农民培育。大力开展农村实用人才和大学生村官示范培训，探索形成了"村庄是教室、村官是教师、现场是教材"的特色培训模式。加大职业教育专业教学资源库建设，为职业院校在校学生以及包括职业农民在内的社会学习者提供免费、优质、丰富、实用的信息化学习平台。

7. 智慧绿色乡村蓬勃发展

建设生态宜居的美丽乡村是乡村振兴的应有之义。深入普及互联网等数字化技术在智慧绿色乡村建设中的重要作用，积极推广农业绿色生产方式，提升乡村生态保护信息化水平，倡导乡村绿色生活方式，促进乡村绿色可持续发展。

(1) 智慧绿色生产。

不断推进农田生态数字化监测工作,组织省级环境监测站、国家土壤样品制备与流转中心开展农田土壤环境例行监测。全面推广应用农产品质量安全平台,配套建成指挥调度中心、移动专用 APP、监管追溯门户网站、国家追溯平台官方微信公众号等。划定的农业绿色生产示范区初见成效,初步探索了一批可推广可复制的发展模式,见图4-4。

图 4-4 农业绿色生产示范区

(2) 智慧绿色生活。

持续推进农村人居环境基础设施建设,实施农村人居环境整治整县推进项目。持续加强乡村水利数字化监管,补充移动巡查等手段,强化了小型水利设施工程安全运行信息的采集能力。不断拓展农村环境网络监督,生态环境部继续加强 12369 热线、微信平台等建设和运营工作,在中央广播电视总台、人民日报、经济日报等主流新闻媒体刊发农业农村生态环境保护相关报道,宣传农业农村污染治理攻坚战的具体举措及成果,营造了良好的舆论氛围。

(3) 智慧绿色生态。

不断升级水土流失信息化动态监测手段,有效防控了人为水土流失,有力促进了城乡生态环境的持续改善。不断加强农村河湖信息化管理,搭建完成河湖遥感"四查"平台,为实现美丽乡村目标提供了技术支持。

二、信息化在振兴乡村中的多维运用案例分析

(一) 信息化助力乡村组织振兴

1. 海南三亚：智慧"秘书"玩转村务管理

在扶贫物资发放时，扶贫干部登录系统，扫描贫困户身份证，系统会自动识别并将物资自动匹配到贫困户名下。发放的数量和品种现场拍照，直接录入系统，省去统计和上报环节。根据制订好的贫困户脱贫计划，系统还会在发放补贴、签订扶贫项目入股协议和发放分红等重要节点，提示帮扶责任人入户工作，帮扶责任人可使用打卡功能留下记录。信息化的扶贫工作不仅提升了工作效率，还保证了发放过程的公开、透明、可追溯。

2017年以来，三亚市探索建设乡村振兴数据库管理系统。这个系统能动态跟踪帮扶措施的实施，及时督导和提示，简化工作流程，成为扶贫干部的智慧"秘书"。通过手机登录扶贫系统APP，核实贫困户帮扶措施落实情况，落实到位即可点击确认。三亚市乡村振兴数据库管理系统，包含全市2000多户、1万多建档立卡贫困人口近三年家庭情况、健康状况、生产生活资料等信息，可随时核对更新。系统还整合财政、教育、卫计、住建、民政等部门的扶贫工作数据，打破过去部门间信息条块分割。各类扶贫数据精准匹配每个贫困户，实现对全市贫困人口、巩固提升人口的精准化动态跟踪管理。

登录该系统，大到全市产业乡村振兴、危房改造、医疗保障等工作总体进度，小到每个贫困户家里有几亩地，谁上学、谁患病都一目了然。通过系统里的一项项数据，扶贫工作人员能了解脱贫措施是否到位、项目实施进度是否正常、帮扶干部是否负责，真正做到乡村振兴。除了精准识贫，系统还能根据信息识别致贫原因，并匹配一套帮扶措施，指导各级帮扶单位和干部科学帮扶。

2014年，育才生态区那受村村民苏祥海因交通事故颈椎骨折，举债数万元治疗。2016年，他被认定为建档立卡贫困户。系统分析出苏祥海"因病暂失劳动力、缺少发展资金"等致贫原因。通过靶向扶贫，系统最新数据显示，他家人均纯收入远超贫困线，各项指标均满足脱贫条件。

该系统还使帮扶干部从繁杂的材料填写中"解放"出来。那受村第一书记吴逸说，贫困手册填写时如出现遗漏、填错，重新抄写工作量很大。现在可直接在系统上修改，按照手册格式打印。此外，该系统还具有反馈功能。三亚市

信息化基础设施投资建设发展公司董事长助理马强介绍，帮扶责任人若发现帮扶措施未按计划落实，可通过 APP 直接反馈到系统中，系统会发送信息提示跟进处理。若超期未处理，信息将反馈到市扶贫办，进入工作督导状态。

2. 宁津：动态监测救助阻断"返贫路"

社会大救助体系服务平台通过大数据云计算形成预警，将贫困家庭的信息反馈到其所属乡镇，让其享受到精准高效的救助服务。

在乡扶贫干部李振的积极对接下，刘用花在乡木器扶贫项目车间找到了工作，每月工资 1500 元。之前，52 岁的刘用花日子过得很拮据。2017 年丈夫因病去世后，她带着孩子靠种地、打零工为生。2018 年，刘营伍乡党委政府为她和孩子们申请了低保，每年发放帮扶资金 2000 元以及风力发电、扶贫大棚项目分红 1700 元；还为大女儿申请了每年 1500 元，二女儿、小儿子每年 1000 元的教育帮扶资金。在各项扶贫政策的帮扶下，刘用花家庭稳步脱贫。令刘用花没想到的是，2020 年他们家面临返贫。这一年，孩子都到宁津县城就读初、高中，学习、生活开支急剧增加。2020 年 6 月，刘用花的家庭信息被宁津县社会大救助体系服务平台推送至刘营伍乡，乡镇派出扶贫干部李振对接帮扶刘用花家庭。李振发现，刘用花家缺少劳动力，他就在农忙期间为刘用花联系农用机械，把种子、化肥、农药送到地头上；就业难度大，他为刘用花联系乡里的扶贫车间，安排就业岗位。

宁津县建立健全分层分类的社会大救助体系，利用信息化手段铺设了覆盖县、乡、村的社会大救助体系服务平台，把对低保、特困等重点救助对象应救尽救作为基础核心，并通过制度创新将部分低保边缘人群纳入保障范围，同时将困难指数 3% 以内的困难家庭和困难人口作为重点对象进行动态监测、主动识别、精准帮扶。

如今，宁津县将分散的救助职能和救助事项全部纳入社会大救助体系服务平台，实现了"一库取单"，确保了救助资源真正用在"刀刃上"。同时，社会大救助深化了"放管服"改革，把审批权限下放到乡镇，通过救助项目流程再造，确保贫困群众"一次办好"。

(二) 信息化助力产业振兴

电商扶贫是网络扶贫的重要模式，各地通过发展贫困地区的电子商务，建立电商产业园、电商创业孵化基地，对接电商大市场，带动农民就业创业、贫困户脱贫致富。近年来直播带货火爆兴起，在减少中间环节、促进产品销售，把贫困地区的农产品卖出来、卖出好价钱等方面，发挥了很好的作用，拉动了消费市场的增长。借助通信网络，新信息、新技术、新业务在城市出现的同时也能够第一时间输入到偏远的贫困地区。在这样一个信息化的时代，网络给贫困地区带去的不只是财富，还拉近了他们与城市的距离。

1. 农村"新农具"——海南新坡镇的信息化探索

对于农民来说，常用的农具有什么？传统的锄头、耙子？抑或是犁地机、拖拉机等现代机械？信息化的时代，在海口市龙华区新坡镇的农业新图景里，农民手里多了一个"新农具"——赋予"三农"服务功能的手机APP。

2021年2月5日，一款手机APP"海口农民"上线试运营，开设农村新闻资讯、政策智配、农技问答、电商平台、村务信息、金融服务、就业招聘、乡村旅游等30余项服务。海口以新坡镇为试点，以"海口农民"APP为乡村信息化的载体，探索用信息化的方式，打通信息进村入户的"最后一公里"，解决"农业生产效率不高""农产品滞销""农民难以第一时间掌握政策动态与市场信息""农村市场资源少"等难题。

通过手机平台，农户与市场实现无障碍对接，在农副产品销售、远程教育、就业等生产和生活领域享受到了信息化的便利。新坡镇文丰村村民周汝光尝到了信息化的甜头。3月2日这天，他接到了一个咨询电话，有客户想了解他家的圣女果和泡椒的种植情况，并希望预约购买。从未见过面的买家，如何知道自己的电话？原来是周汝光在"海口农民"APP上公开了自己的种植信息和联系方式，这为他们在农产品的销售打开了线上渠道，可以根据客户需求按订单种植，避免农产品滞销的问题。从乡村信息化中受益的不仅是单个农户，同时更大的市场主体参与更多的订单需求纷纷找上了新坡镇。

2021年春节刚过，互联网电商平台盒马鲜生总部的电话就打到了"海口农民"APP发起者、来自上海的乡村振兴工作志愿者薛沛建的手机上。目前美团团购、上海江桥批发市场、上海高校后勤服务公司已与新坡镇达成约定，定期批量采购新坡镇的蔬菜产品。如上海高校后勤服务公司与江桥市场，已开始购买海口的泡椒。此外，海供乐农、鲜优惠等多个海南本地电商平台和社区团购平台，也开始上架销售新坡镇仁南村蘑菇基地生产的小姬菇。

在"海口农民"APP推出之前，薛沛建不计报酬，带领团队在新坡镇进行了 3 个月的调研。在了解农民、农村干部、乡村企业家等群体的需求后,乡村要加快信息化进程,就要抓好载体建设,要把信息化的各种功能赋予农民的手机,让手机成为信息化为农服务"最后一公里"的落脚点,同时还要以服务农民为中心,吸引社会力量主动参与信息化进村入户的各项工程。基于新坡镇的实际情况,薛沛建团队将自己的基础调研与上海中产三六五科技有限公司合作研发的"农民云"平台结合,开发出"海口农民"手机 APP(图 4-5)。其功能不仅有拓展农副产品的销售渠道,还涵盖了招聘就业、乡村旅游、教学培训与远程医疗等多种生活服务功能。

"海口农民" APP 内还开设了线上教学系统,华东师范大学教师团队成为首个入驻系统的远程教培团队。他们还会定期通过"海口农民" APP 线上教学系统,对新坡中心小学教师开展数学、英语教学培训,还要开展振兴乡村、提升乡村学校教学质量改革工程。通过"海口农民"平台的远程培训,如在新坡镇试点提升教学质量见成效,以后可在海口乡村学校推广。

图 4-5 "海口农民" APP

手机应用软件的乡村信息化探索，为新坡镇的农业、农村和农民赋予了更多便利。新坡镇打造了自己的村级数据库——新坡数据库，其中收集整理了新坡镇土地流转、电商购销、人口就业、学生教育、每日蔬菜生猪信息等385项与农村生产生活相关的数据。

为了确保数据库中每一项数据信息准确、更新及时，需要农村信息员来完成后续维护工作，这是一个新岗位。农村信息员不仅需要定期采集、更新乡村各类数据，还是农民使用信息化工具的指导员、电商收购农副产品以及农业科技下乡的协调员。目前，在海口市农业农村局等部门的支持下，新坡镇下属13个行政村已经建立起了农村信息员队伍，这一岗位由村支书助理兼任。这为下一步推进信息化进村入户、提升信息化服务成效奠定了良好基础。

当前信息化进村入户仍存在一定的困难和短板，首先是资金问题，农村信息员队伍的建立需要支付一定的酬劳，信息员的工作复杂繁琐又很精细，必须经过培训、考核合格后才能上岗，同时还要有管理和考评标准。其次，农村的营商环境亟待提高。考察农村项目可行性的专家与农业企业家普遍反馈称，乡村振兴亟待打造良好的农村营商环境。

新坡镇的乡村信息化探索，是海南发展智慧农业，实现数字农业农村建设，推动"三农"工作数字化转型行动的一部分。在海口、三亚等市县，同样的探索也在多方推进中。在位于三亚市崖州区的中国农业科学院棉花研究所海南南繁基地里，无线互联网监测设备可以实时监测果园的温度、湿度、光照、气压、风向等，并将数据以每分钟一组的频率，上传到后方的服务器，全天候"守护"着棉田；在三亚崖州湾科技新城，武汉珈和科技有限公司海南分公司建立了技术创新基地，并研发了智慧农业项目"农业遥感卫星大数据平台"，可通过卫星数据解译技术，对农业用地、农作物种植分布、长势情况进行摸底，做到全省农业"一张图"，让数据互联互通。

海南是一个农村人口比例和农业份额都偏高的省份，加快农业农村现代化，是海南实现"换道超车"很好的途径。与此同时，政府也要加强农村网络信息基础设施建设，补齐网络基础设施短板，应该统筹推进县域城镇和村庄建设规划，实现网络基础设施项目安排与村庄规划有效衔接。例如加快5G、物联网和千兆宽带建设，引领农村网络信息基础设施全面升级。推动农村道路、水利、电网、教育、医疗、农业生产加工等领域基础设施的网络化、数字化、智能化

2."互联网+"农产品出村进城

党的十九大提出了乡村振兴政策,"互联网+"关注的角度也转向乡村,下表为部分"互联网+"农产品出村进城工程的支持企业和支持政策。乡村一直以来都是互联网闭塞的区域,很多的政策无法实时传送到村民手里,有一家专门研发"智慧乡村"系统的公司,通过初步的了解发现了"智慧乡村"的优势,他们利用互联网技术加载微信公众平台来实现村民通过手机动动手指即可快速了解村内事务、政策法规、通知公告,同时还可以将农产品在"数字智慧乡村"系统的一村一品内销售,真正达到了帮助老百姓提高家庭收入、增加农产品销量,同时他们的"数字智慧乡村"将村民的所有信息采集到"大数据平台"内进行展示,通过大数据的采集可以快速获得村民的各类信息,如家庭人口、家庭收入、种植情况、养殖情况等,还为村民解决了农技培训,在智慧乡村系统内的种植养殖技术版块为村民提供了各类种植养殖技术的培训和指导,同时还搭载了乡村旅游版块,将我们自己的家乡推广出去,迎接更多的游客,做到了美丽乡村的政策融合,图4-6为"数字智慧乡村"功能列表。

部分"互联网+"农产品出村进城工程的支持企业和支持政策

企业名称	支持政策
中国银联	1. 推荐"互联网+"农产品出村进城工程试点县优先纳入中国银联移动支付引领县建设范围; 2. 为县域小微商户受理移动支付交易提供4折优惠手续费率; 3. 通过合作社服务平台,为合作社提供收购、对账、销售全流程电子化服务
中国农业发展银行	1. 由中国农业发展银行创新部对试点县建立客户服务台账,指导地方分行建立专项服务团队,量身定制金融服务方案; 2. 对试点县及大型互联网试点参与企业的信贷规模给予优先安排,特别是涉及乡村振兴的要给予专项规模; 3. 进一步降低企业融资成本,对"三区三州"深度贫困地区,扶贫贷款实施优惠利率,非扶贫贷款也可参照执行。对扶贫贷款客户按照国家及农发行政策减免有关服务收费。对重点领域复工复产项目及小微企业实行优惠利率
猪八戒网	1. 成立专项工作小组,统筹推进项目实施,开设"互联网+"农产品出村进城工作专题页(网址:https://cy.zbj.com); 2. 线下对口支持106个试点县,每县提供价值100万元的咨询服务,包括:农业区域公共品牌体系建设的调研和咨询服务、数字化企业管家服务、支持

续表

企业名称	支持政策
猪八戒网	举办农业产业峰会、培训等； 3. 对所有110个试点县每县提供价值100万元的线上服务券，服务券主要用于免费领取或者抵扣围绕农产品出村进城需要的相关服务，具体服务内容及抵扣方式见专题页

图4-6 "数字智慧乡村"

三、信息化助力乡村振兴存在的问题分析

如今，数字经济不仅已成为推动经济增长的强大动力，而且大数据也在不断推动着质量变革、效率变革、动力变革。换句话说，谁掌握了大数据的主动权，谁就赢得了核心竞争力。乡村振兴战略对于解决好"三农"问题、加快推进农业农村现代化具有重要意义，而实施乡村振兴战略，必须与国家大数据战略相结合，用好大数据这一技术助推器，促进互联网、大数据、人工智能与农业农村发展深度融合，加快农村经济社会发展。

诚然，在一些地方，大数据已经在"三农"事业发展的许多方面发挥出其作用。比如，国土资源管理与土地有效利用、推动农业现代化生产与农产品高效流通、保障农产品质量安全、提高农民素质和农业经营效率、为乡村振兴战略实施提供精准可靠的数据支持等。但是，"甘瓜苦蒂，天下物无全美"，大数据技术在农业农村的运用是初步的，在实践中还存在一些问题。我们必须承认，我国农业农村的数字化水平总体仍偏低、智慧农业缺乏技术储备、现代信息技术与农业全产业链深度融合不够充分等。总体来看，当前我国乡村信息化水平和农业数字经济产值与我国整体的社会信息化程度和占GDP比重达到34.8%的数字经济总量严重不匹配；农业大数据运用方面还缺乏具体的战略部署，农业大数据的采集、分析、实际应用还比较难，农村缺乏信息化人才，乡村信息化基础设施比较薄弱，这些问题亟需解决。

四、进一步推进信息化助力乡村振兴的具体路径

《数字乡村发展战略纲要》的颁布为未来数字乡村发展勾勒出了蓝图，提出到2025年数字乡村建设取得重要进展。乡村4G深化普及、5G创新应用，培育形成一批叫得响、质量优、特色显的农村电商产品品牌，基本形成乡村智慧物流配送体系。到2035年，数字乡村建设取得长足进展。城乡"数字鸿沟"大幅缩小，农民数字化素养显著提升。农业农村现代化基本实现，城乡基本公共服务均等化基本实现。到21世纪中叶，全面建成数字乡村，全面实现乡村振兴，达到农业强、农村美、农民富。这些规划为实施乡村振兴战略提供强大支撑与行动指南。

1. 推进数字农业创新技术研发和成果转化

科技是第一生产力，我们必须拥有完全自主的高精尖科技，深入推进核心技术的投入、研发与应用，"造不如买、买不如租"的观念使许多行业的发展遭到毒手，须知卖家可以选择其客户，为什么不自己把握自己的命运而要交予他人之手？尤其是对智慧供应链体系中的传感器、智能装备等要素的投入，云计算、物联网等新一代信息技术的创新投入力度也需要得到更多支持，同时，加大推进技术创新与农业全产业链深度融合，从而使农产品全产业链体系更加完善。

2. 做好数据共享、数据标准化与信息安全工作

建立政府各职能部门信息资源目录体系，由相关主管部门根据信息主动共享、协议共享以及不予共享来分类编制信息目录清单。建立数据编码、采集、分类、发布、共享和交换等相关配套标准，出台涉农服务大数据规范。出台电子证照关键技术标准和跨地区互认共享标准。还可把数据信息共享列入绩效考

核，激发各部门信息资源共享的积极性。总之，各行业各部门要充分共享已有的信息，不可以安设关卡，避免在农村信息化建设过程中重复建设、重复收集数据，这需要有关部门牵头制订数据收集和信息共享规范，同时确保数字信息安全，严防死守信息泄露风险。

3. 提升教育数字化应用水平

教育决定着人类的今天，也决定着人类的未来。人类社会需要通过教育不断培养社会需要的人才，需要通过教育来传授已知、更新旧知、开掘新知、探索未知，从而使人们能够更好认识世界和改造世界、更好创造人类的美好未来。乡村因其地理位置、资源分配等原因，教育资源与大型城市相比仍存在较大差距，这就造成寒门难出贵子。但在大数据时代的今天，可以开展以城乡教育资源共享为专题的5G远程互动教学，通过高清远程授课的方式，将名校名师的高清教学直播课堂传输到更多学校，实现偏远山区的孩子与重点名校学生同上一堂课，提升乡村教育水平，缩小城乡教育资源的差距。

4. 重视人才培养

"一年之计，莫如树谷；十年之计，莫如树木；终身之计，莫如树人"，党的十八大以来，习近平总书记在不同场合不同会议上强调了人才的重要性，这是因为，创新是引领发展的第一动力，创新驱动实质上是人才驱动，人才对于推动我国经济社会持续发展的重要性不言而喻。但是，缺乏人才是数字乡村发展的重要瓶颈。应结合乡村人才振兴，加大数字乡村复合人才的培养，支持数字乡村创新创业，推动数字乡村发展。同时协同发挥科研机构、高校、企业等各方作用，培养造就一批数字农业农村领域科技领军人才、工程师和高水平管理团队。加强数字农业农村业务培训，开展数字农业农村领域人才下乡活动，普及数字农业农村相关知识，提高新型经营主体、高素质农民等相关主体的数字技术应用和管理水平。通过有针对性地培训，培育新型职业农民、新型农业经营主体，提高他们的信息技术知识水平，打造一支"互联网+"现代农业建设队伍。通过与高校等科研单位合作，培育一批具有数据挖掘、分析、整合和管理知识的大数据人才，为新型农业经营模式提供必要的人才储备，提高新型农业经营主体的市场竞争力。

5. 提升农村信息化基础设施水平

以数字农业为抓手，重点培养和支持一批农业大数据应用与示范项目，推动农业大数据资源增长及农业大数据技术应用。完善农村信息化基础设施，积极推进现代农业智慧园建设。大力推进数字政务向县乡两个层面延伸，完善农业生产服务系统、经营主体信息共享系统、质量安全信息服务系统。将民政、人社、医保、教育、住建等部门乡村公共信息整合起来，探索建立乡村文化、乡村公共服务和社会救助信息共享平台。

6. 做好现代农业大数据发展的顶层设计

从国家层面统筹和规划大数据资源开发利用，将农业大数据发展纳入国家农业信息化发展整体战略。密切跟踪国际大数据前沿动态，分析大数据发展趋势，积极研发农业大数据关键技术。基于我国农业发展特点和需求，拓展和深化农业大数据重点发展领域。大力推动大数据、互联网、云计算、物联网等信息技术与农业产业融合。促进现代农业生产信息化、精细化和智能化，为农业经营主体创造现代化数据环境。

参考文献

[1] 韩俊. 解读"实施乡村振兴战略"[J]. 现代农业装备，2017(5):6.

[2] 中共中央 国务院关于全面推进乡村振兴加快农业农村现代化的意见 [R]. 中华人民共和国国务院公报，2021(7):14-21.

[3] 奚惠鹏，王源. 浅谈学会工作信息化 [J]. 科协论坛，2009(7):29-31.

[4] 新华社. 中共中央 国务院关于实施乡村振兴战略的意见 [N]. 人民日报，2018-2-5(1).

[5] 马玉曼，张春玲. 利用信息技术推动河北省乡村振兴的对策研究 [J]. 管理观察，2018(29).

[6] 胡晶，张春玲. 论乡村网络信息建设如何融入乡村振兴战略 [J]. 学术交流，2018(12).

[7] 中国数字乡村发展报告（2020 年）[J]. 小城镇建设，2020(12):116.

[8] 吴志明，周小亮. 大数据助力乡村振兴 [J]. 经济研究信息，2018(8):14-15.

[9] 刘红权. 乡村振兴进入重要战略机遇期 信息化引领农业农村发展 [N]. 通信信息报，2021-1-13(1).

[10] 汤艳娟，杨若雯. 用信息化引擎驱动乡村振兴 [N]. 重庆日报，2019-8-28(1).

[11] 郑峰，丁超勋，余瑞丽，等. 农村信息化建设助力乡村振兴的路径和对策[J]. 乡村科技，2020(3):11-14.

[12] 谭力伟. 信息化助力乡村振兴[J]. 中国国情国力，2018(7):12-14.

第二篇　信息化与乡村振兴战略的有机融合研究

2021年春季《中国特色社会主义理论与实践》课程22班第7小组

组长：李亚婷

组员：安琪伟、曹菁菁、陈姣睿、高萌英、郭言笑、李菁、上官蒙蒙、吴子航、翟文娅

一、信息化助力乡村振兴的时代背景分析

数字乡村既是乡村振兴的战略方向，也是建设数字中国的重要内容。党的十八大以来，农业农村的数字化发展是国家最重视的工作之一，国务院、中央部委及地方出台一系列政策文件，引导乡村信息化建设。在此背景下，近年来，中国对乡村振兴科技支撑行动进行了探索和实践，成绩显著。当前，我们处在重要的历史节点，是推进农业农村数字化的重要战略机遇期，在乡村振兴战略中，信息化是助力"五个振兴"即乡村产业振兴、乡村人才振兴、乡村文化振兴、乡村生态振兴和乡村组织振兴实现的关键要素和必经之路。

(一) 我国农村信息化水平现状分析

近年来，从中央到地方，出台一系列政策文件推动数字乡村进程，经多年建设，农村地区信息基础设施建设逐渐完善，网民规模不断扩大，为数字乡村建设打下基础。然而，当前我国数字乡村建设还存在挑战。

(1) 我国农业农村的数字化水平总体仍偏低。《2020全国县域数字农业农村发展水平评价报告》的数据显示，2019年全国县域数字农业农村发展总体水平达36.0%，较上年提升3个百分点，而在美国，这一数据超过70%，目前美国80%农场实现了信息化，每个农场都连接50个以上的物联网设备。由此可见，我国农业农村的信息化水平还有巨大的发展空间。

(2) 我国智慧农业缺乏技术储备。农业具有生物特性，将工业信息技术直接拿到农业领域往往不能有效解决农业问题，必须开展基于农业生物特性和农业问题的专题研究。由于缺乏基础性和原创性研究，我国智慧农业技术整体上与发达国家差距较大，特别是在农业传感器、农业人工智能、农业机器人等方

面，差距更大。

（3）现代信息技术与农业全产业链深度融合不够充分。解决某些农业产业现实问题仅停留在"用技术"本身，"互联网+农业"还不能充分释放数字红利，农业信息化的效率、效果和效益与工业和服务业数字化转型相比存在一定差距。根据《数字农业农村发展规划（2019—2025年）》，2018年我国农业数字经济仅占农业增加值的7.3%，远低于工业18.3%、服务业35.9%的水平。

（4）我国农业农村高质量发展仍待精准破解。当前，我国乡村振兴战略进入关键期，以乡村信息化建设推动农业农村现代化和高质量发展，仍面临着这样或那样的"硬骨头"项目任务，需要深入、精准破解。

总体来看，当前我国乡村信息化水平和农业数字经济产值与我国整体的社会信息化程度和占GDP比重达到34.8%的数字经济总量严重不匹配。

（二）乡村振兴战略的提出与开展

乡村振兴战略作为一项重要的国家发展战略，不仅关系着广大村民的切身利益，更关系着我国广大农村的和谐稳定。数字乡村是伴随网络化、信息化和数字化在农业农村经济社会发展中的应用，以及农民现代信息技能的提高而内生的农业农村现代化发展和转型进程，既是乡村振兴的战略方向，也是建设数字中国的重要内容。

乡村振兴的战略目标是到2020年，数字乡村建设取得初步进展。全国行政村4G覆盖率超过98%，农村互联网普及率明显提升。农村数字经济快速发展，建成一批特色乡村文化数字资源库，"互联网+政务服务"加快向乡村延伸。网络扶贫行动向纵深发展，信息化在美丽宜居乡村建设中的作用更加显著。到2025年，数字乡村建设取得重要进展。乡村4G深化普及、5G创新应用，城乡"数字鸿沟"明显缩小。初步建成一批兼具创业孵化、技术创新、技能培训等功能于一体的新型农民新技术创业创新中心，培育形成一批叫得响、质量优、特色显的农村电商产品品牌，基本形成乡村智慧物流配送体系。乡村网络文化繁荣发展，乡村数字治理体系日趋完善。到2035年，数字乡村建设取得长足进展。城乡"数字鸿沟"大幅缩小，农民数字化素养显著提升。农业农村现代化基本实现，城乡基本公共服务均等化基本实现，乡村治理体系和治理能力现代化基本实现，生态宜居的美丽乡村基本实现。到21世纪中叶，全面建成数字乡村，助力乡村全面振兴，全面实现农业强、农村美、农民富。

"乡村兴则国家兴，乡村衰则国家衰。"党的十九大提出的实施乡村振兴战略，是决胜全面建成小康社会、全面建设社会主义现代化国家的全局性、历史性任务，是新时代做好"三农"工作的总抓手。2018年，我国农业数字经济占行业增加值比重达7.3%，农村的数字消费增速全面超越了一线、新一线和二线城市。当前，正处在"两个一百年"奋斗目标的历史交汇期，也是信息化与农业农村现代化的历史交汇期，要抓住信息化带来的重大历史机遇，把数字乡村工作摆上重要位置，持续提升数字乡村发展水平，助力乡村振兴战略实施，加快实现农业强、农村美、农民富。

实现中国梦，基础在三农。实施数字乡村战略是历史与现实的必然选择。随着相关政策、措施的落地落实，乡村振兴将会驶入数字化的"快车道"，插上"智慧化"翅膀，成为新时代数字中国建设的"新标杆"，农民的获得感、幸福感、安全感将更加充实。

二、信息化助力乡村振兴的"五力并举"

(一) 以信息化助力乡村产业振兴提升产业"致富力"

乡村信息化建设是利用网络和信息技术作为农业农村现代化发展和转型的重要手段，这是新时代农业科技的新要求和中国创新驱动发展的新实践，对未来中国经济发展具有重要意义。乡村振兴，产业兴旺是重点，重要依托是农业信息化。信息化助力乡村产业振兴主要可以从以下三方面谈起。

1. 加强信息技术与农业生产服务融合应用

加快物联网、大数据、云计算、区块链、遥感监测及人工智能等现代信息技术在农业生产过程中全面深度融合与应用，对动植物育种、大田种植、设施园艺、畜禽养殖、水产养殖及农畜产品加工仓储物流等农业生产服务的各种要素实行数字化设计、智能化控制、精准化运行、科学化管理与智慧化服务，构建信息装备标准化体系，提升农业生产服务自动化、标准化和智能化水平，推进数字农业创新技术研发和成果转化，引领农业转型升级。

在第十八届中国国际农产品交易会(以下简称"农交会")上，华为公司首次发布数字乡村解决方案，通过打造数字化引擎全面助力中国数字乡村建设，实现乡村产业振兴。华为数字政府副总裁任劲表示，华为秉承以数字化手段使能传统乡村的理念，通过打造三农智能体有效推动数字乡村建设，助力破解城乡二元结构。华为数字乡村解决方案融合县乡村三级治理体系，以数字化社会治理为基础，构筑村级门户并实现万村互联。通过信息化积极发挥党建引领作用，聚合政务、电商、农业、金融、民生便民等数字服务有效下沉农村，推动互联网+社区向农村延伸，构建线上线下融合的乡村数字治理新体系，畅通社情民意，推进共建共治共享，繁荣发展乡村网络文化。具体而言，数字乡村解决方案目前主要覆盖乡村治理、公共服务、产业振兴等场景。在乡村治理方面，以智慧屏+IPTV实现宣传数字化，通过智慧屏远程视频功能实现远程司法调解，构建乡村智慧安防体系；在公共服务领域方面，通过智慧屏+IPTV实现远程教育，通过华为云+VR一体机实现沉浸式教育，围绕智慧屏+WeLink实现远程问诊和村医会诊，实现基于4/5G网络+手机的乡村直播间等；在产业振兴方面，通过建设华为云+AI的数字化底座，为全域的涉农企业、产业园等提供数字化服务，助力农业产业智能化升级。

2. 促进乡村电子商务加快发展

在电子商务兴起的新时代，应当抓住机遇，统筹推进乡村电子商务发展，建立各类农产品、乡村手工制品上行和乡村消费品、农业生产资料下行的双向流通通道。农村电子商务是转变农业发展方式的重要手段，是乡村振兴的重要载体。强化政企合作，深入推进农产品尤其是鲜活农产品的电子商务，扶持农村贫困地区通过电子商务手段发展特色农业生产经营。创新探索休闲农业线上交易营销模式，推动休闲农业与观光旅游成为乡村经济新的增长点。加快专业化电子交易市场建设，加强农业展会在线展示、交易。开展农产品、农业生产资料、休闲观光农业电子商务试点示范，形成一批可推广可复制的模式。

江苏省沭阳县的花木产业在电商发展以前不到10万亩，但是随着淘宝村、淘宝镇的产生，大量的花木通过电商销售，拉动花木种植面积扩大到50万亩，让沭阳花木产业的发展蓬勃兴旺。一些大的电商平台也与政府合作，直接从生产源头开始进行全程控制，典型的例子是阿里巴巴的农村淘宝兴农计划。农村电商催生了电商服务业等新的配套产业集群。搞电商就必须有包装，包装又连接着印刷，印刷又必须有纸箱加工、打包带生产等；配送则需要快递物流，接着需要配套仓储和必要的加工储藏；美工摄影、数据分析、市场推广、人才培训等电商服务业更是必不可少；大量人流、物流、信息流、资金流聚集，又催生生活服务业如商店、住宿、餐饮、娱乐等方面的发展。江苏沭阳花木电商，从卖鲜花开始，带动了营养土、化肥及铲子、剪子等花木管理工具的销售与生产，有的仅生产捆扎绳也很赚钱；卖鲜花之后又开始卖干花，进一步发展到各种手工创意花，一直到后来用电脑设计、机器加工花；花木产业本来就是一个美丽的产业，又带动了乡村旅游业的发展，兴起了民宿和农家乐。电子商务是网络对原有产业的改造、提升与深度融合。虽然农村电商发展还相对滞后，但后续还有很大潜力，只要坚持好新发展理念，努力实现高质量发展，就一定能为乡村振兴更多助力。

3. 推广普及便捷乡村信息服务

构建信息进村入户的组织体系，不断完善农业农村部管理协调、省统筹资源、县运营维护及村户为服务主体的推进机制建设。建立政府补贴制度，突出公益服务，协同推进经营性服务，加强农业信息社会化服务体系建设。鼓励科研机构、行业协会、IT企业及新型经营主体等市场主体发展生产性服务业，积极运用现代化信息技术开展农业生产经营全程托管、农业植保等服务，推进分享经济发展。鼓励农户基于互联网进行创业创新，参与代理服务、物流配送等环节服务。利用"互联网+"创新农业金融、保险，提升信贷、保险支农服务能力。推进农业大数据开发利用、乡村农产品网上营销等信息化服务业态发展，拓展农业信息化服务领域。

在普及农村宽带网络的基础上，山东移动结合山东农情特色，搭建"美丽乡村"综合信息化服务平台，为"美丽乡村"装上了智慧的内核。党政部门工作人员可通过"美丽乡村"基层党建模块，及时了解党务公开信息，选择党建课程在线学习、考试，通过手机APP可以随时随地完成党员管理、党组织活动、党费缴纳等功能，通过互联网优化了党建工作的服务管理模式，推动基层党建工作由传统向现代、由单向到互动的转变。"美丽乡村"乡村振兴模块，运用科学有效程序对扶贫对象实施精确识别、精确帮扶、精确管理，确保为农民提供多样化、多渠道的"快、准、新"信息服务，使贫困群体及时有效地获取信息，实现"在产扶贫"向"在线扶贫"转变，实现扶贫工作信息化、决策精准化。"美丽乡村"农产品溯源模块，利用物联网、云计算等技术，实现了对农产品的生长环境及生长、生产、加工、流通和销售等过程的全生命周期管理，推动了农产品质量安全的可管、可控、可服务。在青州邵庄，"美丽乡村"平台已覆盖邵庄全镇、各社区138个党支部，手机客户端APP已在该镇2800余名党员干部、群众中安装使用，平台提供的功能与服务极大地提高了办公及生产效率，受到了当地党政部门及群众的一致好评。

（二）以信息化助力乡村文化振兴提升文化"感染力"

中华民族拥有悠久的历史和丰富的文化，中国乡村文化诞生在以农耕文明为基础，地缘和血缘为纽带，传统社会伦理为秩序的乡村社会，并在长期发展中逐步形成了以乡规民约、生活信仰、传统习俗、社会禁忌等非正式制度为基本内容的文化形态。乡村有丰厚的文化资源和传承千百年的传统文化，涉及乡村的每一个角落。乡村文化是农民生活和理念的最具代表性的文化，是最能体现乡村特征的文化。

在第三个"中国农民丰收节"到来之际，习近平总书记向广大农民致以节日祝福，强调："让乡亲们的日子越过越红火""在全社会形成关注农业、关心农村、关爱农民的浓厚氛围"。让乡亲们的日子越过越红火，既要富口袋，也要富脑袋。富脑袋，意味着广大农民的文化素质显著提升、精神风貌显著改变，这需要充分发挥文化在乡村振兴中的作用。

党的十九大报告明确提出，"坚定文化自信，推动社会主义文化繁荣发展"。乡村文化自信是中国文化自信的重要环节，近年来，乡村文化产业作为文化产业的中坚力量，备受重视。越来越多的乡村将着眼点放在乡村本身身上，从改变村容村貌、推进产业发展、文化引领等方面向前迈进，在乡村振兴的道路上坚定前行。

在乡村文化振兴和生态振兴层面，山东农业大学农业大数据研究中心常务副主任宋长青表示，大数据可以针对农村居民的需求，增强信息宣传和服务精准性，让他们更好地融入现代社会生活，分享信息化发展成果。通过大数据，可以实时监测评估美丽乡村建设成果，监测评估农村环境整治水平，让消费者亲眼目睹动植物生长环境并参与到生产管理过程中，提高农产品品牌质量。用数据驱动乡村生态价值转化为经济价值，可以更好实现绿水青山就是金山银山的目标。

乡村文化体系建设是重建乡村文化自信的重要步骤，是实现乡村振兴战略的核心灵魂，是每一个乡村发展要做好的必修课程。中共中央办公厅、国务院办公厅印发了《数字乡村发展战略纲要》（以下简称《纲要》）。《纲要》提出，农村信息基础设施加快建设，线上线下融合的现代农业加快推进，农村信息服务体系加快完善，同时也存在顶层设计缺失、资源统筹不足、基础设施薄弱、区域差异明显等问题，亟需进一步发掘信息化在乡村振兴中的巨大潜力，促进农业全面升级、农村全面进步、农民全面发展。

《纲要》表明，繁荣发展乡村网络文化是重点任务之一，要求加强农村网络文化阵地建设。利用互联网宣传中国特色社会主义文化和社会主义思想道德，建设互联网助推乡村文化振兴建设示范基地。全面推进县级融媒体中心建设。推进数字广播电视户户通和智慧广电建设。推进乡村优秀文化资源数字化，建立历史文化名镇、名村和传统村落"数字文物资源库""数字博物馆"，加强农村优秀传统文化的保护与传承。以"互联网+中华文明"行动计划为抓手，推进文物数字资源进乡村。开展重要农业文化遗产网络展览，大力宣传中华优秀农耕文化。加强乡村网络文化引导。支持"三农"题材网络文化优质内容创作。通过网络开展国家宗教政策宣传普及工作，依法打击农村非法宗教活动及其有组织的渗透活动。加强网络巡查监督，遏制封建迷信、攀比低俗等消极文化的网络传播，预防农村少年儿童沉迷网络，让违法和不良信息远离农村少年儿童。

信息化的手段，不仅成为实现"美丽乡村"建设的重要方式，也同步提高了乡村发展速度和农村居民生活质量，进一步增加了居民幸福感，体现"美丽乡村"的和谐、美好、幸福的人文环境。

推动乡村文化振兴是实施乡村振兴战略的重要内容。最近几年，我国对乡村文化建设越来越重视，中共中央办公厅国务院办公厅此前印发的《关于加强和改进乡村治理的指导意见》中提到："加速乡村文化资源数字化，让农民共享城乡优质文化资源"，又一次体现了这一建设的重要性。

随着数字经济加快向广大乡村地区渗透，数字乡村建设给乡村经济发展带来了新的机遇。现代信息技术的发展，使乡村文化资源能够更好地得以记录保存。数字化让乡村传统文化的创作力、表现力、传播力和影响力得到了提高，使得乡村文化建设展现出新气象。

数字媒介具有传统媒介不可比拟的优势，在传播方式上具有便捷、快速、智能、互动、多样、信息量大等特点，能够满足乡村建设中信息化快速发展的要求，重塑乡村文化自信。具体而言，数字媒介可以加速城乡文化资源要素流动，突破乡村文化资源局限，形成城乡融合的文化发展局面。

数字技术的最大特点是渗透、融合、跨界，赋予乡村文化以新形态和新动能，为乡村"文化＋产业"的全面融合提供了可能，拓展了乡村文化发展的领域与范围，改变了乡村文化局限于乡村演出、乡村旅游、节庆文化等传统发展模式的弊端，推动数字内容、数字出版、数字表演、数字教育等新兴文化业态在乡村落地生根，丰富和壮大乡村文化产业。

1. 借助数字化技术，充分挖掘和展示乡村文化

乡村文化中蕴含中国传统优秀文化，是了解中国文化的入口。借助最新的数字化技术，能够将静态的生态风光、农业生产、乡邻关系等场景转化成动态的信息流和超文本，通过微博、微信、短视频、直播、影视等进行跨媒介、立体化传播，充分挖掘和展示乡村美丽、朴实、原生态的特点。这既是平衡乡村地区文化输入和文化输出的重要手段，也是增强乡村文化自信的重要途径。

例如，与袁隆平同时成为首批中国农民丰收节推广大使的李子柒，便是通过优质的短视频内容，将中国乡村田园生活进行场景化传播，唤起了大众对乡村的消费热情，同时增加了全世界对中国乡村的了解和喜爱。借助移动互联网和短视频兴起的风口，数字内容与农业生产的结合催生了另外一种拉动乡村经济增长的模式。

2. 开发数字创意产品，提升乡村文化附加值

中国乡村文化中有许多特色文化、民间工艺、民歌戏曲等。过去这些文化内容通常以静态的陈列展示为主，无法获取年轻人的关注，导致许多文化遗产面临着"后继无人"的情况。

乡村文化数字化，要求不仅仅将内容以数字化的形式呈现，而是要通过创意和演绎，对乡村文化进行创造性转化和创新性发展，以数字创意提升乡村文化核心竞争力。

因此，需要大力开发反映农村题材、深受乡村居民欢迎的数字文化产品和服务，提高乡村数字文化产品的创新能力尤其是原创能力，打造乡村"网红"和"网红"产品，为广大人民群众带来丰富别样的文化体验。

3. 扩充数字化人才队伍，激发乡村文化创新活力

乡村振兴要靠人才。乡村"数字化贫困"的本质是农民数字化知识、素养和技能不足导致其对数字社会经济的参与不足，要让乡村经济享受"数字红利"，前提是有一批数字化人才队伍。

数字文化产业不仅需要创意，更需要各类"新乡贤""文化创客""数据分析师"等参与进来，将符合乡村实际和市场需求的新技术、新思维带到乡村，引领乡村发展潮流。因此，需要通过留住一批、培养一批、吸引一批人才投身到广大乡村建设中，让更多有志于乡村振兴的青年投身乡村数字文化产业，不断提升乡村地区整体数字工具使用能力，激发乡村文化创新活力，赋予乡村文化创新、创意、创业的新动能。

（三）以信息化助力乡村生态振兴增强环境"承载力"

"绿水青山就是金山银山，生态宜居是实施乡村振兴战略的重大任务，落实节约优先、保护优先、自然恢复为主的方针，统筹山水林田湖草系统治理，严守生态保护红线，以绿色发展引领乡村振兴。"良好生态环境是农村最大优势和宝贵财富。如何真正让农村的绿水青山给农民带来金山银山，是实施乡村振兴战略的重要内容。

让农民吃上"生态饭"，将乡村生态优势转化为发展生态经济的优势，提供更多更好的绿色生态产品和服务，促进生态和经济良性循环。比如，加快发展森林草原旅游、河湖湿地观光、冰雪海上运动、野生动物驯养观赏等产业，积极开发观光农业、游憩休闲、健康养生、生态教育等服务。建设一批特色生态旅游示范村镇和精品线路，打造绿色生态环保的乡村生态旅游产业链。

眼下，不少农村都在努力搭上乡村旅游的"快车"。但国务院发展研究中心农村部部长叶兴庆提示，推进乡村绿色发展，要建设一个美丽宜居的乡村，真正把乡村建设成一个望得见山看得见水记得住乡愁的地方，成为生态文明大系统中的坚强屏障，不能追求大广场、大草坪等，不符合乡村特色。他同时提出，从农业发展角度看，乡村振兴必须要从以前的产量导向对资源生态造成破坏里吸取教训，推进农业由增产导向转向提质导向，增加优质绿色农产品供给，走一条绿色可持续的高质量发展道路。

近些年，我国粮食生产连年丰收，农业综合生产能力稳步提升，供给保障能力长足进步。但这是建立在高投入、拼资源拼消耗的基础上的。如今，原有的发展方式已难以为继，拼资源拼消耗的老路走不通了。同时，人民群众更加关注农产品的质量安全、生态安全，对农业生产和农业发展都有了新期待和高要求。应加强农业面源污染防治，开展农业绿色发展行动，实现投入品减量化、生产清洁化、废弃物资源化、产业模式生态化。推进有机肥替代化肥、畜禽粪污处理、农作物秸秆综合利用、废弃农膜回收、病虫害绿色防控。

农业农村部将在这方面进行强力推进，如扩大果菜茶有机肥替代化肥行动；聚焦586个生猪、奶牛、肉牛大县，抓好畜禽粪污资源化利用，确保基本解决规模养殖场粪污资源化利用问题；以东北、华北玉米秸秆较多的地区为重点，在150个县开展秸秆综合利用试点，推广秸秆农用十大模式等。同时，农业农村部还将统筹山水林田湖草系统治理，坚决把农业资源过高的利用强度缓下来。

另外随着技术的进步，大数据在解决乡村生态环境保护、提高重大生态环境风险预警预报水平以及提高生态环境领域科学研究水平等方面都将发挥巨大作用。大数据将最终实现乡村生态环境管理决策定量化、精细化，生态环境信息服务多样化、专业化和智能化，为乡村社会可持续发展和生态文明建设提供技术保障。建议多措并举展开乡村生态环境大数据建设：

1. 推进乡村生态环境数据资源整合与共享

提升数据资源获取能力，加强数据资源整合，推动数据资源共享服务，推进生态环境数据开放。

2. 加强乡村生态环境科学决策

提升决策水平，提高环境应急处置能力，加强环境舆情监测和政策引导。

3. 创新乡村生态环境监管模式

提高科学应对雾霾能力，增强监测预警能力，强化环境监管手段，建立"一证式"污染源管理模式，加强环境信用监管，推进生态保护监管。

4. 完善乡村生态环境公共服务

全面推进网上办事服务，提升信息公开服务质量，拓展政府综合服务能力。

5. 统筹建设大数据平台

建设大数据环保云平台，建设生态大数据管理平台和应用平台。

6. 推动大数据生态治理试点

根据地方特点，选择有代表性的省、市开展生态环境大数据创新应用试点，探索应用模式，推动试点成果的推广和实施。

党的十九大作出了乡村振兴战略重大决策部署，生态环境没有替代品，环境就是民生，实施乡村振兴战略需要树牢绿色发展理念，让良好生态成为乡村振兴支撑点。

加强农业生态保护,做大做强农业绿色产业。产业兴旺是乡村振兴的前提,但这个前提是以绿色发展为底线。转变农业发展方式,加强新型职业农民培养,建立以资源高效利用和生态环境保护为基础的可持续农业发展体系,树立绿色、低碳、循环的生态农业发展理念,坚持走环境友好的现代农业发展道路。

加强农村污染防治。治理农业农村污染,是实施乡村振兴战略的重要任务。经济发展不应该以损耗生态为代价,要牢固树立和贯彻落实新发展理念,按照实施乡村振兴战略的总要求,加快推进农村污染治理,让农村生态环境明显好转,农业农村污染治理工作体制机制基本形成,为实现全面小康打下坚实基础。

推进农村人居环境整治。乡村振兴生态宜居是关键,体现了广大农民群众对建设美丽家园的追求,良好的生态环境是农村最大的优势和法宝。农村人居环境整治三年行动开展以来,取得了明显的成效,要持续开展农村人居环境整治行动,改善农村环境,解决农村环境脏乱差问题,组织开展"三清一改"提升村容村貌,形成合力,发挥农民的主体作用,有序推进农村人居环境综合治理,加快美丽乡村建设。

(四)以信息化助力乡村人才振兴增强"三农"队伍"内生力"

党的十九大报告提出实施乡村振兴战略是解决我国"三农"工作的总抓手。推动乡村振兴是一个系统工程,包括产业振兴、生态振兴、文化振兴、人才振兴和组织振兴,其中人才振兴是关键。推动人才振兴,既要不断培训新的乡村振兴人才增加人才的供给,也要发挥好既有人才的效率和潜能。但是由于供需双方信息不对称,在乡村振兴人才方面存在"人无用武之地"和"事无人可做"的双重难题。因此,合理利用信息化,建设乡村振兴人才交流和共享平台,有利于实现乡村振兴人才的信息对称交流,促进人才的合理流动,提高乡村振兴人才资源合理配置,缓解乡村振兴人才困境。习近平总书记指出:"要坚持乡村全面振兴,抓重点、补短板、强弱项,实现乡村产业振兴、人才振兴、文化振兴、生态振兴、组织振兴,推动农业全面升级、农村全面进步、农民全面发展。"乡村振兴战略中,人才振兴是关键。21世纪最重要的是人才,乡村振兴的如期实现,最为关键的还是在于丰富的人才资源。

乡村振兴需要各种各样的人才,但是由于信息不畅、信息不对称,乡村人才资源配置效率低、人才结构性矛盾比较突出。因此,实现乡村人才振兴,需要借助现代信息技术，建设好人才交流平台，为促进乡村人才合理流动提供便利条件，解决好乡村振兴人才的合理流动问题。

1. 树立信息化思维，为乡村人才振兴找到新的突破点

我国农村，多数地区多山地和丘陵，自然条件恶劣，基础设施较差，农村劳动力受教育程度较低，素质普遍不高。伴随城市化进程的不断推进，越来越多农村年轻人离开农村。不管是进城务工，还是进城上学，只要能在城市获得稳定的收入来源，他们一般会选择定居城市。这在一定程度上导致了农村人口空心化、老龄化等严峻问题。

我国农村人口比重并不低，截至2019仍有5.7661亿，占到总人口比重的41.48%，不管是从我国城镇化的趋势来看，还是同其他一些国家比较来看，农村人口向城镇转移并没有完成。但是，乡村振兴人才缺乏似乎也是公认的结论。笔者在大量的调研中，当问及基层干部，乡村振兴最缺什么，多数基层干部认为缺人和人才。城镇化比重的不断上升和乡村人才的需求不断增加之间的悖论，不可能靠减缓或阻断城镇化来实现。因此，在信息化、互联网时代，树立信息化思维，可以为破解乡村人才瓶颈找到新的突破点。信息化建立在许多来源搜集而形成的庞大信息化组基础上，具有海量化、即时性的特点。从海量的数据中获取到有用的信息并加以整理利用对于作出科学决策具有重要意义。利用好人才队伍，以信息化助力科学决策，可以为拉动农村经济增长提供强大的助推动力。因此，树立信息化思维，应用好信息化资源，为乡村产业振兴提供精准可靠的数据支持，不仅可以吸引人才返乡创业，而且可以提高乡村振兴人才资源的配置效率。

2. 搭建基于信息化的乡村人才平台，实现人才精准对接

在人才资源总量严重不足的情况，如果资源配置合理，也可以通过挖掘内部潜力从而提高人才资源的使用效率。在世界一些农业比较发达的国家，他们从事农业生产经营的人口比重很低，但是依然创造出了较高的农业产值。比如美国农业人口仅占2%，但不仅养活了美国3亿多人，而且还会提供占全世界十分之一的粮食出口。以色列大约占5%的农业人口也养活了90%以上的城市人口，同样还可提供一定粮食、蔬菜、水果等出口。这些国家的农业产业效率之所以高，原因是多方面的，且由于各国国情不同，具体原因也各不相同，但是农业生产的专业化、技术化、智能化、集约化，再加上经营方式的现代化是主

要原因。这些因素都离不开一定数量的高素质人才及其作用的充分发挥。资源配置效率高就是要体现出"人尽其才，物尽其用"。

近年来，平台是一个非常流行的术语，各种平台公司、平台企业应运而生。各种各样的平台确实给那些紧紧依靠个体力量找不到资源、找不到信息的个人主体和市场主体带来了方便，有效解决了信息不对称问题，甚至也解决了诸多资源问题。搭建基于信息化的乡村人才信息交流平台就是基于我国乡村振兴的需求，大力推动信息化、互联网、云计算、物联网等信息技术与乡村的融合，搭建一个以乡村人才交互为主要目的的平台。在这个交互式平台上，凡是涉及乡村振兴人才需求的所有信息都可以发布，凡是能提供乡村振兴人才支持服务的所有数据信息也可上传，通过系统的计算分析，还可以及时推送。这种基于信息化的乡村振兴人才交互，可以跨越时空、跨越行业、跨越产业，可以大大提高人才资源的配置效率。制约乡村振兴人才流动的地区限制、城乡限制等因素将大为减少，效率将大幅提高。比如以乡村产业振兴为例，农民种什么？怎么种？养什么？怎么养？遇到技术问题怎么办？农业机械怎么用？诸多问题都可能通过平台实现。再辅之以智能化、远程控制等，传统的农民将更多的担当"守护者"的角色，专业的技术交给专门的人才，专门人才通过基于信息化的乡村人才交互平台完全可以达到辅农助农的目的。

3. 加强基于"三农"的信息化平台建设的信息化人才培养

搭建基于信息化的乡村人才平台，实现人才精准对接归根到底还是需要信息化、平台建设方面的人才。伴随信息化的发展，我国信息化人才培养取得了显著成效。但是，同信息化快速发展的要求相比，同世界上信息化发展水平较高的国家和地区相比，我国仍然存在一些差距。主要体现在数量还需要进一步提升，领军人才和开发性人才比较稀缺。要充分利用现代信息技术的优势，建设乡村人才交互平台，借助信息化平台分析人才的供给和需求情况，实现人才信息对称，促进乡村振兴人才合理流动，提高人才资源的配置效率，需要既精通信息化建设又熟知乡村振兴内涵和要求的复合型人才的大力支持。以"互联网＋乡村振兴＋人才"为切入点，来助推乡村振兴的实现。正如有专家指出"以数字农业为抓手，重点培养和支持一批农业信息化应用与示范项目，推动农业信息化资源增长及农业信息化技术应用乃是当务之急"。

乡村振兴是一个长期的过程，要通过人才将智慧、知识、技术推广应用到乡村去，转化为乡村振兴的物质财富、技术资本和精神财富，推动乡村的全面振兴。在乡村振兴中，不仅要利用当地的人力资源，就地培养更多爱农业、懂技术、善经营的新型职业农民，还要更加注重对年轻一代的引导和培育，注意培养复合型人才，特别是技术、管理、营销相结合的复合型人才。在互联网时代，依托信息化，搭建好人才信息交互平台，可以有效解决人才资源配置的低效问题。

（五）以信息化助力乡村基层党组织振兴提升组织"引领力"

2018年7月5日在全国实施乡村振兴战略工作推进会议上，习近平总书记进一步强调，"要把实施乡村振兴战略摆在优先位置，让乡村振兴成为全党全社会的共同行动"。在中国特色社会主义新时代，乡村是一个可以大有作为的广阔天地。农村基层党建是党在农村领导和执政的组织基础，应将基层党建与乡村振兴有机结合。我们有党的领导的政治优势，有社会主义的制度优势，完全有条件有能力实施乡村振兴战略。但在实施过程中，农村基层党建工作面临着诸多困境和挑战，农村基层民主建设环节薄弱，未能突出党的政治功能；党员队伍素质不高，管理滞后，基层党建工作科学化未能完全落地；自身建设不严不实，创新能力不强，党组织生活不够规范；思想上，未能紧紧围绕新时代中央"三农"工作的决策与重大部署。这是需要我们去解决的重要课题。

在当今时代信息化、网络化高速发展的新形势下，基层组织建设工作也应顺应时代要求，顺势而新。互联网时代中，信息化水平越来越高，所有的领域正在经历数字化的变革。在基层组织建设方面，信息化可以提升基层党建水平、助力基层组织振兴、促进基层组织治理。

1. 信息化提升基层党建水平

利用党建引领先锋示范作用、利用网络信息传播迅速的优点，利用适合基层人民使用的网络工具，对基层党建水平的提升有巨大的意义与作用。将党建与农村基层的文化传承、网络宣传等领域融合起来，打造切合基层人民的实际的党务管理模式。紧跟时代步伐，符合基层党建工作发展的需要，运用"党建+互联网"可以提高党建信息化水平。

韩山师范学院数学与统计学院党总支运用大数据专业优势与潮州市枫溪区詹厝村党支部共建党建合作新平台，加强党的建设，着力推进村级第三产业发展，以实现乡村振兴。詹厝村委会通过微信公众号，以其便捷灵活的操作方式，将消息第一时间传达至各家各户，给村民带来实惠和好处，群众的所感所悟通过微信公众号得到有效传递。如通过多种媒体扩大宣传侨乡文化遗产和乡镇资源，提升侨乡文化影响力，村民可通过"乡镇咨询委员会"提出自己对村文化建设的真实需求，将民主理念融入村文化和基层党建的整体规划中，为乡村的大建设、大发展提出建设性意见和参考举措。合理借用互联网宣传村基层党建，在广度、深度和力度上可以全面提高宣传效果。

2. 信息化助力基层组织振兴

农村基层组织建设最大的困扰是后继乏人的问题，也有治理不科学等问题。随着信息化、网络化的发展，吸引或引进人才，促进基层组织振兴。

以电商为例，伴随农村电商返回或来到农村的一大批年富力强、富有新思想、新技能的年轻人为乡村组织振兴注入了新活力，农村电商带头人可以成为乡村组织带头人。经过几年的电商实践洗礼，农村电商创业者逐渐成为有一定带领能力的带头人，形成了一定的群众基础，一些人有参与乡村治理的愿望。可以及时将其培养为乡村组织带头人的后备力量，支持其积极参与乡村治理。在江苏省沭阳县就产生了将农村电商带头人培养成党员再培养成支部带头人的思路，为农村干部队伍注入了新鲜血液。

3. 信息化促进基层组织治理

乡村振兴的一个重要方面是改进和完善乡村治理体系建设。乡村信息化的建设，可以搭建起便捷畅通的群众利益诉求和信息反馈渠道，如线上线下相结合的"移动议事厅"等平台，有利于增强农村居民参与乡村治理的愿望和党员干部及时了解广大村民诉求，实现不同治理主体的协同联动，提高农村治理效率。

詹厝村使用微信群等互联网媒介收集村民情报，听取村民的意见和建议，聚焦村中热点矛盾和问题，进而简化程序，将问题于萌芽中解决，将矛盾于基层中化解，齐心协力推动詹厝村基层建设，提高村民的生活便捷度，打造现代化高水平生活环境。再以电商为例，农村电商理念可以促进乡村组织治理提升。农村电商实现了农村商业生态的数字化，大数据、云计算带来的公开透明、公众参与等是其重要优势，借助这些优势可以改进乡村治理方式。以贫困户的认定为例，可以借鉴大数据理念，用多维的数据来客观甄别情况是否真实、是否符合标准，一些地方已经按此操作并取得良好效果。有了电商以后，农民也可以在家门口收快递、交话费、订车票、医院挂号等，办理便民服务事项，也可实现农村的"数据多跑腿、农民少跑腿"。

作为加快推进农业农村现代化建设的重要方式和历史机遇，实施乡村振兴战略是党中央根据新时代农村发展的必然需求作出的重大决策。牢牢把握这一历史机遇的最直接、最有效途径就是将基层党建与乡村振兴有机结合，依靠农村基层党建来推进这一战略的实施，建议不断加快基层党建工作信息化进程，以信息化促进基层党建工作科学化，从而促进乡村振兴。

进一步更新理念，增强干部信息化意识。基层干部应树立不断学习的理念，积极地了解网络、学习网络和运用网络，以应对新情况，解决新问题。树立开放包容的理念，网络为民意表达提供了畅通的渠道，基层干部要虚心接受网民的批评监督。

进一步完善手段，提高信息化水平。要紧跟信息化发展形势，不断改进和创新基层党组织架构模式，通过"网络支部"等方式，抢占信息党建新阵地，扩大党组织覆盖面。针对新时期党员流动性大的实际，探索党员组织关系线上转接、流动人口线上申请入党、党员线上选学以及流动党员线上管理等新形式，把现代信息化手段充分运用到发展、教育、服务和管理党员的各个方面。

进一步充实力量，加强信息化队伍建设。缺乏人才是数字乡村发展的重要瓶颈。应结合乡村人才振兴，加大数字乡村复合人才的培养，支持数字乡村创新创业，推动数字乡村发展。同时协同发挥科研机构、高校、企业等各方作用，培养造就一批数字农业农村领域科技领军人才、工程师和高水平管理团队。加强数字农业农村业务培训，开展数字农业农村领域人才下乡活动，普及数字农业农村相关知识，提高新型经营主体、高素质农民等相关主体的数字技术应用和管理水平。抓好人才引进，尽快建起一支政治强、业务精、信息通的新型党务管理人才队伍，更好地服务基层党建信息化建设。抓紧制定信息化能力建设目标体系，把信息化方面的基本能力作为党员素质建设的刚性内容，列为基层党务工作人员上岗履职尽责的必备条件。进一步加强广大基层党员干部尤其是主要党员领导干部的网络信息意识，不断提升基层党员网络基础知识、语言运用、舆情分析、危机处置及政治参与等能力。

进一步健全机制，加强信息化保障。完善网络信息发布机制，引导基层党组织、社会组织和党员群众同时进入党建平台交流，促进党建工作方式由单向指挥向民主互动转变。健全激励鼓励机制，认真落实基层党建责任制，把信息化建设列为基层党建工作考评的重要内容，对开展党建信息化成效明显的给予适当的表彰、奖励。

三、信息化助力乡村振兴的未来展望

在党中央明确提出"互联网+"乡村振兴的指导方针以后，许多地方涌现出信息化助力产业振兴的新模式、新实践。信息化助力乡村振兴旨在通过信息化手段，精准采集重点帮扶地区的详细数据信息，根据不同地区重点帮扶人口的详细致贫原因，将帮扶措施精准匹配到位，以此来提升帮扶成效，信息化则在振兴产业过程中为政府精准决策提供强大的数据支撑。同时信息化将成为缩短农村和城市的距离、消除贫困地区信息不对称、帮助农民搭建电子商务平台、带动农民致富的重要手段。国家根据不少地区村级组织在利用信息化增收增产实践中积累的丰富经验，提出了无线网信息化助力乡村发展解决方案。

许多地区政府也结合本地情况制定了无线网信息化助力乡村发展解决方案，其核心在于为农民搭建了一条信息高速公路。有了信息高速路，政府可以更加全面系统地采集重点帮扶地区农民的详细数据信息。同时，农民们学会使用互联网后，可以及时了解到中国农产品市场行情，正确选择种植品种和种植规模，并可以通过互联网销售平台畅通农产品销路。随着无线网络的普及，地方政府可以获得更加全面的农业数据信息，将采集到的数据经过科学分析整理以后，以可视化的图表形式展示出来，从而更好地为地方政府精准决策提供必要的数据支撑。

在新时代，面对新情况，把握数字化、网络化、智能化融合发展的契机，以信息化、智能化为杠杆培育农村新的发展动能，推进互联网、大数据、人工智能同乡村振兴的深度融合，以"鼎新"带动"革故"，以优质信息化新方式带动弱势地区的乡村发展，可以促进我国乡村地区发展迈向新高地，营造信息化新生态。

参考文献

[1] 刘红权. 乡村振兴进入重要战略机遇期 信息化引领农业农村发展 [N]. 通

信信息报，2021-01-13(001).

[2] 谭利伟. 信息化助力乡村振兴 [J]. 中国国情国力，2018(7):12-14.

[3] 卢大洋，李凤. 乡村振兴背景下数字农业发展的路径研究 [J]. 南方农机，2022(4): 116-118，121.

[4] 崔宁波. 智慧农业赋能乡村振兴的意义、挑战与实现路径 [J]. 人民论坛，2022(5):26-28.

[5] 本刊编辑部. 数字乡村建设迈出新步伐 [J]. 中国建设信息化，2022(5):3.

[6] [地评线] 乡村振兴"换挡提速"驶入"快车道" [EB/OL]. 央广网，[2019-05-18]. http://news.youth.cn/gn/201905/t20190518_11957387.htm.

[7] 孙彤，黄桂恒，李喜明，等. 县域农业农村大数据平台在乡村产业振兴中的应用 [J]. 吉林农业大学学报，2021(2):251-257.

[8] 陈永富，方湖柳，曾亿武，等. 电子商务促进农业产业集群升级的机理分析——以江苏省沭阳县花木产业集群为例 [J]. 浙江社会科学，2018(10): 65-70.

[9] 闫浩. 山东移动搭建"美丽乡村"综合信息化服务平台 [J]. 山东经济战略研究，2016 (12):55-56.

[10] 张杰. 大数据为乡村振兴提供新动能 [N]. 中国社会科学报，2018-08-03(002).

[11] 刘丙浩，孙建政. 乡村数字文化建设与传播思路探讨 [J]. 新农业，2021(8):44-45.

[12] 闫效平. 乡村相见：乡村文化数字化，为乡村振兴注入新动能 [EB/OL]. 搜狐网，[2020-09-03]. https://www.sohu.com/a/416200564_120194067.

[13] 李翔，宗祖盼. 数字文化产业：一种乡村经济振兴的产业模式与路径 [J]. 深圳大学学报（人文社会科学版），2020(2):74-81.

[14] 佚名. 生态宜居是乡村振兴战略的重大任务，各地生态振兴是如何做的？[J]. 区域治理，2019(17):10.

[15] 中共中央国务院关于实施乡村振兴战略的意见 [J]. 中国对外经济贸易文告，2018(18):3-13.

[16] 高敬，胡璐. 乡村振兴，如何实现百姓富、生态美？——从中央一号文件看乡村绿色发展新路径 [EB/OL]. [2018-02-11]. https://www.qhlingwang.

com/zt/2017zt/xxsjd/xin/2018-02-11/154195.html.

[17] 乡村宜居要注重三个"结合"[J]. 江苏农村经济，2018(4):68.

[18] 赵利梅，张凤，易晓芹. 乡村振兴与农民工返乡创业的双螺旋耦合机制研究——以四川省平武县 GB 村为例的实证分析 [J]. 农村经济，2020(12): 49-57.

[19] 边琳丽，刘泽惠. 以人才振兴助力乡村振兴 [J]. 人民论坛，2019(27):72-73.

[20] 莫广刚. 以乡村人才振兴促进乡村全面振兴 [J]. 农学学报，2019(12):87-91.

[21] 赵新建. 人才振兴对乡村振兴战略的价值与实践路径 [J]. 财讯，2020(19): 7-8.

[22] 李博. 乡村振兴中的人才振兴及其推进路径——基于不同人才与乡村振兴之间的内在逻辑 [J]. 云南社会科学，2020(4):137-143.

[23] 张晓璐. 乡村人才振兴面临的问题及解决措施研究 [J]. 南方农机，2020(5):97,102.

[24] 廖列营. 乡村振兴背景下农村基层党建工作创新——以党员社会实践基地詹厝村为例 [J]. 韩山师范学院学报，2020(1):103-108.

[25] 乔良. 基于乡村振兴战略电商赋能乡村经济发展问题浅析 [J]. 营销界，2020(38):46-47.

[26] 斯丽娟. 数字经济时代农村信息扶贫生态系统的构建与路径优化 [J]. 图书与情报，2019(2):37-45.

[27] 李柏洲，王雪，苏屹，等. 我国战略性新兴产业研发—转化两阶段创新效率 [J]. 系统工程，2019(4):48-56.

专题五

驻村干部参与乡村振兴战略研究

第一篇 驻村第一书记对乡村振兴战略引领作用研究

2021年春季《中国特色社会主义理论与实践》课程22班第3小组

组长：庞泽明

组员：常新宇、闫旭宇、李准、宋心仪、黄姿、周春燕、韩灿珺、禹冬晔、贺政

一、驻村第一书记特定内涵分析

(一)驻村第一书记概念界定

选派驻村第一书记是为了打赢乡村振兴战、改变农村基层党组织软弱涣散状况而采取的下派干部的做法，是指从各级机关优秀年轻干部、后备干部，国有企业、事业单位的优秀人员和以往因年龄原因从领导岗位上调整下来、尚未退休的干部中选派到村（一般为软弱涣散村和贫困村）担任党组织负责人的党员。

(二)驻村第一书记提出的历史背景

自20世纪80年代中期政府开始大规模扶贫工作以来，中国在扶贫方面取得巨大成就。但与此同时，财政扶贫资金的减贫效用却并非总是显著的，单靠资金大规模投入并不能保证政府跳出"扶贫陷阱"。资源的分配过程中，精英俘获现象的存在会导致财政扶贫项目偏离目标。在这样的背景下，向贫困村派驻外来力量，打破原有的资源分配结构，加强基层治理，则有可能改善扶贫效果。

安徽省在全国率先开展了第一书记扶贫实践。2001年，安徽从党政机关和

事业单位中分批选派年轻党员干部到贫困村以及后进村担任党组织"第一书记或书记"。这一做法得到中央和中组部的多次肯定（国内对驻村帮扶"第一书记"最早的报道是在2008年，是关于安徽省凤阳县小岗村"第一书记"沈浩的优秀事迹）。此后，其他一些省市也陆续出现了第一书记制度的实践，如福建、河南、辽宁、江苏。

全国大规模地派驻扶贫干部是从《中国农村扶贫开发纲要（2011—2020年）》（以下简称《纲要》）颁布以后开始的。《纲要》没有明确提出对驻村干部或第一书记的要求，只是要求加强基层组织建设和扶贫机构队伍建设，由此可见，在《纲要》中，扶贫干部队伍并未完成从县到村的对接。但省级层面对《纲要》中的队伍建设更明确一些。各省据此制定了相应的（2011—2020年）十年扶贫规划，并在规划中提出要派第一书记到贫困村。经过几年的准备和试点，2013年1月，党中央和国务院印发了《关于创新机制扎实推进农村扶贫开发工作的意见》，要求"在各省（自治区、直辖市）现有工作基础上，普遍建立驻村工作队（组）制度。可分期分批安排，确保每个贫困村都有驻村工作队（组），每个贫困户都有帮扶责任人"。2014年国务院扶贫办公布了《建立乡村振兴工作机制实施方案》，要求建立干部驻村帮扶工作制度，即从省市区分别向贫困村派驻村帮扶工作队。2015年4月中组部、中央农办、国务院扶贫办联合印发《关于做好选派机关优秀干部到村任第一书记工作的通知》，要求向党组织软弱涣散村和建档立卡贫困村"全覆盖"选派第一书记。到2015年末，共有约48万名干部被派驻到贫困村，99%的贫困村已有选派的第一书记进入。

（三）第一书记的发展历程

"第一书记"这个称谓，要从解放战争时期说起。1948年，中共中央和中央军委决定成立华北局，刘少奇兼任华北局第一书记，成为华北局的第一责任人。除了华北局，当时还相继成立了中原局，由邓小平担任中原局第一书记。新中国成立后，中央陆续在地方设立党组织第一书记，地方党组织从大区局，再到省（自治区、直辖市）、市（地、州、盟）、县（旗）、乡镇以及村，都设立"第一书记"的职务作为地方党组织的第一负责人。

后来，乡村振兴新时期的"第一书记"，是指从机关、企事业单位选派到软弱涣散村和贫困村担任党组织第一负责人的党员。

老百姓心中对"第一书记"的看法更加实在。引用村民对新疆阿不都拉乡库吉拜北村第一书记的评语:"'第一书记'嘛,就是工作队第一个驻村的人;'第一书记'嘛,就是什么事都跑在第一的人;'第一书记'嘛,就是腰包掏得最多,每次捐款都是第一的人;'第一书记'嘛,就是开会坐在第一个、活干的第一多、升旗第一个到、责任担得第一重的人"。引用长清区成人中等专业学校派驻归德街道南赵村第一书记唐利的话:"'第一书记'为什么叫'第一'?就是第一份责任,第一份担当,就是要在解决群众困难面前争第一,更要在急难险重任务面前当第一!"

(四) 驻村第一书记队伍情况分析

1. 驻村第一书记人员构成要素

驻村第一书记主要由各级机关优秀年轻干部、后备干部,国有企业、事业单位的优秀人员和以往因年龄原因从领导岗位上调整下来、尚未退休的干部构成。像黄文秀这样返乡建设的大学毕业生也需在基层工作几年后,工作能力突出的才会被调动为驻村第一书记。

据统计,截至2020年,全国累计选派290多万名干部到贫困村和软弱涣散村担任第一书记或驻村干部,这些第一书记和驻村干部主要来自行政机关和企事业单位。

2. 驻村第一书记选派原则

按照"党群部门到'弱'村、政法部门到'乱'村、经济部门到'穷'村"的原则,采取双向选择,"菜单式"选派。

以男性为主,年龄上多集中于中青年阶段,文化程度普遍较高。同时下派的第一书记其后方单位集中于机关和事业单位。

3. 驻村第一书记队伍特征分析——以北京市村级党组织为例

根据统计调查,截至2018年8月,所调查的第一书记驻村时间中,"不到一年"的为66.6%,"两年"的比例为31.4%,"三年及以上"的比例仅为2%。在性别方面,第一书记男性所占比例为88.7%,女性为11.3%,男性是女性的8倍。在年龄方面,驻村第一书记在29~50岁的比例达到90.1%,其中29~39岁的占比达到一半。从受教育水平上看,驻村第一书记的学历结构整体较高,本科及以上的比例达到92.6%。

这表明在选派环节,组织部门充分考虑了驻村第一书记的工作性质、工作条件、工作便利化等因素,选派年富力强的男性驻村第一书记下基层更有利于工作的顺利开展。驻村第一书记作为各项惠农政策集成并服务基层的"桥梁",学历水平是驻村第一书记解读和宣讲各项政策的重要基础。

从来源上看,驻村第一书记来自区级政府各职能部门的比例最高,为48.4%;其次是企业,为21.8%;来自市级职能部门的驻村第一书记所占比例为16.4%。由此可见,政府及企事业单位的优秀人才是驻村第一书记选派的首要选择,且区级政府职能部门的驻村第一书记选派比例高于市级政府职能部门。从行政级别上看,正科级干部所占比例达到62.2%,其次为副科级干部,占比为20.7%,两者所占比例超过八成。这表明在选派第一书记驻村帮扶时,组织部倾向于选派基层干部到村庄锻炼,总体上瞄准了培养干部的目标,同时也充分利用了中层干部的协调资源能力。从编制上看,行政及事业单位的比重达到74.2%,企业占比为22.4%,这与政府选派驻村第一书记的重点群体相契合。

(五)驻村第一书记工作职责分析

驻村第一书记在乡镇党委领导和指导下,依靠村党组织、带领村"两委(村党支部委员会和村民委员会)"成员开展工作。驻村第一书记任期一般为两年以上,不占村"两委"班子职数,不参加换届选举,任职期间,原则上不承担派出单位工作,原人事关系、工资和福利待遇不变,党组织关系转到村,由县(市、区、旗)党委组织部、乡镇党委和派出单位共同管理。

驻村第一书记的工作职能包括建强基层组织、推动乡村振兴、为民办事服务、提升治理水平四类。与以往干部下乡不同的是,选派驻村第一书记并不直接对扶贫政策目标负责,而是驻村第一书记的派出单位与政策目标挂钩,并且驻村第一书记开展工作,由单位提供一定的配套资金。例如山东省文化厅为每一位驻村第一书记提供30万元的配套启动资金,将驻村第一书记扶贫政策同各行业职能部门责任制紧密联系在一起。

因此,驻村第一书记扶贫政策的探索是"书记驻村"、"单位包村"与"行业扶贫"的总和,它综合了这三个方面的强大力量,充分调动了社会各方面的优势资源。

二、百坭村驻村第一书记黄文秀

(一)黄文秀:主动请缨,成为百坭村的首位女书记

黄文秀,女,壮族,中共党员,1989年4月出生,广西田阳人,硕士研究

生学历，生前系百色市委宣传部副科长，派驻乐业县百坭村党组织驻村第一书记，于2019年6月17日因公牺牲，年仅30岁。

1989年，黄文秀出生于广西百色市田阳县一个农民家庭，家境贫寒，父母亲的身体也不好，但自立自强的她从小努力上进，立志到外地求学，接受更优质的教育。2008年，她考入山西长治学院思政专业，2011年加入中国共产党。2016年7月，黄文秀毕业于北京师范大学，法学硕士，同年被录用为广西定向选调生。

黄文秀家被认定为贫困户，20世纪90年代，在党委、政府的帮助下，黄文秀一家到县城附近开荒种田，日子有了改善，直到2016年才脱贫，那一年，正是黄文秀参加工作的时间。

她作为优秀定向选调生原本可以留在南宁市工作，但她想学成之后回报家乡的养育之恩。于是黄文秀毅然主动选择回到百色，为老区建设作贡献，让父老乡亲们早日脱贫致富。因工作出色，黄文秀被组织安排于2017年9月到田阳县那满镇挂任镇党委副书记，其间她开始融入基层，虚心向老同志求教。2018年3月，黄文秀主动请缨到百坭村担任驻村第一书记，也是村里的首位女书记。

(二) 脱贫三步走

1. 脱贫第一步：获得村民普遍信任

来到百坭村，她遇到的第一个问题就是和村民之间的沟通和信任问题。黄文秀到村之后，第一件事就是挨家挨户去走访，但是村民们并不信任她，觉得她这么年轻，来这里也就是走走过场镀镀金，觉得跟她聊了也没有用。村民有人说："我们村之前来了那么多驻村第一书记，都没让村子富起来，你一个女娃娃能行？"

于是，黄文秀去请教老支书，老支书说农村是个熟人社会，老百姓对你熟了也就接纳你了。往后，黄文秀再到贫困户家里，都会主动脱下外套帮他们打扫院子；碰上不开门的贫困户，就多去几次；贫困户要是不在家，就去田里去找，一边帮他们干农活一边聊天。

当地人习惯说桂柳话方言，她就私下练习，没几个月，她就可以和贫困户完整地用方言交流了，村民也慢慢地开始接受她。

就这样，担任驻村第一书记后，她放弃双休日，用了不到1个月的时间，她挨家挨户走访全村建档立卡户，清晰地记录每一户的情况，基本掌握全村概况和致贫原因，与村民打成一片，建立了牢靠的互信关系。

2. 脱贫第二步：要想富，先修路

在黄文秀的工作中，"修路"占据了很大一部分。百坭村有5个屯都在山上，尽管早在几年前修好了通往屯里的砂石路，一下雨，砂石路路面会变得坑洼不平，村民的出行不易。交通不便利，也是脱贫路上一个较大的绊脚石。为了解决这个问题，黄文秀天天往屯里跑，画下了详细的地形图，精确到了每一户的位置，再向县里递材料申请，向上级部门争取财政专项扶贫资金（图5-1、图5-2）。

图5-1 黄文秀笔记本中的"贫困家庭分布图"　　图5-2 黄文秀带领村民清理垃圾

修缮道路的同时，她还为百坭村申请通屯的路灯项目，让村民走夜路不用再打手电筒。另外，为了整治村里的环境，黄文秀还给每个村建起了垃圾池。

到了2019年，有两条路已经完成了修缮，其余3条路的修缮计划也被县政府提上了议程。村路的修建完善，也为砂糖橘等农产品往外销售奠定了重要的基础。

3. 脱贫第三步：挖掘产业，发展电商

如何脱贫是一个重要的难题，但是也没有难倒黄文秀。她始终以习总书记提出的"六个精准"作为自己扶贫的利器，为乡村振兴指明努力的方向（图5-3、图5-4）。

图5-3 黄文秀组织工商发展之策　　图5-4 黄文秀召开"致富带头人"研讨会

(1)黄文秀查阅资料后发现,百坭村冬暖夏凉,降水丰富,适合种植砂糖橘、杉木、油茶树。她还上网查种植攻略,发给村民,并且想办法帮助缺乏资金的村民筹钱。

(2)黄文秀组织村"两委"干部,通过外出考察学习、请技术专家到现场指导、挨家挨户宣传发动、党员带头示范种植等方式,带领群众摸索适合本村发展的产业模式——种植砂糖橘、八角、杉木等,推动整村脱贫出列。

(3)另外,黄文秀还帮村民联系客商,帮助百坭村发展电商,将当地的砂糖橘等土特产往全国各地进行销售。

百坭村村民班统茂曾是一名贫困户,在黄文秀的帮扶下,他成了村里的致富带头人。他说百坭村那用屯种有300亩砂糖橘,之前因为疏于管理,产量一直上不去。黄文秀到村后,组织力量统一管护,2018年,那用屯砂糖橘产量大增,从2017年的年产6万斤增长到2018年的50多万斤,共有8户人家的那用屯,有6户靠砂糖橘年收入达到10万元以上。

在黄文秀的努力下,百坭村砂糖橘种植面积从500多亩扩展到了2000多亩。到2018年年底,黄文秀带领全村88户、417人实现脱贫,村集体经济收入实现6.38万元。

(三)经济、教育、文化齐"开花",取得丰硕脱贫成果

(1)在经济方面,在黄文秀到任之时,百坭村的贫困发生率为22.88%,经过一年努力,2018年百坭村顺利脱贫88户418人,贫困发生率降至2.71%,村集体经济收入达6.4万元。

(2)在教育方面,为了让村里的孩子了解外面的世界,暑假里她还联系了母校的志愿者来跟村里的孩子们一起活动,并且帮许多家庭的贫困户孩子申请了助学贷款。她还帮助考上大学的贫困生争取各项补助,让村里苦读多年的寒门学子得到完成学业的机会。因为她深知,教育可以改变农村孩子的命运。

(3)在文化生活建设方面,黄文秀还积极组织开展各类活动不断丰富群众业余文化文艺活动内容,完善"一约四会"的规章制度。通过开展全村道德模范人物评选和文明家庭评选活动,重点树立"尊老爱幼"道德典范,调动了村民参与村务活动的积极性,最终百坭村获得了2018年度全市"乡风文明"红旗村的荣誉称号。

(四)用生命回馈家乡，用成绩诠释理想抱负

1. 遭遇山洪，不幸牺牲

2019年6月16日晚，在看望肝癌晚期且刚做完第二次手术的父亲后，黄文秀冒着暴雨连夜赶回百坭村，意图组织干部群众开展防汛救灾，途中遭遇山洪，不幸因公牺牲，年仅30岁。

黄文秀生活上十分简朴，不讲究吃穿，在百坭村担任驻村第一书记一年多以来，大家对她的印象大都是勤俭节约，平易近人。她对自己要求很严格、很节约，但每当村里的群众有困难需要她在经济上援助时，她又非常大方，经常自掏腰包慰问村里的孤寡老人和留守儿童，在生活上对他们嘘寒问暖。

她始终心系群众，时刻惦记着贫困群众的前途发展，舍小家为大家，真正做到了忘我工作，家人患病住院她没能时时在身边照顾，村里大小事务却总能找到她坚毅的身影。她没能把自己的家人照顾好，却把村里的贫困群众照顾得非常周到。她在日记中说，每天都很辛苦，但心里很快乐。

2. "为她骄傲"，留下最美韶华

全国乡村振兴总结表彰大会，黄文秀的父亲听到女儿名字的瞬间，眼中含泪，默默擦拭。黄文秀的父亲说："我为有这样的女儿感到欣慰，她为党的工作而牺牲，是党培养了她，她为党的事业作出贡献，我为她骄傲！"

习近平总书记对黄文秀同志先进事迹作出重要指示，强调黄文秀同志研究生毕业后，放弃大城市的工作机会，毅然回到家乡，在乡村振兴第一线倾情投入、奉献自我，用美好青春诠释了共产党人的初心使命，谱写了新时代的青春之歌。广大党员干部和青年同志要以黄文秀同志为榜样，不忘初心、牢记使命，勇于担当、甘于奉献，在新时代的长征路上作出新的更大贡献。

"2019年感动中国人物"颁奖词是这样说的："有些人从山里走了，就不再回来，你从城里回来，却再没有离开。来的时候惴惴，怕自己不够勇敢，走的时候匆匆，留下最美的韶华。白色的大山，你是最美的朝霞，脱贫的战场，你是醒目的黄花。黄文秀同志用生命践行了要帮助贫苦群众脱贫的理想抱负，为家乡的扶贫事业奉献了自己的一切。"

三、"驻村第一书记"的作用及成功经验总结

实施乡村振兴以来，在中央大力支持、社会帮扶、科技支撑和广大干部群

众共同的不懈努力下,乡村的发展日新月异,乡村振兴战果累累,乡村建设如火如荼,才能在实现全面小康和乡村振兴的道路上阔步前行。骄人成绩的背后,驻村第一书记无疑是最值得我们铭记的群体,他们离开家人,扎根基层,将自己的美好青春和宝贵年华奉献给了广袤的乡村。

(一) 驻村第一书记在乡村发展中发挥着突出作用

1. 有利于加强基层组织建设

毛泽东同志曾指出:"正确路线确定之后,干部就是决定的因素。"习近平总书记强调,"帮钱帮物,不如帮助建个好支部"。选派驻村第一书记驻村固然是要助力完成乡村振兴任务,但面对现实存在的基层组织薄弱、涣散局面,首要和重要的任务就是建强基层组织,抓班子建设,帮带班子,尤其是帮扶共建党建阵地,夯实党的基层组织基础,增强村党支部战斗力,带领村"两委"搞好农村的各项事业。建设农村基层组织和大力发展农村经济,构成当前农村发展的两大重要任务。农村发展、摆脱贫困,关键在于有一个强有力的领导班子。选派驻村第一书记的初衷之一,正是解决个别基层党组织软弱涣散村的问题,努力把村党组织建设成为坚强战斗堡垒。

选派的驻村第一书记是能力和素质较高的优秀干部,他们驻村后扎实工作,以党建为抓手,通过"传帮带"引领农村基层组织建设,村级基层组织建设得到加强,村党组织战斗堡垒作用得到增强,村委班子向心力增强,巩固了党在农村的执政基础。一是帮学习,提高农村党员队伍的思想政治素质。加强对"村两委"成员的培养和教育,组织党员干部集体学习中国共产党党章、廉洁自律准则、纪律处分条例和习近平总书记系列讲话精神。一些驻村第一书记为了应对党员队伍老龄化、知识水平不高的现状,花大力气吃透相关文件,将其转化为通俗易懂的语言传达给广大党员;积极发展优秀青年入党,特别是在新毕业的大中专学生中发展党员,改变基层党组织年龄结构,提升能力与素质;把乡村振兴与基层党组织建设、全面从严治党结合起来,改变宽松软的不良作风及导向。二是帮建制,完善农村基层组织的各项制度。在建强基层组织方面,配齐班子、完善制度、规范作风,使原来班子不齐、组织涣散、软弱乏力的局面得到了改善。同时,健全各项制度,使村"两委"工作机制、村民"一事一议""党务公开"和"村务公开"等制度得到完善。带领村"两委",打造阳光村务模式。依靠民主决策处理村里的大事小情,杜绝一言堂的现象,让权力在阳光下运行,有效调动了群众监督、参与村工作的积极性。总之,驻村第一书记在重塑党组织形象,夯实基层组织堡垒,帮带帮学抓队伍建设等方面做了大量工作,成为村级基层组织建设的指导者、引领者、好帮手和坚强后盾。

2. 有利于精准施策

(1)调研是做好工作的前提和基础,是我们党进行决策和战略部署的关键一环。要想在贫困地区贫困农村帮助贫困农民实现脱贫致富,必须加大基层调研力度。驻村第一书记派驻到基层,有利于开展基层调研工作,使得驻村第一书记能有充分条件以高度的责任感、使命感走进基层、走进群众,了解群众疾苦,了解群众所思所想,从而在此基础上进行充分调查研究,并对调查研究的结果进行充分论证,力争做到结果符合事实,结论经得起推敲,数据严谨、科学,从这些结论、数据出发开展精准脱贫,做到让群众满意、让社会满意、让基层满意、让贫困农民满意。

(2)驻村第一书记派驻基层可以加强对脱贫对象的精准识别。精准脱贫建立在对脱贫对象精准识别的基础之上,因为无论是从政策层面还是从理论与实践层面,精准脱贫其实就是对需要脱贫的对象进行靶向帮扶,解决致其落后、贫穷、困难的生活和生产问题。因此,精准识别脱贫对象可以说是驻村第一书记在贫困地区贫困农村推进精准脱贫的基础性工作,其可以通过对基层社会、基层群众来一个全方位的大调研,多渠道多层面掌握了解基层贫困现状,并且通过走访和深度调查等方式,根据中央和省委关于精准脱贫的相关政策,采取分类法、排除法、统计法,分类进行精准识别,精确到人,然后进行公示,赢得群众和社会认同,达到靶向帮扶的效果。

(3)驻村第一书记制度有利于推进脱贫政策精准化。脱贫政策是推进精准脱贫的重要保障。要想在乡村振兴上取得好的效果,必须推进脱贫政策精准化。"第一书记"入驻基层可以更好地从乡亲们的角度出发,为村民解读脱贫政策并加速推进相关政策的执行。可以更好地从贫困地区、贫困农村、贫困农民的实际出发进行针对性规划和设计,做到因地制宜、因人制宜、因贫制宜,确保脱贫政策与贫困地区、贫困农村、贫困农民之间的黏合度。

(4)驻村第一书记位于乡村振兴第一线,为村民提供及时建言献策的条件,有嫁接好精准施策的信息渠道。驻村第一书记积极践行为人民服务的宗旨和"从群众中来,到群众中去"的群众路线,以党委、政府等组织为依托,有利于在群众和上级领导、政府之间架起一座民意反馈通道，可以更好地做好基层干部和群众的思想工作，提高他们的道德素质和脱贫意识，引导其通过积极的途径解决问题，使基层干部能充分发挥好"想群众之所想，急群众之所急，解群众之所困"的积极作用，化解农村社会矛盾，让每个村民有意愿参与到村民自治和基层脱贫与建设中。

（5）驻村第一书记派驻基层在进行部署产业脱贫时更具针对性、实用性，在发展地方产业时能更好地符合地方实际、符合群众需求，对地方社会发展、对贫困地区贫困农村发展、对贫困农民的脱贫致富能够起到切实的帮助和推进作用。驻村第一书记扎根基层有利于综合考量贫困地区的地理位置、交通条件、资金要素、气候、土壤资源、技术含量、人力成本等，针对性发展附加值高的脱贫产业；根据农民的实际情况或发展养殖业或发展种植业或发展畜牧业或发展其他集体经济，切实推进精准脱贫。

（6）驻村第一书记深入基层可以更好地规划和监督脱贫专项资金的去向，通过对脱贫资金的用途进行专项调研，对脱贫资金的去向进行规划和设计，切实保证将脱贫资金用于贫困农村、贫困农民改善生产生活，提高综合素质，推进地方经济社会发展上。为此，这对驻村第一书记也提出更高的要求：好的政策出台后，驻村第一书记在贯彻落实时要真正做到无缝对接，切忌片面解读、选择性解读，要让政策之树植根于贫困地区贫困农村，让政策之花在贫困地区绽放，让贫困农民共享政策之果。

3. 有利于文明乡风建设

习近平总书记多次指出"扶贫先扶志"，指的就是要扶志气，扶信心，扶精神。社会主义精神文明建设是社会主义的重要特征，是现代化建设的重要目标和重要保证。"扶贫先扶智""治穷先治愚"，造成贫困的原因固然是多方面的，但贫困村之所以落后，很大程度上是因村民观念守旧、文化落后、科技意识淡薄造成的。目前，在一些贫困地区，依然存在安于现状、墨守成规、小富则安的消极落后的小农意识，存在着畏难惧险、懒惰散漫等落后思想和陈规旧俗，成为扶贫工作顺利开展的巨大障碍。真正的贫困，不是物质上的贫困，而是思想上的落后、精神上的贫困、知识上的匮乏。因此，扶贫不是单纯的物质投入，更重要的是思想观念和精神状态的改变，只有精神扶贫才能彻底铲除贫困的根源。但是，由于原有村基层组织身处基层一线，受客观条件限制，对很多上级政策了解不多、把握不深，所以，依靠贫困村自身难以解决思想观念的问题。

驻村第一书记的进驻虽然不能从根本上消除几千年遗留的落后思想观念，但可以通过引入先进的思想观念，使群众树立靠自身辛勤努力摆脱贫困的意识和信心。因此，驻村第一书记不仅要找项目、扶产业、搞基础，更重要的是帮助群众转变安于现状、"等靠要"的思想，在思想观念上进行帮扶。可以说，对于扶贫工作来说，思想引领比招商引资还重要。"观念一变天地宽。"只有帮助农民转变观念，引导他们树立自力更生、丰衣足食的观念，变输血为造血，才能从根本上解决贫困问题。为此，驻村第一书记深入村民中间，了解村情民俗，以"接地气"的方式宣传党和国家的政策，用科学理论教育引导贫困群众，破除落后愚昧思想，切实转变部分贫困群众"等靠要""被扶贫"的被动、依赖思想，激发困难群众致富的内在愿望和动力，让贫困群众坚定脱贫致富的信心，焕发自力更生、艰苦奋斗、奋发图强的精神。大力弘扬时代精神，冲破消极落后的传统观念束缚，树立主体意识、市场观念、竞争观念、时间观念、效率意识、创新意识、风险观念。引导群众用科学的世界观正确认识人生，对自己的未来充满信心，保持乐观的情绪和振奋的精神。

(二) 驻村第一书记带领村民致富的成功经验

农村想要发展得又快又好，与其有一位认真负责的驻村书记关系密切。本文通过分析许多典型优秀驻村书记的成功案例，总结出了以下几点经验，以供广大有志发展农村建设的"未来驻村书记"参考。

1. 加强学习，将理论与实践结合

随着国家对农村建设的不断重视，已经通过"选调生""定向师范"等政策向农村输送了大量高知人才。但仅仅拥有课本中的知识是远远不够的，如果不针对当下国家政策和村情来引导农村建设，只会闹出"本本主义"的笑话，"实践出真知"是我党在近百年执政过程中总结出的硬道理。作好驻村第一书记工作，不但要学好书本中的知识，更要尽快适应在乡镇工作的角色转变，不断学习当前中央关于省、州、县、村"三农"方面的政策和规定，加强自身对驻村工作的认识，积极地向村中有经验、有威望的"能人"学习，还要不断参与各级部门组织的农业发展学习交流和培训会议，从中摸索出一夸适合于自身特点的乡村工作之道。

2. 了解民意，以满足民众福祉为先

入村之后，要勤于调研，熟悉村情，深入田间地头、深入农户、深入群众展开调研工作，不能做高高在上的指挥家，要同民众打成一片。具体表现可以为，带头示范落实国家政策，进入农户家中了解家庭情况，下田间与农民一块劳作以拉近距离，实实在在地解决村中困难户的生活困难等。比起村支书来说，村民的文化水平普遍较低，因此对于政策因不了解而不支持的事情常有发生，甚至会与村干部发生冲突，此时就要深入人民群众之中，通过"掏心窝子"讲话、定期访谈等形式拉近与民众之间的距离，了解民意，体恤民情，时刻以民众的福祉为先，将民众的诉求记在心上。此外，还要针对农村工作实际情况，进行认真梳理、归纳和总结，形成有针对性的记录报告，以备不时之需。

3. 创新农业，谋求农村发展之道

如果说走入民众，调研村情是将心与村民联系在一起，那么创新农业，运用知识谋求新时代下的农村发展则是带领村民通向更幸福生活的道路。作为驻村第一书记，不仅仅是要维持村落的正常运转，协调村内部、村之间的和谐关系，更要善于思考，结合村情，选好产业带领乡亲们发家致富。因为世间一切都是建立在良好的物质基础之上，只有人民富起来，不愁吃穿，才有资格谈其他的建设。驻村书记作为受过高等教育的人才，有着一般村民不具备的视野，将村之所长发挥到极致是致富关键。一个优秀驻村书记具备敏锐的定位能力，他会在适合养牲畜的村落大力发展养殖业，在适合种植庄稼的地方培养特色庄稼，在风景独美的地方大兴乡村旅游。此外，还要善于利用国家扶持政策加强所在村庄创新发展，同时利用好网络传播渠道做好宣传工作，才能让村庄在较短时间内富起来、美起来。

4. 狠抓党建，打造扎实能干的村干部队伍

作为驻村第一书记，除了自身需要具备良好的素养，还需要注意培养一支能够具有吃苦在前、扎实为民服务的优秀村干部队伍。这个队伍应当来自群众、熟悉群众，并乐于奉献于农村管理工作。要建立这样的团队需要加强村党建阵地建设，发挥好党员模范示范作用，并定期组织村干部培训，不断提升村干部基层治理能力。

四、进一步强化驻村第一书记队伍建设的具体举措

(一) 从政策规定上提高驻村第一书记福利待遇

乡村振兴战略是习近平同志在党的十九大报告中提出的重大战略部署。党的十九大报告指出,农业农村农民问题是关系国计民生的根本性问题,必须始终把解决好"三农"问题作为全党工作的重中之重,实施乡村振兴战略,为新时代农业农村改革发展指明了方向、明确了重点。中央农村经济工作会议首次提出走特色社会主义乡村振兴道路,并提纲挈领地提出了乡村振兴"七条路径",制定了乡村振兴"总路线图",以及"三步走"时间表。中央1号文件聚焦于乡村振兴战略,明确了乡村振兴战略的总体要求、原则、目标、主要任务和规划保障等,为各地编制和实施乡村振兴提供了良好的政策依据和实施路径。

习近平总书记强调,打好乡村振兴战,关键在人,在人的观念、能力、干劲。农村的发展情况和驻村书记有着很大的关系,农民富不富裕也和驻村书记有着直接关系,驻村书记作为农村发展的带头人,农村大大小小的工作都需要驻村书记来参与解决。由此可见,驻村书记的作用至关重要。据统计,截至2020年10月,全国累计选派290多万名干部到贫困村和软弱涣散村担任驻村第一书记或驻村干部。这些驻村第一书记和驻村干部主要来自行政机关和企事业单位,他们行业不同、年龄不同、经历不同、工作方法不同,但有一个共同点,就是扎根基层、真心诚意为群众谋利益,一心带领村民脱贫致富。实践中,他们有力促进了农村发展,展示了共产党员堪当大任的良好风尚。

当前乡村振兴工作任务颇为艰巨。本部分以江西省萍乡市对驻村第一书记的政策扶持为例分析当前国家的相关政策规定。萍乡市规定驻村第一书记每季度须不少于50天或每月不少于20天(含因公出差、开会和培训)在村开展工作,吃住在村。从实际工作情况来看,萍乡市驻村驻村第一书记们克服恶劣自然条件及简陋生活条件带来的各种困难,发扬不怕苦、不怕累的精神,在日常工作中冲锋在前、吃苦在前,工作作风得到村民们的一致好评。为进一步鼓励驻村第一书记在农村基层干事创业,萍乡市委组织部、市委农工部、市财政局、市人社局和市扶贫办等部门联合制定了一系列政策,加强对驻村第一书记的正向激励。

1. 实行现金奖励，年度考核优秀的奖金达上万元

由市委组织部牵头，会同有关部门和县区，对驻村第一书记进行年度工作考核。派出单位对考核优秀的驻村第一书记，额外发放不少于两个月的全额工资（基本工资＋津贴）作为考核奖励，一年发放一次。对驻村不满一年的，根据实际工作月份数，按比例发放。

2. 优先提拔重用，考核优秀的提拔次序前移

该市规定，在单位有职数空缺、需要提拔重用干部时，组织部门要优先考虑表现优秀的驻村第一书记。

3. 提高补助标准

该市在《关于明确市直单位选派"驻村第一书记"进村工作几个问题的通知》（萍组字〔2015〕99号）基础上，进一步提高补助标准，细化操作要求，其中伙食补助由30元/天提高到不低于50元/天。

4. 加强生活关怀，组织及时协调解决实际困难

驻村第一书记本人或家庭生活中遇到困难，如父母、爱人、子女住院等时，派出单位应及时走访慰问，尽力帮助解决实际困难。

驻村第一书记在乡村振兴的战斗一线，需要按照"脱帽不脱政策，脱帽不脱责任，脱帽不脱帮扶，脱帽不脱监管"的要求，持续巩固脱贫成效，站好乡村振兴的第一班岗。这些正向激励政策得到驻村第一书记的点赞，系列"干货"进一步激发了驻村第一书记的"干劲和信心"，为乡村振兴工作提供了人才组织保障。

(二) 进一步强化驻村第一书记干部队伍建设

1. 加强选派单位党组织与村庄基层党组织结对共建

驻村第一书记在开展驻村工作后不能单兵作战，要同有经验的派驻干部、村干部及时交流经验。在资源共享方面，选派单位要协助驻派干部村庄制定相关产业发展规划，提供必要的资金和政策支持，改善村庄的基础设施条件，为村里群众解决突出困难。在组织共建方面，充分发挥双方党支部的比较优势，定期交流党建工作经验，共同研究基层党建课题。

2. 注重从有基层工作经验的年轻干部中选聘驻村第一书记

驻村第一书记的时间为1~3年，农村工作有着以农时为周期变化的规律，从这一方面看来，驻村第一书记存在着工作时间短、困难大的特点。要想在短

时间解决问题，必须要发挥年轻力壮的青年干部优势。优先选聘了解"三农"问题、有丰富基层工作经验、眼界视野开阔的优秀青年加入驻村工作队伍之中。

3. 注重从退居二线的从政经验丰富的干部中选聘驻村第一书记

农村生活条件艰苦、矛盾错综复杂，驻村第一书记不仅要了解"三农"问题，而且要解决困难复杂问题，所以可以从退居二线的优秀干部中选聘事业心和责任感强的党员干部担任驻村第一书记。

4. 加强对驻村第一书记的考核监督

驻村第一书记上岗后，应强化驻村第一书记及选派单位责任感，组织部门要经常考察驻村第一书记的工作情况和廉洁自律情况，实行"派驻与属地"双重考核，将责任落实到帮扶责任人和帮扶单位。对于优秀的驻村第一书记要加强宣传与表彰，对于不合格的驻村第一书记要及时撤换，加强惩戒，形成能上能下、能出能进的动态管理机制。

参考文献

[1] 第一书记 [EB/OL]. 百度百科，[2022-03-25]. https://baike.baidu.com/item/%E7%AC%AC%E4%B8%80%E4%B9%A6%E8%AE%B0/15469497?fr=aladdin.

[2]【改革开放40年】闽宁镇的巨变 [EB/OL]. 中央纪委国家监委网站，[2018-02-11]. http://www.nxjjjc.gov.cn/xbnxjw/tptt/201809/t20180921_166856.html.

[3] 最美奋斗者——黄文秀简介 [EB/OL]. 新华网，[2019-07-25]. http://zmfdz.news.cn/439/index.html.

[4] 芳华无悔——追记用生命坚守初心和使命的青年共产党员黄文秀 [EB/OL]. 新华网，[2019-6-30].https://baijiahao.baidu.com/s?id=1637752355518509114&wfr=spider&for=pc.

第二篇　驻村第一书记助力乡村振兴的内在逻辑与优化路径

2021年春季《中国特色社会主义理论与实践》课程40班第5小组

组长：杨佳瑞

组员：倪智铖、高家辉、李文婷、孟庆繁、张振强、乔聪聪、王凤瑶、刘芳颖、申沅均

一、驻村第一书记与乡村振兴战略的内涵界定

(一) 驻村第一书记的概念与工作职责

1. 何为"驻村第一书记"

驻村第一书记是指从各级机关优秀年轻干部、后备干部，国有企业、事业单位的优秀人员和以往因年龄原因从领导岗位上调整下来、尚未退休的干部中选派到村（一般为软弱涣散村和贫困村）担任党组织负责人的党员。

2. 村党支部书记和驻村第一书记的区别

农村党支部的第一书记是由上级党委选派、任命的公职人员下村任职所担任的职务。第一书记是农村党支部的第一责任人、第一领导人，其地位、权力、责任均在原有的村党支部书记之上。设了第一书记后（上级一般要求主持工作），这时支部书记级别虽然没变，实际上就是常务副书记，也是排名靠前的副书记。第一书记离开，支部书记就自然又恢复书记全部职责。农村第一书记与村支部书记的关系应该是互相依靠、互相帮助、互相促进、内外结合的关系。

3. 驻村第一书记的工作职责

一是建立健全基层党组织，着力解决村"两委"队伍不齐、领导班子软弱无力，村党支部制度体系不健全，管理混乱等问题。防范应对宗族宗教、黑恶势力的干扰渗透，物色培养村后备干部；严格落实"三会一课"，严肃党组织生活；推动落实村级组织工作经费和服务群众专项经费、村干部报酬和基本养老医疗保险，建设和完善村级组织活动场所、服务设施等，努力把村党组织建设成为坚强的战斗堡垒。

二是推动乡村振兴,通过科学有效的程序准确识别贫困村、贫困户,逐村逐户建档立卡,为精准施策奠定基础。重点是大力宣传党的扶贫开发和强农惠农富农政策,深入推动政策落实;带领派驻村开展贫困户识别和建档立卡工作,帮助村"两委"制定和实施脱贫计划;组织落实扶贫项目,参与整合涉农资金,积极引导社会资金,促进贫困村、贫困户脱贫致富;帮助选准发展路子,培育农民合作社,增加村集体收入,增强"造血"功能。

三是提高为民办事水平,畅通联系服务群众的"最后一公里"。强力推进电子商务、金融服务、便民超市进村工作,方便群众生产生活;经常入户走访,听取意见建议,努力办实事;关心关爱贫困户、五保户、残疾人、农村空巢老人和留守儿童,帮助解决生产生活中的实际困难。

四是健全以党组织为核心的法治、德治、自治相结合的现代乡村治理体系,保持乡村社会平稳安定。重点是推动完善村党组织领导的充满活力的村民自治机制,落实"四议两公开",督促村(居)务监督委员会发挥作用,促进村级事务公开、公平、公正,努力解决优亲厚友、暗箱操作、损害群众利益等问题;帮助村干部提高依法办事能力,指导完善村规民约,弘扬文明新风,促进农村和谐稳定。

(二) 乡村振兴战略的概念、理念与提出历程

1. 何为"乡村振兴战略"

党的十九大报告指出,农业农村农民问题是关系国计民生的根本性问题,必须始终把解决好"三农"问题作为全党工作的重中之重,实施乡村振兴战略。实施乡村振兴战略,要坚持党管农村工作,坚持农业农村优先发展,坚持农民主体地位,坚持乡村全面振兴,坚持城乡融合发展,坚持人与自然和谐共生,坚持因地制宜、循序渐进。巩固和完善农村基本经营制度,保持土地承包关系稳定并长久不变,第二轮土地承包到期后再延长三十年。确保国家粮食安全,把中国人的饭碗牢牢端在自己手中。加强农村基层基础工作,培养造就一支懂农业、爱农村、爱农民的"三农"工作队伍。

乡村振兴战略就要坚持把解决好"三农"问题作为全党工作重中之重,坚持农业农村优先发展,按照产业兴旺、生态宜居、乡风文明、治理有效、生活富裕的总要求,建立健全城乡融合发展体制机制和政策体系,统筹推进农村经济建设、政治建设、文化建设、社会建设、生态文明建设和党的建设,加快推

进乡村治理体系和治理能力现代化，加快推进农业农村现代化，走中国特色社会主义乡村振兴道路，让农业成为有奔头的产业，让农民成为有吸引力的职业，让农村成为安居乐业的美丽家园。

2. 新时代中国特色社会主义思想中的"乡村振兴"理念

习近平新时代中国特色社会主义思想中包含了"乡村振兴"的诸多思想。简单梳理大致有以下主要思想：

一是"两山理论"的提出。2005年8月15日，时任中共浙江省委书记的习近平同志在安吉县余村调研时提出："我们过去讲既要绿水青山，又要金山银山。其实，绿水青山就是金山银山。"这便是如何正确处理生态保护与发展经济相互关系的著名的"两山理论"。

二是"记住乡愁"的呼唤。2013年12月12日和13日，中央城镇化工作会议在北京召开，习近平总书记到会并作重要讲话，他指出："要依托现有山水脉络等独特风光，让城市融入大自然，让居民望得见山、看得见水、记得住乡愁。"他还指出："要注意保留村庄原始风貌，慎砍树、不填湖、少拆房，尽可能在原有村庄形态上改善居民生活条件；要传承文化，发展有历史记忆、地域特色、民族特点的美丽城镇。"

三是明确"新农村建设原则"。2015年1月，习近平总书记在云南考察时提出："新农村建设一定要走符合农村实际的路子，遵循乡村自身发展规律，充分体现农村特点，注意乡土味，保留乡村风貌，留得住青山绿水，记得住乡愁。"

四是寻找乡村振兴的新路子——大力发展乡村旅游。2017年10月19日，习近平总书记参加贵州省代表团审议报告讨论时说："乡村振兴，发展乡村旅游是一个重要渠道。要抓住乡村旅游兴起的时机，把资源变资本，实践好绿水青山就是金山银山的理念。同时，要对乡村旅游作分析和预测。如果趋于饱和，要提前采取措施，推动乡村旅游可持续发展。"

五是要把厕所革命这项工作作为乡村振兴战略的一项具体工作来推进。2017年11月，习近平总书记对旅游系统推进"厕所革命"工作取得的成效作出重要指示："两年多来，旅游系统坚持不懈推进厕所革命，体现了真抓实干、努力解决实际问题的工作态度和作风……厕所问题不是小事情，是城乡文明建设的重要方面，不但景区、城市要抓，农村也要抓，要把这项工作作为乡村振兴战略的一项具体工作来推进，努力补齐这块群众生活品质的短板。"

3. 乡村振兴战略的提出历程

乡村振兴战略的实施是一个不断积累、不断丰富的过程。在国家行政管理和具体执行层面，采取了一系列具体措施：

一是大力推进"美丽乡村"建设。2005年10月，党的十六届五中全会提出建设社会主义新农村的重大历史任务，提出"生产发展、生活宽裕、乡风文明、村容整洁、管理民主"的具体要求。

二是社会主义新农村建设。2007年10月，党的十七大提出"要统筹城乡发展，推进社会主义新农村建设"。在社会主义新农村建设的总体要求下，2008年浙江安吉县正式提出"中国美丽乡村"计划，出台《建设"中国美丽乡村"行动纲要》。原中央农村工作办公室主任陈锡文在考察安吉后说："安吉进行的中国美丽乡村建设是中国新农村建设的鲜活标本。"

三是特色小镇建设。2016年2月，《国务院关于深入推进新型城镇化的若干意见》（国发〔2016〕8号）明确提出：充分发挥市场主体作用，推动小城镇发展与疏解大城市中心城区功能相结合、与特色产业发展相结合、与服务"三农"相结合。发展具有特色优势的休闲旅游、商贸物流、信息产业、先进制造、民俗文化传承、科技教育等魅力小镇。此后，住房和城乡建设部、国家发改委、财政部等中央部委出台系列文件对特色小镇建设提出了许多指导性意见和工作要求。

四是大力推进"田园综合体"试点工作。2017年2月5日，中共中央一号文件中指出：支持有条件的乡村建设以农民合作社为主要载体、让农民充分参与和受益，集循环农业、创业农业、农事体验于一体的田园综合体，通过农业综合开发、农村综合改革转移支付等渠道开展试点示范。2017年6月5日，财政部下发《关于开展田园综合体建设试点工作的通知》，决定在河北、山西、内蒙古、江苏、浙江、福建、江西、山东、河南、湖南、广东、广西、海南、重庆、四川、云南、陕西、甘肃18个省区开展试点工作。每个试点省区安排1个试点项目，按3年规划，共安排中央财政资金1.5亿元，地方财政资金按50%投入，3年共投入2.25亿元，最终实现"村庄美、产业兴、农民富、环境优"的目的。

二、驻村第一书记助力乡村振兴的内在逻辑分析

（一）驻村第一书记的作用与功能

1. 驻村第一书记的重要作用

2020年3月6日，习近平总书记在决战决胜乡村振兴座谈会上发表重要讲

话，充分肯定了这项工作的成绩。习近平总书记指出："全国共派出25.5万个驻村工作队、累计选派290多万名县级以上党政机关和国有企事业单位干部到贫困村和软弱涣散村担任第一书记或驻村干部，目前在岗91.8万人，特别是青年干部了解了基层，学会了做群众工作，在实践锻炼中快速成长。"

作为一种具有中国特色的扶贫方式，选派第一书记驻村扶贫，不仅有利于进一步强化基层党组织建设，使得贫困地区基层党组织能力不断加强，充分发挥党建扶贫的政治优势和组织优势，为全面打赢乡村振兴战略提供强有力保证，而且能够更加直接高效地带领广大贫困群众摆脱贫困，走上全面小康之路。

这些年来，第一书记驻村扶贫在各省区市广泛铺开。第一书记们围绕增强村党支部战斗力，实现扶贫对象稳定脱贫，为村里引进致富项目，加快脱贫致富步伐，增加村集体经营性收入，改善村民生产生活条件，提升村镇文明程度，提高基础保障能力等目标，从当好党的政策的宣传队、农村党建的工作队、脱贫致富的服务队入手，通过开展贫困识别、精准帮扶，本领明显提高，不仅取得引人注目的扶贫成效，同时巩固了党在农村的执政基础。第一书记驻村扶贫成为中国乡村振兴的一张亮丽名片。

2. 驻村第一书记的重要功能

(1) 加强基层组织建设，实现组织振兴发展。

从中央规定来看，"第一书记"驻村的主要作用之一是要以党建为抓手来打开入驻农村的开局工作，首先是配齐完善村"两委"领导班子，宣传党的思想路线、贯彻党的教育方针、落实党的惠农政策以及具体实施党的基本工作任务，解决目前农村存在的"软、散、乱、穷"、工作不在正常状态等突出问题，贯彻实施中央扫黑除恶行动，促进农村改革发展稳定，培养锻炼农村的优秀干部，严格贯彻落实"三会一课"，强化党组织生活，把村级党组织建成坚强的战斗堡垒；推动落实村级组织专项经费、村干部工资和基本医疗养老保险，建立完善农村组织活动场所、农村人居服务设施等，同时加强和完善农村基层党组织建设，抓党建就是要突出党的领导地位和核心价值，强基固本，实实在在地发挥党的领导作用，以党建促发展，通过振兴党建引领农村振兴。

(2) 推动乡村振兴，实现农民富裕。

中央向贫困村派驻"第一书记"，另一个重要的作用是实行推动农村乡村振兴的重要举措，宣传并推动贯彻落实中央强农惠农富农和扶贫开发政策，引领农村开展实施贫困户识别精准脱贫和建档立卡工作。连接"第一书记"派出单位与入驻村，积极引导资金，发展扶贫项目，给农村带去优势，通过城市带动农村，通过干部帮扶基层，向农村输入资源，扶志扶智，实施教育扶贫，实现农村"造血"功能。确定农村脱贫方案，落实农村致富项目，引导各种利于农村发展的要素流向农村，引导社会资源投入农村发展，凝聚建设社会主义新农村、实现小康农村、实施乡村振兴战略的强大合力。从个人角度讲，"第一书记"选派到农村就是具有战略性前瞻性的眼光，要充分利用自身人脉资源和派出单位优势资源，依靠农村特色条件，引进项目、技术、资金，拉动项目支持，发挥农村隐性显性优势，注重扶贫质量，帮助所在村子创新发展路子，带领农民致富。

(3) 为民服务，认真办事，实现社会和谐稳定。

"为人民服务"是我党的根本宗旨，也是"第一书记"的根本职责。"第一书记"入驻农村要改善为民办事服务程序，提高为民办事效率。在为民办事服务方面积极协调部门联系，做好为民办事服务事项的扩展，合理调整办事时间和程序。强化农民的培训教育，强化农村基础教育，进一步推进整改落实党的群众路线教育实践活动，时刻掌握村民思想动态，带领村级组织顺利开展为民服务，全程代理民事村办等各项农村农民工作，深入农民群体了解农民的疾苦，及时掌握群众动态向组织汇报，力求获得组织支持，切实为群众排忧解难，把为民办事服务落到实处，落实到人，打通服务群众的"最后一公里"；与群众同吃同住同劳动，入户走访，努力办事；让群众感受到党的关爱并信任党，帮助群众解决生产生活中的实际困难，通过灵活多样的宣教手段让群众了解政策、理解政府、相信组织，密切党群关系，营造党群和谐氛围。

(4) 提升治理水平，确保治理有效。

党的十八届三中全会上提出："全面深化改革的总目标是完善和发展中国特色社会主义制度，推进国家治理体系和治理能力现代化。"以选派"第一书记"驻村工作为抓手，推动新型农村的体系治理并重塑乡村宜居结构，是"第一书记"驻村工作的重中之重，关系今后乡村振兴战略实施的期望值。中央选派"第一书记"驻村是推动完善村党组织领导的充满活力的村民自治机制，倡导公平、公正、公开，指导完善民约村规修订，增强村民法治意识。激发农民内生动力，提升乡村治理能力，实现农村依法自治。加强农村集体所有的"资金、资产和资源"管理，落实"四议两公开"，建立村务监督委员会，促进村级事务公开、公平、公正。组织领导解决"三农"问题；帮助农村党政领导干部提高依法依规办事的能力，普及法律知识并指导农村建立完善村规民约，弘扬社会主义文明新风，促进农村社会的和谐稳定，提升农村的整体治理水平。

3. 驻村第一书记的重要意义——以吉林省为例

如今，驻村第一书记已成为外部人才治村的一支中坚力量。在驻村第一书记及其工作队的积极推动下，贫困村的村容、村貌、村治都得到了一定改善。

(1) 联结外部资源，利用所在单位的资源或个人的资源为贫困村谋福利。从吉林省的经验来看，驻村第一书记主要是通过联结外部资源给村庄带来福利，从而参与到村庄治理中来，这也是驻村第一书记在扶贫中最受村民期待的一项原因。通过驻村第一书记联结外部资源，包保村在这一过程中或多或少得到了一些资源来发展村治。中央要求驻村第一书记所在单位要给驻村第一书记工作全力支持，所以驻村第一书记带来的不仅仅是自己的经验智慧，还有包保单位的资源。各包保单位拥有的资源和权力大小不一样，所以在帮扶过程中各包保村所得到的资源和帮扶是不一样的，各包保村所得到的资源多少和帮扶力度取决于驻村第一书记背后的单位权力大小。

(2) 改善贫困村公共设施状况和交通状况。在当前的贫困农村，交通状况都非常差：晴天道路凹凸不平，雨天泥泞不堪。道路问题不仅影响了村民的正常生活和出行方便，更阻碍了扶贫开发和经济发展。而且贫困农村公共设施匮乏，大多数村庄连公共厕所都没有。公共活动空间更是缺乏，没有健身器材，更没有文化活动室。"要想富先修路"，驻村第一书记到来后一般都想办法给贫困村筹资修村道，改善交通状况。资金充足的单位还建造了健身活动场所，发动村民植树造林、改造农村的破旧围墙等，在一定程度上改善了农村的村容村貌。

(3) 开发扶贫致富项目。推动乡村振兴是驻村第一书记下乡的主要职责之一。从吉林省的情况来看，驻村第一书记主要从以下方面来开发扶贫。第一，发展庭院经济。在白城市一带，由于县里有光伏项目扶贫，驻村第一书记进村主要负责带领农户发展庭院经济，白城市土地属于盐碱地，适宜种植小米等谷类作物，驻村第一书记和村里的领导班子根据当地的土壤情况，发动农户在自家庭院里种植小米，小米收获后帮助贫困户寻找销路。第二，开发新的养殖业。

白山市地处长白山脉，耕地少，农民靠土地获得的收入低。驻村第一书记到来后根据当地情况发动贫困户养蜂，成立养蜂合作社，并通过互联网宣传当地优质的蜂蜜，当年就实现了每户贫困户增收7000元，成功实现了脱贫。

（4）重建基层党建。家庭联产承包以后，党组织基本退出了村级组织，造成了农村党组织的空心化，在此期间，农村一些灰色势力趁机填补了这个空缺，对村治造成了不良影响。可以说，当前农村党建形势非常严峻，虽然各村具体情况不一样，但总结起来有以下几方面：①党员老龄化严重，各村党员平均年龄都在60岁以上，后备力量不足；②村党支部多年没有召开民主生活会，群众不了解党支部的作用；③党支部凝聚力和战斗力差，支部成员都为各自利益着想，群众威望差。针对村党建存在的问题，驻村第一书记首先重建村党建制度，定期召开党员大会，发挥党员的带头作用；积极发展新党员，为村治补充后备力量。驻村第一书记的到来在一定程度上重建了基层党组织，为村庄治理注入了新鲜血液。由此可见，作为外部人才输入的驻村第一书记治村发挥了一些积极作用。首先，驻村第一书记加强了对农村贫困地区的资源输入。驻村第一书记基本都是来自政府机关事业单位，比起从来没有进入过体制内的村干部，他们非常熟悉制度化的工作流程，为村里申请了很多项目。其次，驻村第一书记制度强调扶贫效率，设定扶贫脱贫致富的时限性，在一定程度上克服了传统官僚制的僵化和散漫，在这套制度的激励下，地方政府行为改观很大，改变了地方政府的"不作为"状态。围绕驻村第一书记乡村振兴，不仅地方政府被动员起来，同时其他如企业单位和民间组织等行动主体也被动员和参与进来。地方政府开始由"消极行政"转变为"积极行政"，由"无所作为"转变为"有所作为"，彰显出新环境下地方政府乡村振兴的决心和行动力。

（二）乡村振兴战略的重要价值和现实意义

1. 乡村振兴战略的重要价值

习近平新时代中国特色社会主义思想是新时代中国共产党的思想旗帜，是当代中国马克思主义和21世纪马克思主义，为实现中华民族伟大复兴提供了行动指南。《习近平谈治国理政》第三卷集中反映了党的十九大以来习近平新时代中国特色社会主义思想的最新理论成果，提出许多具有原创性、时代性、指导性的重大思想观点，进一步丰富和发展了党的理论创新成果。

党的十九大报告强调"农业农村农民问题是关系国计民生的根本性问题，

必须始终把解决好三农问题作为全党工作重中之重"，而乡村振兴战略正是破解我国"三农"问题的金钥匙，为农业农村现代化建设指明了方向。本卷第九个专题"推动经济高质量发展"，全面阐述了把乡村振兴战略作为新时代"三农"工作总抓手的战略部署。这是对党的十九大提出乡村振兴战略的深入阐发，具有深远的历史意义和战略意义。当前，我国正处在全面建成小康社会，实现第一个百年奋斗目标，开启全面建设社会主义现代化国家新征程，迈向第二个百年奋斗目标的历史新起点上。深入学习和领会乡村振兴战略的伟大意义，才能有更高的站位，增强战略思维的自觉性，推进党的基本路线和基本方略落地生根。

2. 乡村振兴战略的现实意义

（1）对全面建设社会主义现代化国家具有全局性和历史性意义。

乡村振兴战略对于全面建设社会主义现代化国家、实现第二个百年奋斗目标具有全局性和历史性意义。

没有农业农村现代化，就没有整个国家的现代化。在现代化进程中，如何处理好工农关系、城乡关系，在一定程度上决定着现代化的成败。习近平总书记指出，没有农业现代化，没有农村繁荣富强，没有农民安居乐业，国家现代化是不完整、不全面、不牢固的。

从世界各国现代化历史看，随着工业化和城市化的发展，乡村衰落，大量农民涌向城市贫民窟，有的国家甚至造成社会动荡。我国作为中国共产党领导的社会主义国家，应该吸取和借鉴西方国家在现代化进程中处理城乡关系的经验教训，使城乡发展实现优势互补、融合发展。

从新中国成立以来城乡发展历史看，我国依靠农业农村支持，在一穷二白的基础上建立起比较完整的工业体系和国民经济体系。改革开放以来，广大农民为推进工业化、城镇化作出了巨大贡献。当前我国又面临正确处理工农关系、城乡关系新的历史关口。我国发展最大的不平衡是城乡发展不平衡，最大的不充分是农村发展不充分。乡村振兴战略，就是为了从全局和战略高度来把握和处理工农关系、城乡关系，解决"一条腿长、一条腿短"的问题。

从实施乡村振兴战略两年多的实践来看，通过一、二、三产业融合发展实现农业的转型升级、提质增效；通过践行"两山"理论、推进产业绿色化和绿色产业化，加快发展生态农业；通过"互联网+现代农业"，实现电子商务进农村、为乡村振兴插上信息化翅膀；通过产业乡村振兴与乡村振兴相结合，持续改善社会民生；通过壮大乡村集体经济，实现乡村产业可持续发展，这些实践已经取得了良好的社会效益和经济效益。

乡村振兴战略，关系到农业农村现代化的实现，关系到社会主义现代化的全面实现，关系到第二个百年奋斗目标的实现。因此，包括产业振兴、人才振兴、文化振兴、生态振兴、组织振兴在内的乡村全面振兴，对于全面建设社会主义现代化国家具有全局性和历史性意义。

(2) 解决社会主要矛盾、实现党的执政宗旨和社会主义的本质要求的意义。

乡村振兴战略对于解决新时代我国社会主要矛盾，实现党的执政宗旨和社会主义的本质要求具有重大理论和现实意义。

党的十九大提出，我国社会主要矛盾已经转化为人民日益增长的美好生活需要和不平衡不充分的发展之间的矛盾。解决的首要问题是城乡之间发展的不平衡、农业农村发展的不充分问题。满足亿万农民对美好生活的新期待，必须把乡村发展摆到国家的战略位置，坚持农业农村优先发展，加快推进农业农村现代化。乡村经济处于整个经济发展的末端，经济要素依然高度集中于大城市和中心城市，农村转型升级面临基础设施、金融环境、人才支撑等现实制约，成为乡村振兴最大的现实瓶颈。党的十八大以来，国家采取了一系列政策、举措扶持和推动"工业反哺农业、城市支持农村"。党的十九大提出，乡村振兴战略正是要从根本上解决新时代社会主要矛盾，解决城乡差别、乡村发展不平衡和不充分的问题，实现"四化"即工业化、城镇化、农业产业化、信息化同步发展，实现城乡融合和可持续发展，从而实现中国共产党的执政宗旨和社会主义的本质要求。

中国共产党坚持以人民为中心，始终把人民放在最高位置，让全体中国人都过上更好的日子，让亿万农民有更多实实在在的获得感、幸福感、安全感，实现共同富裕，践行立党为公、执政为民的执政宗旨。如果在现代化进程中把农村4亿多人落下，一边是繁荣的城市，一边是凋敝的农村，这不符合中国共产党的执政宗旨，也不符合社会主义的本质要求。因此，习近平总书记提出"中国要强，农业必须强，中国要美，农村必须美，中国要富，农民必须富"，不断缩小城乡差距，让农业成为有奔头的产业，让农民成为有吸引力的职业，让农村成为安居乐业的家园。

(三) 驻村第一书记与乡村振兴战略之间的紧密联系

驻村第一书记制度是国家层面以"乡村振兴"为抓手，推动国家治理体系和治理能力现代化的重要乡村实践。作为组织力量在乡村社会的直接嵌入，在解决基层组织软弱涣散问题、落实乡村振兴、推动乡村治理水平提升具有十分重要的作用。在未来，也将会成为联结新型城镇化发展与乡村振兴的重要实践力量。

实施乡村振兴战略，优化乡村治理的关键，在于通过内在动力与外在动力的结合，有效地组织和发动农民群体。第一书记在实现从外部动力到内部动力转变的同时，也更好地起到了贯通国家、社会与农民的中介作用。因此，作为一项行之有效的党政人才资源下沉到基层的组织创新，第一书记制度仍将在乡村振兴战略中长期发挥重要作用（图5-5）。

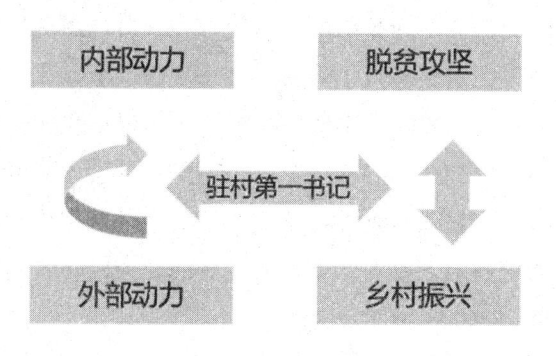

图 5-5 驻村第一书记和乡村振兴战略的联系

三、"驻村第一书记"在乡村振兴中的作用与功效——基于案例分析

全国自乡村振兴战略以来，已累计选派了第一书记和驻村干部大约300万名，目前在岗的大约是90万名，实现了"建档立卡贫困村"和"党组织软弱涣散村"全覆盖，并且涌现出了一大批优秀代表人物。在党中央、国务院表彰的全国乡村振兴先进个人里，有369名驻村干部获得表彰，占表彰个人的18.6%。

2017年我国提出了实施乡村振兴战略，按照"产业兴旺、生态宜居、乡风文明、治理有效、生活富裕"的总要求，全面推进乡村振兴，到2035年基本实现农业农村现代化。2020年底我国乡村振兴任务将顺利完成，乡村振兴已全面启动，我国农业农村发展将由全面建成小康社会迈入实现农业农村现代化的新阶段。

(一)驻村第一书记发挥的作用分析

驻村第一书记在乡村振兴一线了解国情、民情和农情，在推动落实乡村振兴政策、强化基层党建、组织实施扶贫项目、激发贫困群众内生动力、提升贫困村的治理水平等方面发挥了重要作用。

1. 传达中央政策与报送地方舆情

下达上传，顾名思义就是下情上传，使上面知道下面的情况或意见，上情下达，上面的情况或意见能够通达于下，在这里主要是指作为驻村第一书记要做好下情上传和上情下达工作。

驻村第一书记不仅仅是直接参与农村治理，带领贫困村实现脱贫的执行者，还有一个很重要的工作就是国家政策的宣传者和农村民意的忠实倾听者和诚信传递者。驻村第一书记入村后，正确传达国家、省、市、县的会议要领和文件精神，职责范围能解决的解决，不能解决的上传，要慎重领悟领导的意思，深刻理解并以通俗易懂的方式指导基层党员干部群众领会学习会议内容，以使上级宏观政策利于落实，如果有条件要建立政策传递机制，当好国家政策的宣教员。同时通过传递有利于农民致富、农村发展的政策内容，与基层干部一起落实国家的利农政策，切实解决群众的困难。

驻村第一书记传递好上级政策既可以消除农民顾虑，又可以为农村发展指明方向，使基层干部也有底气有信心开展工作，又可以让农民时刻感受到我们党始终把解决"三农"问题作为全党工作的重中之重，从而扩大农村群众基础，凝聚全民共识。驻村第一书记将有利于农民致富、农村发展的政策精神传递准确，不仅仅能够给农民致富、农村发展带来更加广阔的理论视野，同时还能调动群众为实现自身利益积极参与到农村治理中，也有利于提高农村治理效率，提升农村治理水平，更有利于增加农民朋友对上级政府的信任。

2. 巩固强化基层党建工作

2015年11月召开的中央扶贫开发工作会议上，习近平总书记强调，要根据贫困村的实际需求精准选配驻村第一书记抓党建促脱贫，真正建立以驻村第一书记为主导的乡村振兴的先锋队，巩固带领群众脱贫致富的战斗堡垒。

党组织"软、弱、涣、散"是农村党组织普遍存在的问题，有的行政村党支部书记由于个人原因长期离岗，有的则是由于水平能力工作难以胜任，诸如此类问题种种，长久积累，单纯靠农村基层党组织自身来说，已经自认此类问题已不算问题，因此很难予以解决。所以，在农村党支部自身免疫力下降之际，驻村第一书记正是要对症下药，对农村党建给以足够重视，以切实加强基层党建整顿建设。针对农村党组织"软、弱、涣、散"的问题，夯实党执政组织基础，让村民相信党组织、信任党员干部，密切与村民的血肉联系。

常言道："筑基不牢，地动山摇"，基层党组织建设是党的工作的重要基础。基层党组织建设牢固不牢固，关键还要紧紧依靠人民群众。驻村第一书记坚持走群众路线，在农村最基层、第一线开展工作，深入了解最基层的村情民意，只要有涉及到村民公共利益的事情都要征求村民的意见，让农民从内心深处认同党的一切"三农"工作的出发点和落脚点都是为了农民。

坚持以稳妥有序的步骤开展党员工作，引导农村党员正确积极发挥先锋模范作用，选优配强村党组织书记，是建大建强农村党支部的重要手段。驻村第一书记和村支部书记都是党在农村基层组织中的战斗先锋，务必要直接联系群众、团结群众，把党的路线方针政策落实到基层，扎实推进抓党建工作促乡村振兴。

3. 着力推动乡村振兴工作

实行驻村第一书记制度是中央扶贫政策的落点，驻村第一书记是乡村振兴的支点，实现乡村振兴、农民步入小康的中坚力量。习近平总书记在乡村振兴工作中多次明确要求"因村派人要精准"，强调的就是要选准派强能充分正确发挥自身作用的驻村第一书记。深入学习，吃透政策精神，立足村情民意，站在统筹全局的角度思考、研判问题，站在目光长远的定位谋划、指导工作，既要明确方向准、基础牢、底子厚的工作，又要找准扶贫工作的切入口和着力点，看准聚焦，精准施力，查缺补漏一件一件地抓好落实。现今贫困农村，需要一支有恒心、有决心、有信心、有毅力、能力强的驻村第一书记队伍发挥好推贫致富"领头雁"作用来完成乡村振兴任务，实现乡村振兴战略，全面建成小康社会。

党的十九大报告提出：坚决打赢乡村振兴战，让贫困人口和贫困地区同全国一道进入全面小康社会，这是中国共产党的庄严承诺。驻村第一书记是顺利实施完成扶贫开发任务重要人才保障，要勇于担当、敢于冲锋，充分发挥自身动能作用，要大力宣传党的扶贫开发政策，深入推动强农惠农富农政策落实；带领党员干部和村"两委"党政领导干部以及工作人员开展扶贫，助力制订实施脱贫计划；促进本村贫困户脱贫致富；帮助农民选准发展路子，培育农民发展生产力，增加农村农民收入，增强农村"造血"功能。同时按照上级政策制度推动产业乡村振兴、生态扶贫、易地搬迁、危房改造，利用科技手段因村、因户、因人推进电商、光伏、金融、健康、教育等方面的扶贫政策，确保扶贫项目公平、公正、公开，扶到点上，扶到根上，打通乡村振兴"最后一公里"。

4. 加强全民思想文化建设

全面建成小康社会、实现乡村振兴战略，农民是主体，农村是关键。农村小康社会的建设离不开强大思想文化力量的支持，是以良好的文明乡风作为支撑。党的十八大以来，全国陆续开展的以移风易俗为主要内容的乡风文明建设行动取得了巨大成就，雨后春笋般涌现出了一大批社会主义新农村，加强农村的思想文化建设，必须从构筑新时期提升农民思想文化素质的嵌入点作为抓手。

驻村第一书记可从制度落实、会议培训、电教传播、手机微信平台等可利用载体为当地农民提供健康向上的思想文化，提高农民的思想文化素质，构建新型农民思想文化体系，改进农民思维方式、拓宽农民思维领域，提升农民思维意识，从而实现农民思想文化建设的科学化。要把农村文化建设同农民的政治经济利益按照农民意愿紧密结合，以激发农民参与思想文化建设的积极性、主动性和创造性，提高农民的思想政治觉悟和道德水平，让农民真正享受文化建设带来的便利，让农村真正成为全社会思想文化建设的重要战略阵地。

靠思想文化教育提高党员素质，靠思想文化普及凝聚农民心智，靠思想文化建设促进发展路子，驻村第一书记坚持按照群众心声与需求宣传思想文化，更好地服务广大农民群众，推进农村文化事业不断向前，让广大农民群众更加团结党拥护党，推动社会主义和谐社会有利发展，助力乡村振兴战略顺利实施。

5. 完善乡村治理体系

2017年10月，习近平总书记在中国共产党第十九次全国代表大会提出实施乡村振兴战略，按照"产业兴旺、生态宜居、乡风文明、治理有效、生活富裕"总体要求，推进乡村全面振兴。健全"自治、法治、德治"相结合的乡村治理体系是习近平新时代中国特色社会主义思想中的基本内容之一，是推进国家治理体系和治理能力现代化的重要方面。

驻村第一书记作为乡村治理的外在领导力供给，深刻领会体系精神，发挥自身优势、借助外部资源，以建立健全"自治、法治、德治"的治理体系为技术指向，实现现有资源整合，实现乡村治理体系和治理能力与国家治理体系和治理能力体系的有机糅合，以治理的有效性作为乡村治理终极价值追求，强调通过"三治合一"充分发挥乡村治理体系的效能，推动乡村治理体系能力的提升，实现乡村治理体系结构的逐步完善。

6. 引领建设和谐稳定新农村

2018年4月25日，习近平总书记在安徽凤阳县小岗村主持召开农村改革座谈会上全面阐释农村改革、发展、稳定的重大课题时，强调指出，"农村稳定是广大农民切身利益，要坚定不移维护农村和谐稳定，努力让广大农民学有所教、病有所医、老有所养、住有所居。"这一重要论述深切体现了习近平总书记的农村发展情怀。

但是在和谐稳定农村建设过程中，发展的同时出现了农村社会管理失序、农村道德失范、农村公平失衡以及农村生态失衡等诸多问题，造成了农村的不和谐。比如民间纠纷增多、征地矛盾突出、群体性事件多发，最主要的还是干群矛盾难以解决，上访事件不断。乡村振兴战略背景下，驻村第一书记以驻村工作为契机，带领吸收农村有生力量，完善乡村治理体系和提高农村发展能力建设，极力构建农村干群、群众之间和谐人际关系网络，建立党员干部、农民道德激励约束机制，引导农民实现自我教育、自我管理、自我服务、自我提升，实现家庭和睦、邻里和谐、干群融洽、制度规范。为实现农村政治稳定、农业强盛、社会和谐、文化先进、生态平衡、农民富裕的目标，为构建社会主义和谐社会，为实现乡村全面振兴战略提供强有力的基础保障。

(二) 驻村第一书记的工作成效分析——基于各地鲜活实践案例

在乡村振兴战略实施过程中，驻村第一书记们带领各村委充分发挥基层党组织的战斗堡垒作用，把党建工作与乡村振兴工作以及乡村建设发展有效结合起来，坚持抓党建、强三基、促脱贫、强乡村，实现了农村发展工作体的精细化、制度化、常态化、长效化，有力地促进了农村建设和党建工作的良性互动，取得了一系列重大成果。

1. "四扶工程"——"扶志、扶智、扶心、扶制"

山东省聊城市冠县是全省20个脱贫任务较重的县之一,2017年全县未脱贫人口较多,如期实现整体脱贫任务较重。2017年,县委在省派驻聊城市冠县第一书记工作队的建议下,在全县110个第一书记帮扶村中,探索推广了"四扶工程",即"扶志、扶智、扶心、扶制"。具体为:"扶志",通过"励志脱贫大讨论""脱贫致富大讲堂"和编印"精准脱贫读物"等形式,营造"主动脱贫"氛围,激发贫困群众脱贫解困的内生动力;"扶智",通过开展留守儿童关爱行动、技能提升培训等活动,实现教育资源均衡发展,着力提升贫困群众脱贫致富的综合素质,解决代际贫困;"扶心",通过送文明、送真情、送卫生,推进移风易俗,做好健康扶贫的同时,切实加强精神扶贫,帮助贫困群众树立健康向上的生活信心和文明新风;"扶制",通过进一步加强贫困村班子建设,发展壮大村集体经济,建立一套完整的工作运行和保障机制,为全面打赢乡村振兴战奠定坚实的制度架构和组织基础,彻底根除病根。

"四扶工程"增强了村民的志气,提高了他们依靠科学文化知识实现乡村振兴的素质和能力,树立起村民追求美好幸福生活的信心,进而建立起以人为本、脱贫致富、实现乡村振兴的新体制机制。通过近年来扎实有效的工作,全县贫困村农民的内生动力被充分激发,拔除了农村贫困病根。到2019年1月,省定20个重点贫困村全部摘帽,享受政策扶持的贫困户和人口全部脱贫,全面完成了脱贫任务。

2. "花书记"——因地制宜育化文明乡风

山东省威海仲裁委审理科科长张滨主动要求担任文登区泽头镇小埠村党支部书记。这么个对别人看来是"降级使用"的小小村干部,张滨却极为珍惜:"我在机关上属于业务骨干,工作也是轻车熟路,但是,农村需要更多的干部,到农村去能够更直接地为老百姓服务,心里很踏实。"怀着一腔热情,他很快进入角色。针对小埠村党组织涣散软弱,村民人心不齐的现状,他从理顺村民关系、统一群众思想入手,对村民进行法律思想教育,帮助村民运用法律手段解决纠纷,维护村民利益,培养村民法制意识和诚信理念。

该村一个村民因一起交通事故,被要求赔款8万元。张滨主动提供援助,帮他解决难题。将赔偿款降到了3万元。张滨利用这个实例对村民进行法治思想教育,改变了村民们在面对矛盾纠纷时沿袭已久的打架、缠访等不正确解决问题的方式。他特意办了一张电话卡，24小时不关机，免费为村民提供法律服务。半年多的时间，小埠村变成了全区"由乱到治"的典型，奠定了村庄发展的群众基础。张滨利用本村种植金鸡菊面积大、历史悠久的优势，联系当地大学开发金鸡菊系列产品，还上网寻找商机，并带动村民以花为中心将村子周围的景点串联起来，形成了系列旅游景点，发展农家乐项目。短短一年的时间，他行程4万多公里，每天从早忙到晚，主要精力都用在了金鸡菊产业发展上，被村民亲切地称为"花书记"。

3."新时代农民讲习所"——拓宽农民眼界，发展振兴产业

山东省淄博市博山区蕉庄镇的市派驻第一书记们面对村民信息闭塞、自我发展动能不足的现状，在全镇20多个经济落后农村建立"新时代农民讲习所"，因地制宜开展内容丰富、形式多样的讲习活动。在短短半年多的时间内，他们围绕乡村种植养殖、民俗旅游、古村保护开发等村民需求，为农民讲授苜蓿种植、市场营销、扶贫政策、电商销售、特色旅游等知识技能。他们还结合农民学习生活特点，探索出街头巷尾"板凳会"、农家小院"故事会"、庄稼地里"现场课"、村民炕头"夜谈会"等多种村民喜闻乐见的形式。通过加强村民教育，开阔了他们的眼界，提高了他们的认识，改变了村民"等、要、靠"等消极思想，也使村民在产业振兴、村客村貌保护、乡风文明建设等方面产生显著效果。

此外，蕉庄镇的市派驻驻村第一书记们还通过与腾讯科技公司合作，探索建立起"互联网+党建+产业"的发展模式，在"智慧乡村平台"上打造集多种服务功能于一体的"智慧乡村"新品牌，提供各项便民服务功能，利用网络把在外的村民和留在村里的村民有机联系起来，形成村庄内外联动发展的新局面。

4."永不走的工作队"——发展旅游，改善民生

四川凉山州螺髻山脚下，坐落着以彝族为主体的少数民族聚居县普格县。它是该州七个最后实现脱贫摘帽的深度贫困县之一。在普格县德育村驻村第一书记王新的带领下，这个昔日没有产业、没有资金、没有技能的大凉山村庄，找到了"电商+文旅"的致富新路。2017年12月，在成都医学院第一附属医院医务部工作的王新赴德育村担任驻村第一书记。他积极履行驻村第一书记职责，带领全村37名党员冲在前、干在前，建立了妞妞嫫乡村旅游专业合作社等村集体经济企业，为村民提供了稳定的就业岗位和收入。如今，这位年轻的驻村第

一书记正积极发挥党建引领产业发展的作用，以党委为核心力量来发展壮大村集体经济，做大做强现有特色产业，不断提升村庄"造血"能力，以"传帮带"方式为当地留下一支"永不走的工作队"。

四、驻村第一书记在带领乡村发展中存在的问题分析

(一) 难以准确把握职责定位

2015年4月中组部联合相关部门共同印发了《关于做好选派机关优秀干部到村任第一书记工作的通知》(简称《通知》)，明确了驻村第一书记的主要职责是建强基层组织、推动乡村振兴、为民办事服务、提升治理水平，并且要求驻村第一书记从派驻村实际出发，抓住主要矛盾，解决突出问题。在当前情况下，贫困地区最主要的矛盾、最突出的问题是贫困问题，驻村第一书记的重心工作也应围绕如何帮助贫困群众摆脱贫困问题来开展。然而在实践中，不少贫困地区将驻村第一书记的职责定位为"宣传支农惠农政策，加强农村基层组织建设，协助制定落实扶贫规划，开展实用技术培训及村庄整治"等，这些职责几乎涵盖了村两委的主要工作内容，时间一长，不少驻村第一书记都迷失在日常村级事务管理中，而忽略了去解决突出的贫困问题。因职责定位的难以把握性，导致不少驻村第一书记在实际工作中难以抓住重点、解决突出问题，乡村振兴的效果不明显。

(二) 能力、素质难以精准匹配

《通知》对派驻的第一书记有基本条件的要求，主要表现为政治素质好，热爱农村工作；有较强工作能力，敢于担当，开拓创新意识强；事业心和责任感强，作风扎实，不怕吃苦，甘于奉献。大多数驻村第一书记都能符合上述要求，很多干部自从被选派当驻村第一书记后长期工作生活在农村，表现出领导干部优良的工作作风、政治素质和责任担当。但是在这些素质和能力之外，一些驻村第一书记自身能力素质难以匹配当前乡村振兴工作的要求，如在产业乡村振兴方面，如何选准产业、壮大产业、分析市场供求关系、产品推广与销售等问题需要相关的经济学知识；在金融扶贫方面，如何引导商业性、政策性金融机构参与农村脱贫、如何利用银行信贷政策帮助农民信用贷款、如何选择保险产品规避农业风险等需要相关的金融知识；在电商扶贫、旅游扶贫和就业扶贫等方面同样须具备一定的知识和能力。乡村振兴作为一项系统工程，对驻村

第一书记的能力和要求是全方位的。

(三) 与原有组织关系协调困难

随着市场化改革的深入推进，农村经济社会得到一定的发展，但伴随而来的"空心化"问题不断累加。当前农村基层党组织面临着"选人难、无人选"的困境。而现有的一些基层党组织存在战斗力薄弱、凝聚力不强、纪律性缺失等问题，加上高龄化的老党员难以承担国家治理和基层社会治理的重任，使得基层党组织陷入人浮于事、脱离群众的"原子化"状态。面对如今发生巨变的农村社会，基层党组织能否发挥其应有的社会治理功能将会直接关系到基层政权的巩固。

驻村第一书记的嵌入，改变了村庄治理格局，打破了村支两委的权力运作体系。在组织再造的过程中，可能会导致以第一书记为代表的"庄外人"与以村支两委为代表的"庄内人"之间的权威冲突。一方面，村支书需要借助第一书记的行政力量来改变基层组织涣散的局面，因而对第一书记的态度表现为依赖。另一方面，虽然驻村第一书记代表的是地方政府权威，但处于陌生的农村场域，其行政相对人较为模糊，以权威进行动员的作用较小。如若不借助村支书等基层自治力量，也难以对基层党组织进行有效的组织化动员，既希望他们能够配合自己工作，但又担心自己遭到村干部的排斥。实践中，驻村第一书记在驻村初期往往依附于村支两委的非正式力量开展政治动员和组织再造工作。虽然《通知》中明确驻村第一书记作为"指导者"辅助村支两委开展治村工作，但在任期有限性与工作复杂性的情境下，难以按照现有的行政运作方式进行辅助性指导，更多的是依托村支两委组织动员，由此不可避免陷入以加强基层组织建设之名，行干预基层自治之实。在中期和后期则变成村支两委依赖于驻村第一书记的正式力量获取项目资金、上级政策以及外部关系资源来改变村庄面貌。如果这种依赖关系长期得不到扭转，在农村会形成一种"大事找第一书记，小事找村支部书记"的局面。而两者的权力博弈如果不是朝着一个方向用力，就很有可能影响乡村振兴的效果。

(四) 难以完全满足村民的发展预期

《通知》要求，驻村第一书记的重要职责是带领贫困群众脱贫致富，但在村民眼里，驻村第一书记是代表上级政府派驻到村里的，有事就要找驻村第一书记，尤其是在解决村庄水、路、电及村庄发展规划等重大村级事务方面，村民对驻村第一书记的预期非常高。调研发现，能够满足村民大部分预期的驻村第一书记只占少数，更多的驻村第一书记由于自身能力及背后帮扶单位等原因只能满足村民部分要求，若"万能"的预期和"部分"的要求长时间得不到解决，在很大程度上会影响驻村第一书记在村民心目中的威望，也会影响驻村第一书记顺利开展乡村振兴工作。

(五)重自身晋升、轻村庄发展

党中央将乡村振兴纳入"四个全面"战略布局进行部署，提出到2020年所有贫困人口实现脱贫，实施乡村振兴战略。国家赋予驻村第一书记一定的行政权力，允许其在推动乡村振兴工作的过程中发挥主观能动性，以获取必要的体制内外资源投入到村庄。这就使得项目制运作方式成为乡村振兴领域内不可或缺的治理手段。因而通过争资跑项获取体制内与体制外资源是驻村第一书记的"工作任务"，这样，不仅能够增加扶贫资源的总量来缓解村庄贫困的劣势，也能促使驻村第一书记与村民形成积极的互动，进而提高乡村振兴的工作效率。在压力型体制和目标责任制的双重情境下，驻村第一书记在推动扶贫项目实施的过程中，往往追求"短、平、快"，或是采取选择性的执行方式，使得项目运作呈现出严重的碎片化。加上不同级别的委任单位所形成的"分利秩序"，促进其过于追求短期的政绩，而忽视农村发展的长远目标，许多扶贫项目缺乏可持续化管理，造成项目制的经济功能式微，使得乡村振兴的任务难以达到预期。

《通知》对第一书记完成驻村工作后给予"评选先进、提拔使用、晋升职级"的期许。这就使许多干部趋之若鹜，同时也可通过驻村获取基层工作经验来增加晋升的砝码。由此，许多驻村第一书记只注重上级政府考核的"硬指标"，而对于服务基层民众的"软指标"难以顾及，这就形成了驻村第一书记以加强基层工作经验之名，行获取晋升砝码之实。由于权责不匹配，驻村第一书记在结束任期后，其所驻的村庄难以得到正式制度的可持续化支持，以致回归到"原子化"状态。

五、进一步增强驻村第一书记乡村振兴引领作用的对策建议

1.明确职责定位，做到有的放矢

地方政府应根据贫困地区普遍贫困这一主要矛盾和突出问题来明确第一书记的职责，即在建强基层组织、推动乡村振兴、为民办事服务和提升治理水平

四项职责中重点突出乡村振兴工作,让驻村第一书记从调解村民纠纷等日常的村级事务中解放出来,把更多的精力、心思放在乡村振兴工作上。同时也要相应地调整对驻村第一书记的考核评估指标,应根据当地的村情以围绕减少贫困人口、提高农民收入、发展产业及带动就业等指标从纵向的角度来考核,切忌采取"一刀切"的方式。

2. 把好选派关,加强岗前培训,做到精准选派

一方面,组织部门要把好驻村第一书记选派关,要选派政治素质过硬、热爱农村工作,同时又有事业心和责任感以及不怕吃苦的干部到贫困地区工作;另一方面,针对乡村振兴工作中驻村第一书记普遍存在专业能力不足的问题,对其加大培训力度。如采取综合与分类相结合的方式,一方面,重视对乡村振兴政策、扶贫支农政策和先进典型案例等综合培训;另一方面,对缺乏经济、金融、法律和政治知识等的驻村第一书记开展分类的专业技能培训,满足乡村振兴工作中各方面的职能需求。同时还要注重针对不同村情精准选派驻村第一书记。如贵州的经验是"科技干部配产业村、经济干部配贫困村、政法干部配乱村、党政干部配难村和退休干部回原村"。

3. 理顺关系,做到"双核驱动"

第一书记驻村后的一个重要任务,就是培养一名优秀的"当家人(班长)",即优秀的村党支部书记;而村党支部书记则要借助驻村第一书记的指导来提高自己的管理水平。因此,在日常管理工作中,村党支部书记应出面做"当家人",驻村第一书记则应充当好参谋和掌舵人的角色,从而实现"双核驱动",共同带领贫困群众脱贫致富。

4. 转变观念,做到"志智"双扶

地方政府应通过舆论宣传等方式引导贫困群众对驻村第一书记和解决贫困问题形成正确的看法,转变思想观念。要让他们意识到解决贫困问题不是驻村第一书记一个人的事,而是大家共同的责任,动员贫困群众在第一书记和村支部书记的共同带领下,齐心协力,打赢乡村振兴战。同时,针对部分贫困群众存在脱贫内生动力不足问题,一方面,驻村第一书记要想方设法,创新工作方式帮助贫困群众更新观念,激励他们自我脱贫的决心和信心;另一方面,为了防止贫困的代际传递,驻村第一书记在实际工作中应重视教育在扶贫工作中的重要性,做到"志智"双扶。

5. 差异化选派与均衡性监督协同

在选派驻村第一书记的前期，各职能部门应从个人政治素质、下基层动机与岗位匹配度等方面加强对初选人员的甄别，以防止一些"混基层工作经历"的干部的投机行为；在给予一些具有较强工作能力与责任心的中青年干部下基层驻村机会的同时，也要对选派过程进行全程监督，以防止一些部门领导利用选派机会进行权力寻租。在驻村第一书记结束任期后，应打破自上而下的科层制考核体系，实行自下而上的村民参与评价机制，以村支两委与村民评价为主导的多维度考核来提升驻村第一书记的工作绩效；应建立责任倒查机制，加强对于第一书记引入的项目进行后期评估，以防止出现"重争资跑项、轻后期管理"的短期行为。

参考文献

[1] 郭小聪，曾庆辉. "第一书记"嵌入与乡村基层粘合治理——基于广东实践案例的研究 [J]. 学术研究，2020(2):69-75.

[2] 习近平. 在决战决胜脱贫攻坚座谈会上的讲话 [N]. 人民日报，2020-03-07(002).

[3] 许汉泽，李小云. 精准扶贫背景下驻村机制的实践困境及其后果——以豫中J县驻村"第一书记"扶贫为例 [J]. 江西财经大学学报，2017(3):82-89.

[4] 张国磊，詹国辉. 基层社会治理中的驻村"第一书记"：名实分离与治理路径 [J]. 西北农林科技大学学报（社会科学版），2019, 19(5):25-32.

[5] 吴振华. 驻村第一书记作用发挥存在的问题及建议 [J]. 中国国情国力，2017(12):62-63.

[6] 李胜蓝，江立华. 基于角色理论的驻村"第一书记"扶贫实践困境分析 [J]. 中国特色社会主义研究，2018(6):74-80.

专题六

乡村振兴人才队伍建设研究

第一篇　新型"三农"工作队伍助推乡村振兴战略研究

2021年春季《中国特色社会主义理论与实践》课程40班第8小组

组长：陈凡生

组员：郭若亚、马一、马瑞、付楷婷、叶攀、李怡喆、薛夏泽、刘阳、贾仕琪

一、加强"三农"工作队伍建设的理论逻辑

（一）马克思恩格斯关于无产阶级干部队伍的重要论述

马克思恩格斯关于干部的论述是无产阶级干部学说理论体系的创始。马克思恩格斯从历史唯物主义出发，阐述了原始社会首领的形成、剥削阶级国家的官吏的产生以及剥削阶级国家的官吏必然成为无产阶级国家的人民公仆，从而科学地揭示了无产阶级干部的产生和发展趋势。关于无产阶级干部的产生，马克思恩格斯从国家的产生和演变着手，得出先产生党的干部队伍，再产生的无产阶级国家机关干部的结论，并指出必须打碎旧的国家机器和资产阶级官僚。马克思指出："旧政府权力的纯粹压迫机关应该铲除，而旧政府权力的合理职能应该从妄图驾驭社会之上的权力那里夺取过来交给社会的负责的公仆。"这里"社会负责人的公仆"就是指的无产阶级的干部，无产阶级干部的特征就是为人民群众服务。

(二) 中国共产党高度重视 "三农" 问题

中国共产党历代领导人都高度重视"三农"问题，把农业发展视为国家发展的基石。这些重要论述明确了新时代我们党加强"三农"建设的主攻方向和工作基调，对于做好新时代"三农"工作队伍具有重要的指导意义。

毛泽东一生都关注农业、农村和农民问题，为此进行了不断的探索。关于农业农村问题，在民主革命后期，毛泽东在《论联合政府》一文中提出"农业近代化"的目标，他指出："中国工人阶级的任务，不但是为着建立新民主主义的国家而斗争，而且是为着中国的工业化和农业近代化而斗争。"他进而阐明，"近代化"是相对于"古代化"而言的，要实现农业近代化，就是要将农业的分散性和个体性特征改变，实现农业社会化大生产。要实现社会化大生产，就必须实行集体的、规模化的、机械化的耕种。在社会主义改造时期，毛泽东提出不学习苏联模式而要结合中国经济落后、工业基础薄弱的实际，可以"先搞合作化、再搞机械化"，可以"第一步实现农村农业集体化，第二步在此基础上实现农村农业的机械化与电气化"。合作化运动促进了农村生产力的发展，落后的小农经济开始向现代化农业方向发展。在社会主义建设时期，毛泽东意识到，中国作为一个落后的农业大国，农业人口众多，他们的生活情况关系到我国经济社会的发展和国家的稳定，要重视农业的基础性地位对搞好经济建设和工业发展的重要作用。毛泽东在《论十大关系中》指出必须处理好农、轻、重发展不平衡的问题，更多地发展农业和轻工业。在关于正确处理人民内部矛盾问题的讲话中，他指出"发展工业必须和发展农业同时并举"。毛泽东对中国农民问题的探索分为两个阶段：第一是新中国成立以前，进行土地革命来解放农民，他指出："民主革命的中心目的就是从侵略者、地主、买办手下解放农民。"第二是新中国成立之后，通过农村社会主义现代化建设来实现农民共同富裕。

邓小平、江泽民、胡锦涛等几代领导人在中国特色社会主义建设过程中形成了一系列指导农业、农村、农民发展的重要思想。邓小平作为中国改革开放的总设计师，他把"三农"问题放在重要位置，指出："中国有百分之八十的人口在农村。中国社会是不是安定，中国经济能不能发展，首先要看农村能不能发展，农民生活是不是好起来。"同时，邓小平高度重视科学技术在农业发展中的作用。他强调："农业的发展一靠政策，二靠科学。科学技术的发展和作用是无穷无尽的。"江泽民阐明了农村发展与国家发展之间的关系，主张依靠调整产业结构、促进乡镇企业发展等多种方式逐步推动农业发展。他指出："农业上不去，整个国民经济就上不去，农村经济得不到发展，国民生产总值再翻一番、人民生活达到小康水平就不可能实现"。胡锦涛认为"三农"问题是党和人民事业发展的全局性和根本性问题。他在十六届五中全会上提出"社会主义新农村建设"重大战略，提出"生产发展、生活富裕、乡风文明、村容整洁、管理民主"的新农村建设具体要求。

党的十八大以来，以习近平同志为核心的党中央高度重视"三农"工作，从提出发展"新型农业经营体系"到构建"现代农业产业体系、生产体系、经营体系"，从培育"新型职业农民"到打造新时代"'三农'工作队伍"，"三农"工作实现了理论、实践、制度的创新，农业农村发展取得了历史性成就。

我们党的历代领导人对"三农"问题的不断探索与思考为新时期乡村振兴战略的成功实施提供了根本性的理论指南。

二、乡村振兴战略背景下"三农"工作队伍建设现状研究

（一）十八大以来"三农"工作队伍建设取得巨大成绩

1. 从严从实，农村基层干部队伍作风建设不断加强

基层干部直接面对群众，思想道德和文化素质直接反映了党和政府的形象，工作方式方法直接关系到党的路线、方针、政策在基层的贯彻落实。为贯彻落实中央"八项规定"精神，推动全面从严治党向基层延伸，各地各基层结合实际，通过认真学习，查摆问题，制定措施等方式，加强基层干部队伍作风建设，农村基层干部队伍思想、工作和生活作风有了明显好转。

2013年，为保持党的先进性和纯洁性、巩固党的执政基础和执政地位，中共中央下发了《关于在全党深入开展党的群众路线教育实践活动的意见》，全国农村基层扎实开展了党的群众路线教育实践活动。首先，广大农村基层干部通过认真学习中央文件精神，受到了马克思主义群众观点的深刻教育；通过广泛听取群众意见，召开民主生活会，开展批评与自我批评，贯彻党的群众路线的自觉性和坚定性明显增强。2013年，以兰考县为标杆，河南省全面深入开展党的群众路线教育实践活动，19万个基层组织全部召开了专题民主生活会，60万名党员干部全部参与。其次，形式主义、官僚主义、享乐主义和奢靡之风得到有力整治。2015年，全国共查处群众身边的"四风"和腐败问题80516起。处

理91550人，通报的1355名被查人员中，农村基层干部有776人，占57.27%，其中涉及村（居）党支部书记、村（居）委会主任共416人，占通报村（居）干部人数的53%。最后，群众反映强烈的突出问题得到有效解决。宁夏平罗县崇胜村党支部在党的群众路线教育实践活动期间，顺应群众期盼，解决群众问题。崇胜村基层干部为该村争取到了国土整治项目，对流转的1500亩土地进行整治，实施机械化种植，惠及42户186人；实施民生工程，整修危桥、维护泵站，改善农业基础设施条件，硬化巷道300米，惠及全村所有村民。

2015年，中共中央组织部印发《关于深化县级"三严三实"专题教育 着力解决基层干部不作为乱作为等损害群众利益问题的通知》，要求基层干部认真贯彻落实习近平总书记重要批示精神，着力整治不作为、乱作为等损害群众利益问题。农村基层干部虽然不在县级以上干部范围之内，但仍然围绕严以修身、严以用权、严以律己和谋事要实、创业要实、做人要实的要求，联系十八大以来中央抓作风建设的实际，从严治党，做好基层工作。基层干部扎实开展学习研讨，从严从实深化专题教育；扎实开展专题民主生活会和组织生活会，从严从实查摆问题，着力排查不作为、乱作为、贪腐谋私、执法不公的问题，同时，坚持问题导向，明确群众所需，进行整改落实。2015年，河南省各级干部共查摆出"不严不实"问题328条，制定整改措施616项，并建立整改台账。

2016年，为推动全面从严治党向基层延伸、保持发展党的先进性和纯洁性，中共中央办公厅印发《关于在全体党员中开展"学党章党规、学系列讲话，做合格党员"学习教育方案》。农村基层干部扎实开展了"两学一做"学习教育活动，坚持基础在学，关键在做。制定"责任清单""学习清单""问题清单""整改清单"四项清单，完善学习内容，编印"两学一做"知识图解，举办农村基层党组织书记示范培训班，征集评选"两学一做"典型案例，推进学习教育工作。2016年，温州市陆续下派900多名驻村第一书记作为农村基层干部，带头落实全市农村发展项目，带领农民共同致富，以行动践行"在做中学，在学中做"。全市驻村第一书记共走访农户16667户，争取扶持资金9000多万元，帮助编制村级经济发展规划86个，制定（修订）村规章制度184个，落实经济发展项目482个，水电路等基础设施项目68个。通过"两学一做"教育活动，最终推动了干部自觉按照党员标准规范言行，坚定理想信念，坚定"四个自信"，增强"四个意识"，做到把群众利益放心中，将民生责任扛肩上，把名利诱惑抛身后。

2. 改革创新，农村基层干部队伍教育培训不断推进

农村基层干部教育培训是加强农村基层干部队伍建设中的一个重要环节，也是一项常抓不懈的工作。《干部教育培训工作条例》中明确指出干部教育培训工作应遵循改革创新、与时俱进，改进培训方式、整合培训资源，充分运用包括网络培训在内的多种培训方式，提高干部教育培训教学和管理信息化水平。《2018—2022年全国干部教育培训规划》指出，要加强基层干部特别是乡镇、村党组织书记的培训。要创新培训方式方法，根据培训内容要求和干部特点，改进方式方法。鼓励和支持干部运用网络培训、专题讲座等形式开展各方面基础性知识学习。近年来，通过创新培训内容和改革培训方式，干部培训工作取得了一定的成效。

（1）创新培训内容。目前，党和政府从农村发展实际情况和乡村振兴战略需求等方面出发，按照"以人为本，按需施教"的原则部署基层干部教育培训工作，加强了培训工作的实用性和侧重性。为全面实现乡村振兴，2019年湖南省农村发展研究院开展了"乡村振兴干部专题培训"，从"产业兴旺、生态宜居、乡风文明、治理有效、生活富裕"五个方面出发，创新培训内容，为农村基层干部量身定制了"农业发展与农村三产融合发展""农村生态环境建设""农村群众文化活动策划组织"等30余门课程。

（2）改革培训方式。从2006年起，全国开始逐步推行农村基层干部接受远程教育，树立现代科学发展理念，运用"互联网+"等新技术手段创新培训方式。2012年，全国农村基层干部现代远程教育网络一体化建设完成，全国乡镇和村的70多万个远程教育终端站点基本建成，初步形成了从中央直达基层的远程教育网络体系。现代远程教育培训将课堂放到了田间地头，放在了生产一线，解决了因农村地理区域偏远、道路不畅通而造成的无法及时参加统一培训的问题，节约了干部培训所用的各项花销，如住宿费、车费、餐饮费等，促进了农村的科技和经济发展，提高了农村干部解决实际问题的能力，推动了农村基层干部队伍建设，更好地激发了基层干部为群众服务的热情。根据实地走访调查，2020年，在疫情防控的特殊时期，为降低线下培训而感染病毒的风险，成都市探索实施"互联网+培训"新模式，变"面对面"为"屏对屏"，依托"蓉城先锋"等网络培训平台，组建了一支由职能部门负责人、专家学者、医

疗系统专业人才等多名专业人士构成的"跨界"师资库,提供干部在线自主选学,集中开展线上"微课堂"防疫培训,提高了基层干部抗"疫"战斗力和综合素质。

3. 健全机制,农村基层干部队伍干事动力不断激活

随着新时代步伐的前进和乡村振兴战略的推进,农民群众对美好生活的向往日益提高,对农村基层干部的素质和能力要求也达到了空前的高度。为了带领广大农民群众推动农村产业振兴,推动乡村治理有效,党和政府不断完善基层干部队伍建设体制机制,多措并举调动基层干部工作积极性和鲜活力,从制度层面为农村基层干部队伍建设提供了坚强保障。

(1)通过优化人才政策和薪酬待遇制度留住农村基层干部,调动其干事积极性,创造良好的工作氛围。在满足基层干部基本生活需求的基础上,适当提高基层干部的经济和福利待遇,增强对基层干部的政治、精神和物质激励,提升农村基层工作的职业吸引力。2020年,山西省高阳县为激发基层干部工作动力,依据上级有关文件规定,结合实际,积极探索创新,完善激励机制体制。一是增加乡镇、村运转经费,农村运转经费达到11.2万元。二是适当提高在条件艰苦偏远地区工作的干部补贴。三是建立与经济社会发展相适应的基层干部待遇增长机制。按照不低于当地农民人均收入2.5倍的标准,全县农村基层干部平均报酬达到每年2.1万元。2019年,针对基层干部工资待遇低、工作条件艰苦等实际困难,云南省安宁市制定出台了《关于提高全市村(社区)工作经费和干部待遇的实施方案》。《方案》实行"级别补贴+绩效补贴+考核奖励+其他补贴"的岗位补贴制度,大大激活了基层干部的干事积极性。

(2)2019年3月,为切实解决困扰基层的形式主义问题,为基层松绑减负,激励广大基层干部担当作为和工作动力,中共中央办公厅印发了《关于解决形式主义突出问题为基层减负的通知》,并确定2019年为"基层减负年"。《通知》要求从中央层面做起,精简文件和会议,减少下发的文件和召开的会议30%~50%,各地方基层也要按此从严掌握。山东省针对基层挂牌多、考核评比多等问题,进行专项清理整治,制定了减轻基层干部工作负担意见10条和重点任务18项,拿出为基层松绑减负的"干货"。

"三农"工作队伍建设激发各项干部相关机制的改进,尤其在激励监督方面。在激发干部干事创业动力上下功夫,认真落实激励干部担当作为和建立合理容错机制办法，从政治、精神、物质、工作、心理等多个维度对干事创业者予以褒扬奖励，对改革创新者予以支持保护，旗帜鲜明地支持干部干事创业、鼓励干部担当作为，提拔重用干部优先考虑基层一线和乡村振兴工作中作出重大贡献的"三农"干部。统筹解决"三农"干部在农村子女在城市的矛盾，对三农干部子女在城市就读、看病住院、生活居住等方面开通绿色通道。细化落实干部能上能下、促进干部担当作为和改革创新合理容错三个《实施办法》，建立风险容错、尽职容错、交往容错"三个清单"。强化干部日常管理监督，把管政治、管思想、管作风、管纪律统一起来，严格执行乡镇干部工作日志、二十四小时值班、工作日去向公示、重大事项报告等六项制度。把干部的激励和监督有机地集合起来，激发干部干事创业的热情，形成守纪律、讲规矩、做表率的良好作风，为乡村振兴提供坚强的组织保证。充分结合"三农"干部工作实际，制定出切实可行、科学合理的日常管理制度。建立以能力和成果为导向的评价机制，对不同类型和层次的"三农"干部实行分类分级评价。建立健全激励考核机制，注重提拔使用实绩优秀的"三农"干部。建立退出机制，对考核评价不合格、不适应、不适宜在"三农"工作岗位的干部适时清退、调整岗位。

(二) 当前"三农"工作队伍建设中存在的问题分析

1. 结构活力：理想信念构筑不牢

现阶段"三农"工作队伍在组织活力方面存在理想信念构筑不牢、政治意识弱化等问题。干部队伍具有组织活力是提高组织战斗力的前提要义。现行的"三农"工作队伍结构组成庞杂，凡通过一定的选拔方式、从事农村工作的人员均属于"三农"工作队伍范畴。由于选拔标准偏低、人员结构不合理等原因使这支队伍理想信念不够牢固，整体缺乏组织活力。

"基础不牢，地动山摇。"农村基层干部是党在基层的代言人，是党深入一线的排头兵。农村基层干部的一举一动、一言一行，直接或间接地影响着党在人民群众心中的形象和威信。为确保党的工作在基层生根发芽，推动党领导农村实现乡村振兴，不断强化"三农"队伍思想教育显得尤为重要。但部分基层干部出现了政治意识不够强，理想信念动摇和思想政治滑坡的现象，使官僚主义、享乐主义、形式主义和腐败之风在农村基层滋生；部分基层干部政治立场不坚定，缺乏较高的政治素养，使徇私舞弊、拉帮结派、滥用职权等问题在部分地方蔓延。近年来，中央纪委监察部通报了多起基层干部因缺乏政治意识，缺乏理想信念，经不起"糖衣炮弹"的考验而导致违法违纪的典型案例，如都江堰市大观镇艳景村原党支部书记陈明海侵占农户低保救助金 13.6 万元，受开除党籍处分；成都市大邑县出源村党支部书记晏志奎违规核查低保资格，让刘某等不符合条件的村民领取低保金 3 万余元，受到党内警告处分；甘孜藏族自治州泸定县泸桥镇押卓庄子村原党支部书记朱洪华多次挪用扶贫资金用于个人开支，其中最高一次挪用 12 万元，受到开除党籍处分。农村基层干部的违法乱纪行为，削弱了党在农村的执政基础和群众基础，恶化农村政浮生态，还影响了乡村振兴战略的有效实施。

随着中国特色社会主义事业不断深入发展，在社会主义现代化强国建设新征程中需要面临攻坚克难的问题越来越多，习近平总书记强调："中国已经进入改革的深水区，需要解决的都是难啃的硬骨头。"就"三农"问题而言，"三农"工作队伍肩负的工作任务越来越重，面临的问题和困难越来越多。然而，还有少部分"三农"干部习惯于用老思维、旧方法抓经济社会发展，工作成效低下。同时，还有部分"三农"干部出现庸政懒政问题，或者是对待工作是能推则推、能拖则拖，不求有功但求无过，最终混个勉强合格即可；或者是"事不关己高高挂起"，除了自己的本职工作，其他部门或其他人的工作都不管不问。正是目前少数"三农"干部缺乏一种敢担当肯担当的精神，导致少数乡村工作表面看起来有条不紊，实则是原地踏步、裹足不前。

2. 功能聚力：干部能力素质偏低

农村基层干部面对农村纷繁复杂的工作，常常要应对来自各个领域的问题和挑战。全面实施乡村振兴战略，农村基层干部需要更新更多的专业能力和知识来适应新的要求，才能带领农民增收致富。习近平总书记指出："全国 12.8 万个建档立卡贫困村，基础设施和公共服务都存在严重滞后的现象，村两委班子素质能力普遍不强。"人民论坛调查中心曾对 6000 名网友、1800 名基层干部和 3300 名群众进行了一项调查——"新挑战新问题不断出现，您认为基层干部是否正遭遇能力危机"，超过 67% 的基层干部选择"是"。当前农村基层干部队伍综合能力水平与实施乡村振兴战略所需的素质能力之间仍有较大差距。

3. 内在动力：自身动力不足

（1）部分农村基层干部不"懂农业"，带领农民致富能力不足。据统计，我国目前农村生产型、经营型、技能服务型、技能带动型和社会服务型实用人才只有1697多万人，仅仅占农村劳动力的3.3%。农业要发展、农村要奔小康、农民要致富是基层干部工作的重要目标。是否"懂农业"，能否带领农民增收致富，是评价农村基层干部是否称职的重要标准。乡村振兴战略要求要实现"产业兴旺"，但有些基层干部由于对乡村振兴战略的相关方针政策掌握不透彻，对本区域产业特点了解不全面，对区域优势挖掘不深入，对经济发展过程中遇到的困难研究不仔细，往往只有喊口号的"虚劲"，没有实际带领农民致富的能力。还有些基层干部由于客观上缺少系统的业务和技能培训，缺乏科技、文化、经济等理论知识，思想保守，缺乏创新意识，缺乏掌控农村新发展方向的能力，对如何满足市场经济对农村发展的要求，如何帮助农村发展生产、调整产业结构缺乏正确清晰的思路，对如何高效地为基层群众提供市场、资金、技术和信息等方面的服务也显得心有余而力不足。

（2）部分农村基层干部不"爱农村"，现代乡村治理意识和能力不足。乡村治理是国家治理体系的"神经末梢"，是实现国家治理体系和治理能力现代化必克难题。目前，我国农村的经济、社会、治理结构均发生了深刻变化，使得乡村治理变得更加复杂和困难，这就需要农村基层干部"爱农村"，扎根农村，深入了解农村，研究治理方式，提高乡村治理意识和能力。农村基层干部是实现"自治、法治、德治"治理体系有效运转的关键。但部分基层干部工作理念不新，工作方式陈旧，仍存在不根据本村实际，只图省事，全凭经验，盲目对其他地方自治模式照抄照搬的情况；有些基层干部存在不尊重村民民主权利，交由村民代表讨论的事项较少，个人决定村务大事的情况。近年，重庆市南岸区人大网进行了一项调查，调查显示全区社区（村）居民中仅有22%的人参加过小组会议和村民代表大会，有35%的人不知道村委会办公地点，大多数村民认为存在诉求表达不畅的问题，指出村民代表大会和村民小组会议常常流于形式。还有部分基层干部存在法治意识淡薄、法律素质不高等问题，缺乏依法行政观念，处理村民邻里纠纷等问题态度上冷漠粗暴。

（3）部分农村基层干部不"爱农民"，服务群众意识和能力不足。"全心全意为人民服务"是我们党的根本宗旨。当前农村面临的一个突出问题是农民日益增长的服务需求和基层干部服务能力不相适应的矛盾。部分农村基层干部没有"爱农民"的心，对农民群众态度冷漠，感情淡薄，服务意识不足，服务方式方法老套单一，服务效率不高。以重庆市涪陵区李渡街道农村基层干部队伍为例，该支队伍人员普遍存在学业水平不高、知识老旧、与群众沟通困难、服务工作能力不足等问题，特别是部分干部仍不会使用计算机。

4.机制拉力：管理机制不完善

管理机制不完善，一方面突出表现为极少部分"三农"干部存在贪腐问题。正如习总书记所言"人民群众反对什么、痛恨什么，我们就要坚决防范和纠正什么"，发生在群众身边的腐败案件虽是部分村干部思想退化、精神堕落的表现，但却严重影响了党和政府在人民群众中的形象，严重侵蚀了基层政府公信力和农村社会凝聚力。另一方面表现为部分"三农"干部"上传下达"能力不足。在推进乡村振兴战略实施过程中，他们一是要把上级政府及其有关部门的工作要求及时传达和部署下去，即"下达"，二是要把所在乡镇、村庄、村小组的实际情况及时报送给上级政府及有关部门，即"上传"，可以说做好"上传下达"工作是"三农"干部的最基本要求。然而，一些基层干部年龄较大，无法达到乡村数字治理提出的基层干部信息化能力要求，出现信息收集困难、填报上传不准确等问题，影响了一些项目的实施效果。

三、乡村振兴战略对"三农"工作队伍建设提出新要求

作为组织和实施乡村振兴战略的最基层一线的"三农"干部来说，必须根据新形势新要求来不断提升个人及整个干部队伍的能力和素质，才能组织好、实施好乡村振兴战略并如期实现规定的目标任务。

(一) 懂农业

理论是实践的先导，只有"懂"才会"做"，如果不懂也勉强去做，那只能是一种盲动与乱为，结果可能不堪设想。《中共中央 国务院关于实施乡村振兴战略的意见》强调：乡村振兴，产业兴旺是重点。这意味着必须把发展多种形式的农业产业作为实施乡村振兴战略的重要工作来部署来强调。在该《意见》中，就如何发展农业产业问题，提出了5个方面的具体要求。对照这5个方面要求，无论哪一个方面，需要的都是比较专业的知识素养和能力储备，否则在部署和推进相关工作的实践中，就可能会一筹莫展。另外，这里所强调的"农业"，是包括农、林、牧、副、渔等在内的大农业，并非狭义的农业，这其实也意味着乡镇干部必须是行家——既要懂得农业发展的一般规律，也要清楚农业发展的特殊规律；既要能看到农业发展过程中所出现的表面问题，也要能抓住

其中的本质问题；既要有抓农业产业发展的一般知识，也要有指导农业产业发展的特殊知识。总之，只有懂得做什么、怎么做，才能科学部署和推进工作。所以《中共中央 国务院关于实施乡村振兴战略的意见》中强调：各级党委和政府主要领导要懂"三农"工作、会抓"三农"工作，分管领导要真正成为"三农"工作行家里手。

(二) 爱农村

农村，曾经是中国几千年来经济社会发展的重要场所，也是绝大多数乡镇干部心中念念不绝的乡愁所在之地。但是，随着经济社会的不断纵深发展，以及城乡二元经济结构的不断加剧，农村也成为落后、愚昧的代名词。目前，随着新农村建设的不断推进以及决胜乡村振兴战略步伐不断加快，我国农村的面貌和环境都发生了翻天覆地的变化，但是，毋庸讳言，目前，农村仍然是绝大多数人不愿去不愿待的地方，这主要是因为农村生活环境的脏、乱、差，农村经济条件的落后，水、电、气、路、网络、学校教育、就医看病等，从而导致农村人口大量逃离农村而宁愿蜗居于城市边缘，导致部分乡镇干部从心里面就鄙视农村不愿意踏进农村。如果要布置安排某一项工作，要么是电话通知村干部，要么是叫村干部到乡镇办公室口头通知，除了不得已之外，几乎不到村组检查工作、落实情况、考察民情民意。之所以会出现这种情况，关键在于部分乡镇干部不热爱农村。心理学告诉我们：一个人只有热爱一种事物、一件东西、一个人，才会把自己的精力投入其中——为它（他、她）奉献自己的一切甚至牺牲一切。只有爱农村，才能对农村有归属感，长期扎根农村；只有爱农村，才能有深厚的农村情怀，才能有艰苦奋斗和无私奉献的精神，做振兴乡村的实践者。没有对农村深沉的爱，做一个合格的"三农"工作者就是一句空话。作为乡村振兴战略的组织者和实施者，广大乡镇干部一定要有热爱农村的心态，唯有如此，才能真正地为它出力、为它服务和为它奉献。

(三) 爱农民

农民是一个非常淳朴善良的阶层，绝大多数农民身上还保持着中华民族的传统美德，例如诚实、善良、务实、勤劳等。当前，有部分"三农"干部觉得农村工作越来越难做、农民越来越不听话，主要原因还是自身的工作方式方法存在问题，例如心里存在不相信群众和不尊重群众的意识、日常密切联系群众不够，喜欢对群众发号施令，习惯于用强制命令方式来推动落实工作。我们党一直强调要始终坚持群众路线，其根本目的就是要求广大干部相信群众、尊重群众，唯有如此，群众才能拥护你，才能全力支持你的工作。在全面实施乡村振兴战略的历史过程中，农民是振兴乡村的主体力量。作为"三农"干部，一定要始终牢记与贯彻好群众路线，要从心里真正热爱农民，把他们当作自己的亲人，认清与摆正自己的"公仆"角色和位置，只有这样，才能做到充分尊重群众的意愿，虚心听取群众的意见建议，充分发挥群众的聪明才智，广泛调动群众参与乡村振兴的积极性主动性，进而为乡村振兴战略的顺利实施和推进凝聚起强大力量。"爱农民"的核心要求就是要怀着对农民的深厚感情做好管理服务工作，为农民办实事、解难事，不断提升农民的获得感、幸福感与安全感。

(四) 会谋划

乡村振兴战略是一项系统工程、综合工程以及历史性工程。尽管其着眼点和核心是"三农"工作，但其背后所关涉的却是与"三农"工作大量相关的产业和政府职能部门，因此，要坚持工业农业一起抓，城市农村一起抓，把农业农村优先发展原则体现到各个方面，在某种程度上可以说，任何部门、任何产业、任何人，都是乡村振兴战略的主体之一，一个都不能少，一个也不能缺席。就目标任务而言，乡村振兴战略所要谋划的内容非常丰富，所要部署的方案非常庞杂，所要涉及的领域非常广泛，所以"三农"干部一定要"会谋划""善谋划"。《中共中央 国务院关于实施乡村振兴战略的意见》强调：要科学把握乡村的差异性和发展走势分化特征，做好顶层设计，注重规划先行、突出重点、分类实施、典型引路，党政一把手是第一责任人，五级书记抓乡村振兴。作为"三农"干部特别是主要领导干部，一方面要认真学习领会所在县（市、区）党委、政府对乡村振兴战略的具体规划和发展布局，另一方面要切实依据乡镇经济社会发展实际情况，统筹安排与落实上级党委和政府所制定的规划与方案，确保乡村振兴战略行动有方案、工作有计划、部门有职责、人员有安排，画好路线图，制定时间表，确保乡村振兴战略有条不紊地得以实施与推进。

(五) 敢担当

乡村振兴战略所预设的战略目标和任务非常艰巨，需要投入巨大的人力物力财力，更需要"三农"工作队伍在实施适度中"敢担当""能担当"。

(1) 要求广大"三农"干部能够充分发挥党员先锋模范作用及基层党组织的战斗堡垒作用，严格落实《乡村振兴战略规划（2018—2022年）》所突出强调的强化地方各级党委和政府在实施乡村振兴战略中的主体责任，推动各级干部主动担当作为的要求，为实现乡村振兴战略目标做出自己应有的贡献。

（2）无论是干部个人或所在部门的主要负责人，一定要切实完成好上级政府部门以及所在乡镇党委和政府所下达或分配的工作任务，不能因为工作任务的繁重或艰难而打折扣、搞形式主义。

（3）"三农"干部要敢于及时对一些并不十分适合本地特点、条件的工作计划和方案提出不同意见建议，对实际工作过程中出现的问题要敢于担责。特别是在大是大非面前要旗帜鲜明，在矛盾冲突面前要较真碰硬，在急难险重面前要冲锋在前，对本职工作要任劳任怨、尽心竭力。

（六）善创新

习近平总书记强调：创新是一个民族进步的灵魂，是一个国家兴旺发达的不竭动力，也是中华民族最深沉的民族禀赋。所谓创新是指在工作中要能够因地制宜、打破常规、知难而进、开拓进取。乡村振兴战略是党和政府解决"三农"问题、发展"三农"事业的重要抓手和重要举措。纵观党和政府历年来的"三农"政策和措施，乡村振兴战略是一种集大成式的"三农"工作战略和措施，它的顺利实施和稳步推进，不仅能够历史性地解决和完善"三农"问题，而且必将大大地促进农业现代化。作为一项前无古人的战略性工程，就"三农"干部而言，必须要有一种创新的思维和勇气，不仅要敢创新而且还要会创新，要把上级党委和政府的战略决策和部署与所在乡镇经济社会发展实际密切结合起来，真正做到因地制宜、科学施策，切忌生搬硬套、依葫芦画瓢，统筹推进乡镇经济建设、政治建设、文化建设、社会建设、生态文明建设和党的建设协调发展。

（七）乐奉献

"讲奉献"是我们党的优良传统美德。作为一名"三农"干部，始终坚持发扬艰苦奋斗、无私奉献的精神，这是做好乡村振兴工作的重要前提条件。只有保持艰苦奋斗、无私奉献的精神，才能团结带领广大农村群众积极投身于振兴乡村的伟大实践之中。事事讲报酬，时时想着怎样才能不吃亏，这样不仅不能全身心地干工作，而且可能葬送自己的美好职业前途；只有保持艰苦奋斗、无私奉献的精神，才能真正急群众之所急、想群众之所想，才会时时刻刻琢磨着如何干好工作而非个人利害得失；只有保持艰苦奋斗、无私奉献的精神，才能团结带领好整个班子成员扎实推进乡村振兴战略，否则就会形成你看我看你、谁也不想真干事真出力的"混日子"工作状态；只有保持艰苦奋斗、无私奉献的精神，才能在关键时刻顶得住压力、经受得住考验、战得胜挑战、克服得了困难。

四、新时代优化"三农"工作队伍建设的具体路径

农业、农村、农民问题是关系国计民生的根本性问题，"三农"工作队伍以贯彻执行国家关于农村的路线方针政策、服务基层群众为使命和责任，"三农"问题解决的关键是农村基层工作队伍建设。当前，我国存在着"三农"工作队伍流失严重、人才总量不足的现实情况，部分干部还存在观念落后、能力不足等问题。"三农"工作处于实施乡村振兴战略的最后关键一公里，加快"三农"人才队伍建设的重要性和现实紧迫性更加凸显。这要求坚持党管人才的原则，坚持以农业工作现实需求为导向，实现精准用人，不断提高"三农"干部福利待遇，不断提升他们的农业知识储备和专业技能素养，加快建设"一懂两爱"的新时代"三农"人才队伍建设，带领农业、农村、农民全面迈向农业现代化新时代。

（一）不断完善体制机制保障，对"三农"干部谋事创业形成有力支持

农村文化实现乡村振兴、培育乡村发展动能的关键靠制度和人才。新时代"三农"工作队伍建设急需要不断完善针对"三农"干部的体制机制，为他们搭建好谋事创业的社会大舞台。一方面从薪酬待遇上适当向长期工作在一线的"三农"干部倾斜，提高他们的加班费、燃油费等补贴，让他们能安心工作，另一方面在提拔晋升上向"三农"干部倾斜，规定服务年限超过三年以上者，可以在选派单位选拔晋升上优先考虑或者走"绿色通道"。此外，更为重要的是，为了鼓励他们谋事创业，相关政府部门可以提供风投资金或者办厂优惠政策，帮着孵化带动当地特色农业产业发展。也可以从政策层面上制订更加灵活的政策，鼓励有专长的"三农"干部投资入股当地农业企业，享受更多发展红利。

（二）优化人才引进渠道，推进能人治理

新时代"三农"工作队伍要打造成为一支"一懂二爱"的高素质、专业化农业现代化事业领导队伍。党的十八大以来，政府将推进国家治理现代化作为重要目标，而实现乡村治理现代化既是其中的重要组成部分，同时也是促进乡

村自身发展的战略选择。推进乡村治理现代化要形成能人治理的格局。相关组织部门要通过多种渠道来选拔出优秀的"三农"人才，高素质、专业化的人才队伍是解决好"三农"问题的根本保障。选拔出的人才应具备"懂农业""爱农村""爱农民""会谋划""敢担当""善创新""乐奉献"的优秀品质。

乡村治理能人的另一重要组成部分是新乡贤群体，该群体除了自身所具备的丰富资源之外，还在村民中享有高度权威，这些新乡贤里有经济能人、政治能人、文化能人等。此类群体既是能人治理的重要力量，又是乡村治理现代的推动者，同时也是"三农"工作队伍需要争取和吸纳的对象。总之，无论是组织选拔出的高素质、专业化领导干部，抑或是由基层精英和民间权威构成的乡贤群体，最终落脚点都是要培养出一支懂农业、爱农村、爱农民的"三农"工作队伍。

(三) 构筑基层反腐高地，加强作风建设

新时代"三农"工作队伍成为廉洁自律干部的示范者。城市化正在解构乡村原有的以血缘、宗亲为纽带的宗法制社会，由此带来的治理主体的合法化危机正在乡村社会上演。而"三农"工作队伍一方面致力于解决乡村社会发展所面临的农业、农村、农民问题，成为农民增产增收的重要物质提供者；另一方面其自觉承担起公众赋予的政治期望身份，通过榜样示范作用来增强农民的幸福感与获得感，两者共同构成"三农"干部的基本职能，进而凝聚农民的政治向心力。可见，加强"三农"队伍作风建设、永葆清正廉洁的政治底色，是获取群众认可、维护政府公信力、顺利实施乡村振兴战略的重要保证。习近平总书记曾深刻指出，"微腐败"也可能成为"大祸害"，它损害的是老百姓切身利益，啃食的是群众获得感，挥霍的是基层群众对党的信任。因此，对"三农"工作队伍作风建设，有效制止官僚主义、形式主义的不良表现便是构筑基层反腐高地。一个完整的反腐败体系至少应具备预防、发现（侦查）、惩戒、风险预警、腐败控制与补救五项功能，各项功能相互联系、相互辅助，构成有机整体，成为破解基层"微腐败"、制约工作队伍行为失范的制度保障。组织经过严格选拔形成的"三农"队伍，只有通过刚性制度约束与柔性作风建设，筑成严管与厚爱双措并举的反腐高地，加强"三农"工作队伍自身作风建设、筑牢政治红线，才能使之成为致力于乡村建设与振兴的中坚力量，不负党和人民的重托。

(四) 营造良好政治生态，实现乡村善治

新时代"三农"工作队伍成为乡村善治的探路者。就乡村社会的历史演进而言，从村庄建设到农村改革再到乡村振兴，乡村实现善治既体现了国家对农村发展道路的变革与创新，也表征了乡村治理有别于城市治理的"善治"特殊形态。乡村善治又是营造风清气正的政治生态的重要目标任务。而家国同构的组织框架下，政府事实上成为推动乡村治理现代化的主导者，"三农"工作队伍顺然变为政治权利下沉的嵌入载体，并担当起善治之路的探路者和开创者角色。"三农"工作队伍的政治嵌入已然架构起乡村社会的特殊组织形态，而所形成的多元共治下的政治共生打造并固化了治理主体与治理客体、村民与工作队伍之间的命运共同体。可见，实现乡村社会善治需要营造良好政治生态，更重要的是将"三农"工作队伍与农民之间构起命运共同体。因此，一方面，新时代下要持续不断推进"三农"工作队伍的代际更替，只有建立并形成涉农工作队伍的代际传递，才能以"三农"作为问题导向久久为功，最终实现乡村振兴的使命任务，有效回应社会与公众的期待；另一方面，村民与干部之间要建立角色互换常态化机制。基层群众自治是乡村善治的组织形式，而通过村民代表参与乡村社会治理来实现角色互换、达成情感共振，进而夯实命运共同体。

参考文献

[1] 李姝. 乡村振兴战略背景下农村基层干部队伍建设研究 [D]. 成都：西华大学，2020.

[2] 许君. 新时代"三农"工作队伍建设的行动困境与路径遵循 [J]. 安徽行政学院学报，2019(1):61-66.

第二篇 新型职业农民培养政策解读与典型案例分析

2021年春季《中国特色社会主义理论与实践》课程22班第10小组

组长：于国良

组员：王丹青、李飞宇、张家庆、杨升、李阳光、李妍、何烨然、刘瑜琳、高萌

一、什么是新型职业农民

新型职业农民是以农业为职业、具有相应的专业技能、收入主要来自农业生产经营并达到相当水平的现代农业从业者。新型农民与传统农民的差别在于，前者是一种主动选择的"职业"，后者是一种被动烙上的"身份"。新型职业农民分为生产经营型、专业技能型和社会服务型三种类型，但这三者往往是综合出现的，和传统的农民相比，新型职业农民有文化、懂技术、善经营、会管理，是农业发展真正的未来所在，也是推进农业机械化、发展生态农业、智慧农业和家庭农场等新型农业发展模式的主力所在。

新型职业农民概念的提出，意味着"农民"是一种自由选择的职业，而不再是一种被赋予的身份。从经济角度来说，它有利于劳动力资源在更大范围内的优化配置，有利于农业、农村的可持续发展和城乡融合发展，尤其是在当前人口红利萎缩、劳动力资源供给持续下降的情况下，更是意义重大；从政治和社会角度来说，它更加尊重人的个性和选择，更能激发群众的积极性和创造性，更符合"创新、协调、绿色、开放、共享"的发展理念。

新型职业农民的出现既是社会发展的结果，也是农业继续发展的必然要求。国外的农业经过一百多年的建设，新型职业农民已经屡见不鲜，而我国的农业虽然发展历史十分悠久，但是农业现代化的速度还很缓慢，新型职业农业的培育还需要漫长的时间。

(一) 新型职业农民"新"在哪里

跟传统农民相比，新型职业农民"新"在这几个方面，分别是具备现代农业生产经营的先进理念；具备现代农业所要求的能力素质；能够获得较高的收

入，是新农业生产的继承人与开拓者。具体体现在：

（1）新的农业经营、农业专业化服务、农业管理的主体，既要懂经营，又要懂管理，还要为农业提供社会化服务。

（2）农业新知识的掌握者和传播者，只有广泛掌握生物科技、计算科学、现代管理等知识，才能提高农业在国际市场的竞争力。

（3）新技术、新品种、新技能的使用者和发明者，没有新的技术装备武装现代农业，就难以实现规模经济，而没有新的优良品种被培育推广，市场竞争力就难以提高。

（4）是现代农业新业态的创新者，新型职业农民将农产品的生产、加工、营销联结为一体，将特色农产品生产与农村生态旅游融为一体，使农业成为集种养、旅游、教育等于一体的多功能新业态。

(二) 新型职业农民的主要类型

新型职业农民具体来说可分为生产经营型、专业技能型和社会服务型三种类型。"生产经营型"新型职业农民是全能型、典型的职业农民，是现代农业中的"白领"，"专业技能型"和"社会服务型"新型职业农民是现代农业中的"蓝领"，他们是"生产经营型"新型职业农民的主要依靠力量，是现代农业不可或缺的骨干农民。

1. "生产经营型"新型职业农民

"生产经营型"新型职业农民，是指以家庭生产经营为基本单元，充分依靠农村社会化服务，开展规模化、集约化、专业化和组织化生产的新型生产经营主体。主要包括专业大户、家庭农场主、专业合作社带头人等。生产型职业农民掌握一定的农业生产技术，有较丰富的农业生产经验，直接从事园艺、鲜活食品、经济作物、创汇农业等附加值较高的农业生产的群体。

2. "专业技能型"新型职业农民

"专业技能型"新型职业农民，是指在农业企业、专业合作社、家庭农场、专业大户等新型生产经营主体中，专业从事某一方面生产经营活动的骨干农业劳动力。主要包括农业工人、农业雇员等。

3. "社会服务型"新型职业农民

"社会服务型"新型职业农民，是指在经营性服务组织中或个体从事农业产前、产中、产后服务的农业社会化服务人员，主要包括跨区作业农机手、专业化防治植保员、村级动物防疫员、沼气工、农村经纪人、农村信息员及全科农技员等。

二、为什么要培育新型职业农民

(一) 时代背景

1. 农业现代化的需要

农业现代化指的是从传统农业转化为现代农业,在这个过程中,用现代工业和现代科学技术武装、改造农业,要求劳动者必须具有较高的科学文化素质、掌握现代农业生产技能且有较强农业生产经营能力。现代化的生产工具和高素质的劳动者,是农业生产力充分发展的基本条件,也是产生新型职业农民的基本条件。习近平总书记指出,"当前和今后一个时期,要突出抓好农民合作社和家庭农场两类农业经营主体发展,赋予双层经营体系新的内涵,不断提高农业经营效率"。农业现代化与新型职业农民是相辅相成的。没有农业现代化就不可能产生典型意义上的新型职业农民。因此,加快培育和稳定现代农业生产队伍,是当前乃至今后很长时间的主要任务和目标,为适应现代农业发展的需求,新型职业农民培育工作应该做深做实做细。发展现代农业,着眼点是"人",在乡村振兴战略的全面指引下,我们要稳步推进农业现代化,全力保障国家的粮食安全,保障农产品的全面、有效供给,进一步提高我国农业的国际竞争力。要想如期完成既定目标,必须要发展现代农业,而现代农业的快速、高质量发展,要求我们必须摒弃传统的发展模式,不断提高科学技术应用水平,提高我国农民素质。要加快培养更多综合素质良好、善于经营管理的新型职业农民,助力农业现代化。

2. 乡村振兴的关键

在脱贫攻坚"五个一批"目标任务中,农业农村部门的职责就在于通过发展生产脱贫一批。要实现脱贫摘帽,根本的途径还得依靠产业发展。只有产业发展壮大起来了,从而完成从"输血式扶贫"到"造血式扶贫"的转变,才能实现"真脱贫""不返贫"。培育的新型职业农民已成为农业生产、经营、服务的主力军,同时也是当地特色优势主导产业的带头人和领头雁,正是有敢于摸着石头过河的他们走在前面,建档立卡贫困户才能放心地跟随他们抱团发展产业。

3. 城乡一体化和乡村振兴的需要

要统筹城乡经济全面、健康、有序发展，加快剥离农民身份属性，让一部分高素质的农民愿意留在农村创业，推进城镇化建设，缩小城乡差距，达到城乡一体化发展的目标。乡村振兴离不开人才的有力支撑，深入实施乡村振兴战略，需要一批有知识、有技术、有头脑的新型职业农民扎根农村、发展现代农业。

4. 加强农民队伍建设的需要

人是生产力中最活跃的因素，要实现乡村的全面振兴和发展，必须要加强人才队伍建设，推进农民职业化的核心意义在于培育更多高素质的农业从业者，提高农业生产率。随着我国城镇化进程的加快，大量农村劳动力从农业生产领域转向非农领域，从乡村转移到城镇，农户兼业化、村庄空心化、人口老龄化现象明显，农业人才缺失问题日渐突出。因此，当前必须要加快培育一批懂农业、爱农村的新型职业农民，推动农业健康发展，为实现农业持续增收打下坚实基础。

加强新型职业农民队伍建设是解决目前我国"谁来种地"这一问题的重要途径。近些年从农村流动至城镇的大多是青壮年劳动力，留在农村务农的农民主要是文化程度较低的中老年人，此外，在农村成长起来的许多新生代农村青年对土地非常"陌生"，所以，当前我国一些农村地区出现了农业"后继无人"的局面。加强新型职业农民队伍建设就是要在农村培育一大批从事农业生产与经营的高素质农民。与传统的农民相比，新型职业农民有文化、懂技术、善经营，能够将其掌握的专业技术与农业规模生产、经营结合起来。培育新型职业农民能够极大程度地解决"谁来种地"这一问题。

（二）对国际经验的学习与借鉴

纵观美、日、澳三国新型职业农民的培育历程，首先他们有国家立法为中心的法律保障体系，出台了一系列法律以及各种财政措施使农民在职业转型时能够尽可能快地与非农业机构的需求达成统一，进而促使农村劳动人员大量地转向其他领域。

经过多年的发展，美、日、澳等国家形成了以青年农民为主要培训对象、以政府和社会机构为主要实施主体、注重实效的培训体系。以美国为代表的国家农业培训体系归农业行政部门垂直管理。世界上大多数国家的体系属于此种类型（占81%），由政府兴办公益性推广体系，实行垂直管理。

日本实行生态农户认定制度和农业者认定制度。被认定为生态农户，可以获得50%的资金补助、7%~30%的税收减免以及贷款优惠政策，生态农户认定制度能够有力地帮助生态农户成为职业农民。农业者认定制度也是通过优惠和扶持政策帮助农业者改善农业经营状况、扩大农业生产规模、提高农业生产效率。

这些国家的经验和措施都为中国新型职业农民的培养提供了经验和方向，还有具体的措施可以借鉴。

三、国家培育新型职业农民的相关政策解读

2012年以来，按照党中央国务院的部署要求，农业部、财政部等部门启动实施新型职业农民培育工程，各地加大组织实施力度，创新机制、建立制度、健全体系，新型职业农民培育工作取得明显进展。

(一) 农业部文件

2017年1月，农业部印发《"十三五"全国新型职业农民培育发展规划》，提出新型职业农民的培养目标："到2020年，新型职业农民队伍不断壮大，总量超过2000万人，务农农民职业化程度明显提高；新型职业农民队伍总体文化素质、技能水平和经营能力显著改善；农业职业培训普遍开展……以公益性教育培训机构为主体、多种资源和市场主体有序参与的'一主多元'新型职业农民教育培训体系全面建立。"新型职业农民是发展现代农业的骨干力量，抓住人才，就是抓住了农业的关键；重视人才，就是重视农业的未来。当前，我们必须要顺应时代大势，加大对新型职业农民的培训力度，大力推进农民职业化进程，加快构建一支有文化、懂技术、善经营、会管理的新型职业农民队伍，为农业现代化建设提供坚实的人力基础和保障。

(二) 中央一号文件

中共中央在1982年至1986年连续五年发布以农业、农村和农民为主题的中央一号文件，对农村改革和农业发展作出具体部署。2004年至2021年又连续十八年发布以"三农"（农业、农村、农民）为主题的中央一号文件，强调了"三农"问题在中国社会主义现代化时期"重中之重"的地位。以2021年一号文件为例，文件指出，民族要复兴，乡村必振兴。要坚持把解决好"三农"问题

作为全党工作重中之重,把全面推进乡村振兴作为实现中华民族伟大复兴的一项重大任务,举全党全社会之力加快农业农村现代化,让广大农民过上更加美好的生活。而这正与新型职业农民培养息息相关,只有将一部分高素质的青年农民留在农村从事农业生产,才能从根本上解决农村人才断档和"空心村"问题。因此,加强新型职业农民培训,是发展农业现代化的必然要求。在新型职业农民的培育工作中,积极探索出一条新型职业农民的培训的新模式。

(三)《关于政策性金融支持农村创业创新的通知》

政策性金融支持农村创业创新,要坚持政府引导、市场运作、统筹兼顾、突出重点,积极打造支持农村创业创新的品牌,聚焦重点领域支持农村创业创新。

1. 积极支持创业创新园区等创新体系建设

促进科技与农村经济融合发展,推动农村创业创新向更大范围、更高层次、更深程度发展,着力支持建设一批集标准化原材料基地、规模化种养设施、集约化加工园区和体系化服务网络于一体的各类现代农业产业园、农业科技园、农民创业园,支持创业创新示范基地、创业孵化基地、创客服务平台等,为农村创业创新奠定基础。

2. 积极支持返乡下乡人员培训基地建设

推动构建返乡创业服务体系,提高返乡下乡人员素质,支持返乡创业培训实习基地、中高等院校及农业企业创业创新实训基地、农民职业技能培训基地建设,支持培训创业扶贫一体化基地建设,以及对建档立卡贫困人口脱贫有带动作用的培训工程、创业培训平台建设、"互联网+"创业培训体系建设等,推动新型职业农民培育工程、农村青年"领头雁"计划、贫困村创业致富带头人培训工程等,为农村创业创新储备人才。

3. 积极支持返乡下乡本乡人员发展新产业新业态新模式

鼓励和引导返乡下乡本乡人员开展适度规模经营、创办经济实体和企业,按照全产业链、全价值链的现代产业组织方式开展创业创新,建立合理稳定的利益联结机制,提升农村融合型产业的辐射带动力,支持以农牧(农林、农渔)结合、循环可持续为导向,发展优质高效绿色农业的工程及项目,支持产业链条健全、功能拓展充分、业态新颖的新产业和新业态,鼓励和扶持创业基础好、能力强的返乡下乡本乡人员大力开发乡土乡韵乡情潜在价值,发展休闲农业、乡村旅游、农村电商等新兴产业，提升农业价值链，拓宽农村创业创新领域。

四、如何培养新型职业农民

建设社会主义新农村，需要与时俱进的新型职业农民。新型职业农民不仅要有文化、懂技术、会经营、负责任、掌握农业生产技术，还要道德品行过硬、思想认识过关。十九大报告特别强调把解决好"三农"问题作为全党工作的重中之重，因此，在建设社会主义新农村的关键时期，开展对新型职业农民的培养具有十分重要的意义。

(一) 重视新型职业农民培训制度建设

实现行之有效的新型职业农民培养体系，必须要形成长期有效的制度保障，针对当前培训机制存在的问题调整培训制度。在新型职业农民培养方面，加大资金投入，出台与之相关的政策措施，自上而下形成关于新型职业农民培养的制度，并完善监督考核机制，将新型职业农民培养效果纳入政府部门的考核内容。在制度支撑下，用于新型职业农民培养的资金投入更加充裕，实施专款专用制度，对新型职业农民培养款项进行监督与审批，确保新型职业农民培养制度落到实处。从资金募集的角度来看，除了政府的专项基金，还应发挥民间资本的作用，通过企业捐赠以及社会公益活动等多种途径，将新型职业农民培养活动落到实处。

(二) 拓展新型职业农民培训内容

传统农民培训通常围绕工作内容展开，帮助农民掌握生产技能和生产技术。培养新型职业农民必须拓展教育培训内容，在技能培训方面，新型职业农民培养必须结合当地产业布局，结合政策导向，有针对性地帮助农民掌握科学技术，提高农业生产能力。从思想品质教育的角度来看，在新型职业农民培养过程中融入文明乡风建设同样重要，以新型职业农民培养为平台，帮助农村群众提高整体素质，从农村地区选择恰当的培训素材，将职业道德、社会公德与家庭美德三者结合，革除陋习，帮助农民培养积极文明的生活习惯。此外，组织新型职业农民培养活动还要加强政策法规方面的教育，通过普法宣传等多项活动，帮助农民了解法律知识，以法律为依据规范自身行为，以法律学习为基础，帮助新型职业农民适应与外界的交流与合作。

(三) 优化培训方法，做到因地制宜

由于区域地理环境和经济发展水平不同，在制定新型职业农民培养计划时，必须考虑当地特点，结合政策导向，培训做到因地制宜。在制订培训计划时，必须充分吸收和借鉴已有教育培训模式，根据地区发展情况融入具有地区特色的培训活动。重视服务业和支撑产业方面的人员培训，发挥当地特色产业的价值，把握好农村地区的发展趋势，做好布局和统筹工作，突出地域特色。从培训方法选择的角度来看，除了传统的面对面授课形式之外，还可以结合信息技术组织互联网授课、网络微课等多种形式。通过网络平台组织农民在线学习，无论是政策性内容还是技能型内容，都可以成为线上学习的素材，网络平台打破了时间和空间的限制，在农业生产活动之余进行自主学习，农民的职业技能才能得到发展。

(四) 优化考核评价，实现健康发展

考核与评价是新型职业农民培训工作的重要内容，在组织相关考核活动时，必须做到面面俱到。从考核内容的角度来看，对新型职业农民培养过程进行考核，必须从课时量、授课内容以及实践活动的组织形式等方向提出要求，关注参与培训学习的农民是否提高了农业生产技能；从考核对象的角度来看，对参与学习的农民进行考核，主要关注其参与热情度、学习任务的完成情况以及生产工作思路是否得到发展。对主办部门进行考核，则需要关注政策宣传是否落到实处，培训资金是否出现问题，各项政策是否落到实处。为了保证评价考核的客观性，在选择评价方式方面也要有所调整，不仅要关注最终取得的成果和培训活动执行过程中的表现，还要关注可以量化的考核指标，重视难以量化的素质发展情况。

(五) 切实提升农民参与的积极性

增强农民参与新型农民培养的积极性。培养新型农民，应激发和增强农民的积极性，改变农民在新型农民培养中的被动地位。客观方面，优化新型农民培训体系，增强其与农民的契合度；完善农村土地流转政策，合理利用农村闲置土地，将闲置和分散土地集中到新型农民手中，为实现土地集约化和农业规模化生产创造良好条件。主观方面，帮助农民树立正确的发展观，增强农民对农村、农业和新型农民发展的信心；改变农民对新型农民培养的错误认识；营造良善的村寨氛围和村寨内部评价、奖惩机制，淘汰农民消极的思想观念，激

发农民的自主发展意识。

乡村振兴背景下组织新型职业农民培训活动,这是促进我国农业生产现代化的重要途径,能够优化社会分工结构,实现城乡共同发展,助力我国社会主义现代化强国新征程。面对新型职业农民培养过程中存在的问题,相关管理单位必须重视自身培养策略的优化,建立健全新型职业农民培训制度,拓展新型职业农民培训内容,优化培训方式,做到因地制宜开发培训资源,在公平公正的考核机制下,促进新型职业农民培养的可持续发展,重拾农民发展信心,重燃农民发展积极性,促使农民真正成为推动农业发展的内在动力和持久活力。

五、新型职业农民带动乡村振兴的典型案例分析

(一)昆山"四个培育"壮大新型职业农民队伍

近年来,昆山市以"探索建立高素质农民制度试点"国家级农村改革试验任务为抓手,强化体系建设,完善培育制度,扎实推进高素质农民培育工作,累计培育高素质农民7256余人次、认定高素质农民1377名,数量位列苏州市第一。

2012年,昆山被确定为首批高素质农民培育试点县。2018年,昆山承担全国农村改革试验任务"探索建立高素质农民制度试点",是全国4个试点地区之一。创新出台《昆山市高素质农民成人学历教育实施方案》,与南京农业大学等高校开展大专、本科学历联合培养农民大学生,已有近300名高素质农民参加免费学历教育,该做法入选全国农民教育培训发展典型案例。

一是开展"订单式"定向培养。培养农业定向"委培生",毕业后从事高素质农民岗位,已招生5届、144名学生。组织27名青年参加农业院校的中、短期脱产培训,打造现代青年"农场主"。

二是开展"实战式"精准培育。大力开展农民田间学校(实训基地)建设,拥有国家级示范性农民田间学校1家、苏州市级农民田间学校(实训基地)3家、昆山市级农民田间学校(实训基地)6家。

三是开展"领军型"示范培育。评选十佳高素质农民、高素质农民标兵,分别奖励10万元、8万元,并建立农业领军人才培养库予以重点培养。

四是开展"差异化"精细管理。坚持分类施策和因材施教,制定《昆山市中高级农民(生产经营型)评审细则》,2020年率先认定了70名中高级农民,分

类分层开展教育培训。

(二) 新型职业农民牛庆花创业电商路带领村民致富

沂蒙是一片充满激情与奉献的红色热土。在乡村振兴的新战场上，沂蒙巾帼不让须眉，继续谱写着带领村民们勤劳致富过上幸福生活的新篇章。本案例中的主人翁牛庆花就是这样一位让人敬佩的杰出女性。

蒙阴县晏婴故里果品专业合作社理事长牛庆花2015年底创办了网店"孟良崮果园"，蜜桃销售旺季月销20余万斤。现在牛庆花每天坚持直播4个小时，推荐蒙阴的农产品。她的粉丝有近3万人，每次直播都有1000多名网友实时观看。在自己致富的同时，她还带动全村16户贫困户脱贫，被父老乡亲们称作新时代"沂蒙扶贫六姐妹"之一。为了帮助村民致富，她以高出市场价的价格收购老百姓的果品，给老百姓以真正的实惠。

牛庆花说，因为自己对果品品质把控得严格，还曾被老百姓调侃称"选苹果就像选对象一样"。不仅如此，2016年8月份，牛庆花还与野店镇北晏子村16户贫困户签订了农产品及就业帮扶合同协议，合同只签订了1年，牛庆花却履行了6年。她优先售卖贫困户的果品，给他们提供就业岗位，对贫困户从各个环节进行帮扶。为了帮助一个老大娘，牛庆花每次都会以比收购平常人高的价格来收购她的农产品。牛庆花觉得老大娘自己种的南瓜品质好，就指导她多种这一类的农产品，努力让她的农产品卖到最好。

2020年11月24日，全国劳动模范和先进工作者表彰大会上，牛庆花荣获"全国劳动模范"称号。"劳动是一切幸福的源泉"，牛庆花说习总书记的这句话让她永远铭记，"荣誉不属于我一个人，是属于我们沂蒙山新型职业农民这个集体"。郑敬斌教授对此也感慨道，"从牛庆花身上，我们看到了沂蒙精神在新时代的一种践行，'听党话跟党走'，敢斗争讲奉献，她用自己的爱心和初心赢得了一方群众的爱戴，用自己的勤劳善良换来了周边群众的脱贫致富"。

(三) 新型农民如何"养"成——浙江常山县农民素质培训调查

2021年3月27日，《经济日报》刊发《新型农民如何"养"成——浙江常山县农民素质培训调查》一文，围绕"常山阿姨"为啥俏、"订单班"精准对接、激活人才"一池春水"。深入报道常山10万新农民一技傍身，走上致富路的宝贵经验。文末特别刊登评论文章《农民培训要有针对性》，点赞常山的劳动力培训模式符合产业发展需求、农民自身需求、新型城镇化需求，值得借鉴推广。

早在 2003 年，浙江常山县作为第一批全国劳务输出工作示范县，就发起一种由政府买单、农民自主选择培训内容的劳务"培训券"制度。时至今日，当地劳务培训和输出有何新的进展？经济日报记者深入采访发现，常山县的农民培训并未停下脚步，形式、内容愈加丰富，让常山 10 万新农民有一技傍身，走上致富路。

"政府买单，我们接受培训，很实用。"早在 2003 年，浙江常山县为鼓励农民参加职业技能培训，推出了劳务"培训券"。这种做法得到了高度认可，2004 年，"培训券"制度模式在浙江全省推广。2006 年，常山县被原劳动和社会保障部确认为第一批全国劳务输出工作示范县。

如今，先行示范进展如何？经济日报记者调查发现，常山农民培训正从早期的"培训券"1.0 版、农民学校 2.0 版，升级到如今的系统化培训 3.0 版——常山阿姨学院、乡村振兴学院、工匠学院等六大专业院校相继成立，全员化、精准化、分众化、特色化、数字化培育让常山 10 万新农民走上幸福之路。

(四) 新型职业农民成乡村振兴的中坚力量

新型职业农民是实施乡村振兴战略的中坚力量。截至 2018 年底，陕西省新型职业农民人数已达 87757 人。2019 年 10 月，国家统计局陕西调查总队发布调查报告显示，陕西新型职业农民培育效果显著，新型职业农民队伍不断壮大，收入水平不断提高。受访的 565 位新型职业农民 2018 年人均年收入为 2.8 万元，是全省农村居民人均年收入的 2.55 倍。

2012 年，陕西省率先开展职业农民研究和培育试点，先后出台了《关于加快推进新型职业农民培育工作的意见》《陕西省新型职业农民认定管理办法》，把职业农民培育工作纳入民生工程和新一轮农民增收规划，全省各地也相继出台了加强职业农民培育工作的意见。2018 年，陕西省 1 号文件将新型职业农民培育工作纳入乡村振兴战略规划，西安、铜川、宝鸡、咸阳等地相继制定了具体落实措施，新型职业农民队伍不断壮大，日益成为农业现代化及乡村振兴的生力军。2018 年，全省新增新型职业农民 21516 人，较 2017 年的 18015 人，增长了 19.4%。截至 2018 年底，全省新型职业农民人数已达 87757 人，其中持有初级证书 79157 人，持有中级证书 7537 人，持有高级证书 1063 人。

从扶持政策受益面看，40.4% 的新型职业农民表示享受到扶持政策。其中，49.8% 的享受到产业扶持政策，如土地流转、良种补贴、农机购置补贴等；

33.5%的享受到科技扶持政策，如农业科研成果的研发、推广、应用等；42.3%的享受到金融支持政策，如创业担保贷款、财政贴息补贴等。

受访的新型职业农民2018年人均年收入28595元，是全省农村居民人均年收入（11213元）的2.55倍。47.6%的被访者家庭人均年收入1万~5万元，16.6%的被访者家庭人均年收入5万~10万元，9.7%的被访者家庭人均年收入10万~20万元，6.2%的被访者家庭人均年收入达到20万元以上。

新型职业农民收入增速明显高出普通农民。调查显示，收入增长的新型职业农民人均年收入比2017年增长64.6%，远高于同期陕西农民人均收入增速（2018年陕西农民人均年收入增长9.2%）。收入增长的主要原因有生产规模扩大、农产品价格上涨、种植养殖技术提高等。

调查显示，多数新型职业农民不是从事单一的生产经营，而是多种经营方式并存，但种养殖业和加工业收入是新型职业农民的主要收入来源。调查显示，85.5%的新型职业农民有来自种植业的收入，主要是蔬菜、菌类、花卉、水果等种植，最高的每亩净收入可达5.8万元；21.9%的新型职业农民有养殖业收入，主要是畜禽和鱼等养殖，年收入最高的达到100万元；8.8%的新型职业农民有农产品加工收入，年收入最高的达到135万元；23%的新型职业农民有工资性收入和农业农村服务收入，主要是提供养殖、种植方面的技术指导。

六、新型职业农民培育过程中存在的问题及解决对策

（一）新形势下新型职业农民培养过程中存在的问题分析

1. 制度方面

培养新型职业农民的过程中，现有制度体系有待进一步完善，这是新型农民培养工作低效推进、无序开展的主要原因。一方面，土地流转价格制度需要优化，政府部门应妥善处理土地流转规模、流转速度与流转资金配置间的关系，适当控制土地成本，进而调动新型农民积极性。另一方面，认证制度需详细改进，参照新型农民培养要求合理化、标准化认定农民素养，否则，农民质量短期内得不到提升。

2. 社会方面

据调查可知，截至2017年底，32.7%的村庄未安装路灯，69.4%的村庄未实现污水集中处理，42.1%的农村未完成改厕，农村互联网普及率为51.8%。

除此之外，大部分国民对新型农民持偏见，即根据主观意识对其评价，这在一定程度上会制约新型农民现代化发展，导致我国新农村建设工作遇到重重阻力。如果社会环境得不到改善、认知偏差长时间存在，那么新型职业农民培养工作的开展将举步维艰。

3. 教育方面

如今，新型农民接受的教育内容比较单一，并且实施的教育模式陈旧，这并不能真正满足新型农民学习需要。由于农业问题日益复杂化，如果新型农民所接受的教育培训不足以引导农业实践，那么新型农民的学习热情会逐渐降低，最终职业水平提升效果达不到预期要求。

4. 经济方面

新型职业农民培养工作离不开财政支持，一旦培训经费达不到实际需要，那么农民从业热情会大大减退，最终会降低农业发展质量。如今，职业农民在借贷方面存在一定阻力，大多数金融机构注重利益获取，由于职业农民可抵押物品数量有限，加之抵押物资产价值偏低，导致职业农民借贷成功率降低。一旦农业生产生活的资金匮乏，意味着职业农民自我培养、自我能力提升等工作止步不前，这对农业发展、农村经济效益提高会产生程度不等的制约。

(二) 解决策略

1. 优化相关制度

新型职业农民培养工作需循序式推进，从制度环境创设工作来讲，应得到政府部门的大力支持，通过发挥政府的保障性作用来落实此项工作。

一是优化内部合作机制、定期实施联席会议。各省、县加强联系，协商制定新型职业农民培养方案，同时，涉农部门主动与教育、政府等部门合作，以此强化合作力量。

二是完善外部合作机制。涉农部门在政府的领导下构建特色化培养机制，促进新型职业农民全方面发展。

三是建立健全相关制度。健全土地流转价格制度的过程中，充分体现农民的主体地位，鼓励农民提出建设性意见，这有利于调动农民从业积极性。与此同时，搭建土地流转交易平台，并成立监督小组，以此保证土地流转价格的合理性和公正性，针对潜在问题及时分析、有效处理。健全认定制度的过程中，将综合素养、从业技能纳入新型职业农民认定标准，引导新型农民对自我严格约束，并为其提供素养学习、技能培训机会，最后通过认定证书颁发的方式对其认可，这对新型职业农民规范化管理有积极影响。

2. 营造社会环境

新型职业农民培养环境优化期间，从社会环境营造工作入手。

一是引导国民对新型职业农民持正确认知，将其与传统农民有效区分，以便为新型农民培养工作奠定良好基础。具体来说，借助新媒体载体大范围宣传，使农民致力于加入新型职业农民行列；居住于城镇的农民有权享有平等的社会福利，这对城乡差距缩小、城乡融合发展有积极影响。

二是充分发挥新型职业农民的榜样作用。在全市以及全省选出农业方面的劳模代表，鼓励优秀职业农民分享从业经验，以此起到带动作用。

三是大力建设基础设施。为更好地助力新型职业农民培养工作，应适当完善基础设施，以便改善农民生存环境。在这一过程中，大力安装净水设施，并集中排放污水，这既能优化水质，又能减少环境污染；引进节水设施，以此提高水资源利用率，引导农民养成节水意识；完善网络设施，大范围推广"互联网+"农业模式，进而加快农业信息化步伐。社会环境优化后，新型职业农民应强化责任意识，严格遵守社会环境维护要求，针对环境破坏行为及时制止，推动新型职业农民培养工作稳步开展。

3. 改进教育质量

新型职业农民培养期间，应适当优化教育环境，即根据国家要求丰富教育内容，引导农民学习经营、管理、品牌营销等方面的内容，与此同时，农民适当创新经营理念，并规范农业生产行为，将自身打造成合格的新型职业农民。具体来说，渗透可持续发展理念，鼓励农民利用闲暇时间阅读有关环境保护、维持生态平衡的书籍，进而农民能够兼顾经济效益和生态效益，全面规范农业发展行为。尤为关键的是，新型职业农民应对自我合理定位，并正确认知农村、农业间的关系，为新农村建设提供人力支持。除此之外，适当创新农业科技，通过引进新型农业技术、更新农业设备等措施提高农业生产力，这既能减轻新型职业农民工作压力，又能将科技兴农理念落实于过程。由于现代农业发展要求动态变化，加之农业技术及设备不断更新，对于新型农民来说，应主动参与培训活动，并主动学习理论知识，为新农村建设提供理论支持和实践指导。

4.提供财金环境

财金环境即财政金融环境，对于政府部门来说，应为其提供所需资金，通过资金渠道拓展、补贴方式创新等方式增加资金量。据报道可知，中央财政每年为新型职业农民培育工程提供专项资金11亿元，其中，2017年增加到15亿元，生产经营型职业农民补助约3000元，农业职业经理人补助资费相对较高；2018年中央财政为此项目提供20亿元补助资金，且新型职业农民类别逐渐细化。为进一步加大培养力度、增加培养收入，期望将人均培养经费提高到3500元左右。与此同时，乡镇企业、区域银行应积极参与，为新型职业农民培训提供支持，使新型职业农民培训项目在合力作用下顺利推进。经济条件允许的地区，适当成立培训机构，并引进先进的培训服务，将培训质量与培训费用紧密联系，使培训机构在新型职业农民培育、农业经济利润拓展等方面的作用全面发挥。尤为关键的是，适当调整补贴方法，并扩大补贴范围，尽最大可能为新型职业农民争取优惠，促进农业活动安全化、顺利化进行。除此之外，建立专项基金，适当降低借贷门槛，在这一过程中，政府出台系列化借贷鼓励政策，以此调动新型职业农民从业积极性，尽可能提高农业经济效益。足以见之，新型职业农民培养期间，适当优化经济环境，这能为农业良性发展提供可靠的经费保障，同时还能优化金融机构信贷体系，最终能为农村经济活动有序推进、市场经济稳健发展提供有力的经济支持。

七、新型职业农民发展前景展望

在国家的培育和各项相关政策的扶持下，各类新型职业农民逐渐发展成为农业生产的能手、规模经营的表率、农业社会化服务的龙头。同时，他们在成长和发展的过程中，也更加坚定了从事农业的信念。经过多年的发展，这些职业农民从普通农户或种植大户，发展成为具有先进经营理念和生产技术的农业生产者，很多人在领办家庭农场、农民专业合作社、农业企业等新型经营主体，以及开展农业社会化服务、延伸农业产业链等方面，都做出了表率。不仅他们自身的素质、能力和经营业绩得到了明显提高，而且在带动农业科技成果推广、农业科技进步、农业规模化经营、新品种引进、农业产业乡村振兴等各项工作中起到了重要的作用。

随着乡村振兴战略的深入实施和农村各项改革的深入推进，新型职业农民在引领农业农村产业兴旺、倡导农村生态宜居、营造文明乡风、率先致富、引领共富、助力乡村治理等各个方面，都具有不可替代的地位。未来，新型职业农民将成为农业生产、科技进步、农村建设和生活的主力军，他们在不断提升自身的同时，将带领我国的农村走向更加美好的明天。

2021年是城市人才争夺战如火如荼的一年，而在农村，新型职业农民是农业现代化发展所需的中坚力量，未来发展现代化农业靠的是新型职业农民。培育新型职业农民不仅是解决农村空心化问题的有效措施，更是实施乡村振兴战略、实现农业现代化的重要因素。我们相信，在国家政策的支持下，在新型职业农民的努力下，未来我国农业和农村会向着更好更快的方向发展。

参考文献

[1] 什么是新型职业农民？[EB/OL]. 蒿沟乡人民政府，[2021-03-01]. https://www.szyq.gov.cn/grassroots/6623577/152864401.html.

[2] 什么是新兴职业农民？怎么成为新型职业农民？[EB/OL]. 乡村动力，[2020-04-24]. http://www.xiangcun.com/news/show-2868.html.

[3] 新型职业农民"新"在哪儿？什么样的农民能转型当新型职业农民？[EB/OL]. 山东乡村广播，[2019-04-11]. https://sdxw.iqilu.com/share/YS0yMS01NDkyOTMy.html.

[4] 新型职业农民 [EB/OL]. 百度百科. https://baike.baidu.com/item/%E6%96%B0%E5%9E%8B%E8%81%8C%E4%B8%9A%E5%86%9C%E6%B0%91/13005054?fr=aladdi.

[5] 许经勇. 农业现代化与新型职业农民 [J]. 北方经济，2019(12):4-7.

[6] 陈胜利. 试论新型职业农民培育如何助推脱贫攻坚 [J]. 甘肃农业，2021(2):25-26.

[7] 刘改改. 国际比较视野下新型职业农民培育的经验与启示 [J]. 农业技术与装备，2020(10):88-89.

[8] 农业部印发《"十三五"全国新型职业农民培育发展规划》[J]. 农业工程技术，2017(3):6.

[9] 农业部办公厅 中国农业发展银行办公室关于政策性金融支持农村创业创新

的通知 [R]. 农加班 [2017]29 号. 中国政府网，[2021-03-26]. http://www.gov.cn/xinwen/2017-12/08/content_5245386.htm.

[10] 昆山"四个培育"壮大新型职业农民队伍 [EB/OL]. 江苏省农业农村厅，[2021-03-29]. https://www.moa.gov.cn/xw/qg/202103/t20210329_6364791.htm.

[11] 牛庆花：新型职业农民的创业电商路 [EB/OL]. 中国苹果产业协会，[2021-04-15]. http://www.chinaapple.org.cn/gzdt-xhxw/723.html.

[12] 黄平. 新型农民如何"养"成——浙江常山县农民素质培训调查 [EB/OL]. [2021-03-27]. http://www.ce.cn/xwzx/gnsz/gdxw/202103/27/t20210327_36415637.shtml.

[13] 王向华. 陕西：职业农民异军突起 农民增收屡建奇功 [N]. 陕西日报，2019-10-21(010).

后 记

乡村振兴是这个时代中国发展的重大问题，乡村兴则国家兴，乡村强则国家强。身处这个伟大时代的我们有幸遇到这个重大时代课题，给了我们思考和参与乡村振兴的难得机会。如何推动数字乡村的落地？如何增强基层党组织的战斗堡垒作用？如何实现乡村的"组织振兴""产业振兴""人才振兴""文化振兴""生态振兴"？如何打造一支"一懂两爱"的新时代"三农"工作队伍？如何培育"新农人"？这些问题都值得我们深思。也正是在思考这些问题的过程中，让我们认清了中国、认清了时代、认清了自身所肩负的历史使命。这本书正是对这些问题思考的产物，从党建、产业、组织、信息、人才、文化、环境等多维角度来观察与认识乡村振兴。当然，这种思考有些是来自理论层面上的，有些是来自实践层面上的，更多是一些不够成熟、不系统的想法，所以在这个意义上把书名定义为"走进乡村振兴"。本书一斑窥豹式的专题展示，是想告诉人们，乡村振兴是一项人人都需要思考而且人人都有责任参与的伟大事业，必须群思群想、群策群力才能形成建设乡村振兴的最大社会公约数，也才能形成社会多元协同参与的火热局面。

本书是西安交通大学硕士研究生课程"新时代中国特色社会主义理论与实践"的重要教学成果，是2022年度陕西省教师教育改革与教师发展研究项目"高校思政教师科研反哺教学的实现机制与路径"的重要阶段性成果，也是2019年度国家社会科学基金高校思政课研究专项课题"以'三理贯通'提升思政课教学科学化水平研究"（项目编号：19VSZ063）的重要成果。高校思政课程的最终教学目的是以课程为引领完成立德树人任务，帮助学生们了解世情、国情、党情，树立正确的世界观、人生观和价值观，成长为社会主义事业的合格接班人和建设者。乡村振兴是当前中国社会主义建设事业最大的主战场，也是认清中国国情的主渠道，我们把乡村振兴设定为课程实践教学的核心内容，依

后记

循"三理贯通"教学理念，组织500多名硕士研究生参与到这一课程实践教学之中。实践教学课程指导老师均具有博士学位，不少是长期从事乡村振兴研究的专家学者，因而本书也是高校思政教师科研反哺教学的生动尝试和成果展示。本书从最初的乡村振兴实践教学专题设计到组织指导学生进行具体调研，再到分小组深度研讨，最终形成了40份课程实践报告，选取其中12份优秀报告，进行数次精心打磨后，形成了本书的主体内容。当然，本书的这些报告相比很多专门从事乡村振兴研究的专家学者而言是浅显的。但从这些"00后"学生们质朴的报告中，我们也可喜地看到他们的积极参与和思考，也相信这份报告会对他们的人生选择产生一定的积极影响。

书中第一专题共计3万多字，由西安交通大学马克思主义学院博士研究生张江楠整理完善完成；第二专题共计3万多字，由西安交通大学马克思主义学院博士研究生刘蓓蓓整理完善完成；第三专题共计3万多字，由西安交通大学马克思主义学院硕士研究生侯靖琦整理完善完成；第四专题共计3万多字，由西安交通大学马克思主义学院硕士研究生李梓卉整理完善完成；第五专题共计3万多字，由西安交通大学马克思主义学院硕士研究生李倩男整理完善完成；第六专题共计3万多字，由西安交通大学马克思主义学院硕士研究生刘谋恩整理完善完成。当然，更应该感谢积极参与本次课程实践教学乡村振兴调查的同学们，你们是本书的最大贡献者。

纪伯伦说过，"撒下一粒种子，大地会给你一朵花"。这本书是我们为乡村振兴撒下的一粒种子，相信曾经的参与者、曾经的阅读者终会和我们一起见证祖国乡村振兴的全面实现和农业现代化事业的全面完成，也将见证农业强、农村美、农民富的美好画面。

著者

2022年5月10日